普通高等教育"十三五"规划教材

应用型本科保险学专业系列　　　总主编◇徐爱荣

主编／陈玲

财产保险

立信会计出版社
LIXIN ACCOUNTING PUBLISHING HOUSE

图书在版编目(CIP)数据

财产保险/陈玲主编. —上海：立信会计出版社，
2019.3

普通高等教育"十三五"规划教材. 应用型本科保险
学专业系列

ISBN 978-7-5429-6085-6

Ⅰ.①财… Ⅱ.①陈… Ⅲ.①财产保险－高等学校－
教材 Ⅳ.①F840.65

中国版本图书馆 CIP 数据核字(2019)第 020927 号

责任编辑　　王艳丽
封面设计　　南房间

财产保险
Caichan Baoxian

出版发行	立信会计出版社		
地　　址	上海市中山西路 2230 号	邮政编码	200235
电　　话	(021)64411389	传　　真	(021)64411325
网　　址	www.lixinaph.com	电子邮箱	lxaph@sh163.net
网上书店	www.shlx.net	电　　话	(021)64411071
经　　销	各地新华书店		
印　　刷	浙江省临安市曙光印务有限公司		
开　　本	787 毫米×1092 毫米　　　1/16		
印　　张	15.5		
字　　数	332 千字		
版　　次	2019 年 3 月第 1 版		
印　　次	2019 年 3 月第 1 次		
印　　数	1—2100		
书　　号	ISBN 978-7-5429-6085-6/F		
定　　价	39.00 元		

如有印订差错，请与本社联系调换

应用型本科保险学专业系列教材

编写委员会

总主编

徐爱荣

编 委

（按姓氏拼音排序）

陈　玲　杜　鹃　李　鹏　凌　云

沈　丹　万晴瑶　徐　英　杨青骥

张　杰　张　蕙　周佳妮

前　　言

　　财产保险在国民经济中发挥着越来越重要的作用。培养专业的保险行业人才、提高国民的风险意识和普及保险知识是高等教育应承担的责任。同时,作为保险市场的重要组成部分,财产保险也值得进行深入的理论研究和探讨。

　　财产保险市场在过去的 30 多年中得到了快速的发展,并呈现出了数量多、规模大、产品创新快等发展趋势。但是,我国财产保险市场在快速发展的同时还存在诸多问题,例如,市场主体存在较强的单一性、财险产品同质化严重等问题。这些问题也在很大程度上制约甚至阻碍了财险市场的多元化发展。所以,编写一本既能全面介绍财产保险业务,又能深入分析市场发展中的问题,且适合保险专业本科生学习的财产保险教材迫在眉睫。

　　高等教育应该是个创造性的工作,让学生保持专业学习的兴趣、掌握研究的方法是高校教师在教学过程中需要关注的重点。教材作为专业教师的重要辅助工具,应该很好地体现这一思路。本书是作者在积累了 20 多年的教学经验和相关理论研究的基础上编写而成的,对财产保险理论与实务进行了全面介绍与分析,具有以下几方面的特点。

　　(1) 通俗易懂,力求摒弃晦涩难懂的专业术语堆积,力求通过通俗易懂的语言、生动的案例向学生深入浅出地介绍财产保险的相关基础理论知识。

　　(2) 理论与实践相结合,本着"重视基础理论,突出实务技能"的原则,在编写过程中注重教材的实用性,努力突出知识的可操作性,以达到培养应用型人才的目标。

　　(3) 注重知识的拓展,在编写的过程中,考虑到财产保险市场的快速发展和日新月异的变化,每章都加入了一定篇幅的专栏作为拓展阅读,专栏内容均为近三年行业发展最前沿的介绍,可以帮助学生拓展知识面,加深对行业发展的了解。

　　(4) 内容简练实用,注重参考其他教材的优秀成果,并结合作者的一线教学实践经验,力求取其精华、去其糟粕,保证教材精炼实用。

　　本书共分九章。第一章是财产保险概述,将财产保险的理论部分进行了高度的概况,包括财产保险的概念与特征、财产保险的种类和作用、财产保险合同、财产保险原则四部分内容;第二章是火灾保险,主要介绍了火灾保险发展沿革及其基本理论,并重点介绍了我国的企业财产保险和家庭财产保险,以及机器损坏险和利润损失保险这两个重要的附加险,并介绍了一些英美国家火灾保险的重要条款;第三章是货物运输保险,着重介绍货物运输保险的基本理论,以及海上和国内货物运输保险的实务;第四章是机动车辆保险,分别介绍了第三者责任强制险和商业险这两大类保险的基本理论、实务操作和最前沿的发展动态;第五章是船舶保险,主要介绍了不同标准下船舶保险的分类,以及远洋船舶保险、沿海内河船舶保险和船舶战争险等具体险种的理论与实务;第六章是工程保险,主要对建筑工程一切险和安装工程一切险实务经营中的要点进行了详尽的介绍,同时对一些创新型险种,如科技工程保险等,也作为拓展知识进行了介绍;第七章是责任保险,重点介绍了四大代表性险种的理论和营业实务:公众责任保险、产品责任保险、职业责任保险和雇主责任保险;第八章是信用保险和保证保险,介绍了这两大险种的基本理论,分析了它们的相同点和区别,并结合经济发展的实际情况,介绍了两类业务的实务和在国民经济中的重要作用;第九章是农业保险,重点分析了农业生产风险的特殊性及其风险分散机制,全面阐述了农业保险的作用、特点及主要实务内容,并介绍了我国政策性农业保险的实践和改革的内容。

作者在本书的编写过程中参考了国内外大量成熟的书刊资料和网络资料,在此,向所有参考文献的作者们致以诚挚的谢意。同时,本书的编写还得到了许多同行和专家的建议,得到了学院领导和老师们的支持、帮助,以及家人和朋友的无私奉献,在此,深表谢意。

鉴于个人的学识水平及客观条件的限制,加之时间仓促,同时,由于财产保险业务处于不断的发展变化之中,书中疏漏和错误之处在所难免,敬请读者批评指正。

作 者
2019 年 1 月

目　　录

第一章　财产保险概述

 本章要点

- 财产保险的概念和特征
- 财产保险的种类和作用
- 财产保险合同
- 财产保险原则

财产保险通过各财产保险公司的社会化经营,客观上满足了人类社会除自然人的身体与生命之外的一切风险保障需求。它是当代社会向前发展必不可少的经济补偿制度,与人身保险并列为现代保险业的两大部类。本章介绍了财产保险的基本概念、特征、分类以及在社会生产中的主要作用。同时,结合实例重点介绍了财产保险合同的主要内容以及在经营实务中应遵循的原则。

第一节　财产保险的概念与特征

随着人类社会的发展,财产保险逐渐成为人们控制或减轻各种灾害事故风险的重要手段。进入工业时代以来,财产保险业务主要发生了下列显著变化:一是保险公司大量出现,以股份公司形式组织的财产保险公司日益增加,表明了财产保险业务的经营主体走向现代化;二是承保范围急剧扩大,承保标的从只保海上运输中的船货和陆上建筑物扩大到一切有形财产以及无形的物质利益、责任,承保风险则从传统的海上风险和火灾风险扩大到一切自然灾害、意外事故及社会风险、工业风险等;三是保险经营技术和经营手段走向科学化,如大数法则和计算机技术得到广泛应用,尤其是进入20世纪中叶以后,各种法律、信用、高科技风险保险业务的开办使现代财产保险进入一个崭新的时代,传统的财产保险和新兴的责任保险、信用保险、高风险保险等均得到全面的发展。2010—2016年全球灾害损失和保险赔付情况如表1-1所示。

表 1-1   2010—2016 年全球灾害损失和保险赔付情况表   单位:亿美元

时间	经济损失	保险赔付	保险赔付比例
2010	2 180	430	19.72%
2011	3 660	1 050	28.69%
2012	1 660	650	40.63%
2013	1 250	310	24.80%
2014	1 130	340	30.09%
2015	920	370	40.22%
2016	1 750	540	30.86%

注:表中数据根据瑞士再保险研究报告发布的信息整理。

一、财产保险的概念

财产是金钱、财物以及民事权利义务的总和。按所有权划分,财产可分为国有财产、集体财产和私有财产;按存在形式划分,财产可以分为有形财产与无形财产;按民事权利义务关系划分,财产可以分为积极财产与消极财产。

财产保险是以财产及其有关利益为保险标的的保险,是指投保人根据合同约定,向保险人支付保险费;保险人集合众多面临同质风险的经济单位,当其中部分经济单位的财产及其利益因保险合同约定的灾害事故发生而造成损失时,向被保险人赔偿保险金的商业保险行为。

财产保险的保险标的是保险的对象,也是财产保险合同中约定的保险事故发生的本体。财产保险的保险标的按其存在形式划分为两种:一种是"狭义财产",即客观存在的、有形的财产,称为有形财产或物质财产;另一种是"有关利益",即投保人或被保险人具有利害关系的某种经济利益,称为无形财产,包括预期收益、合同权利和义务、损害赔偿责任等。

二、财产保险的保险标的

根据财产保险的概念,财产保险的保险标的是财产及其有关利益。以此为依据,财产保险标的从形态上可以分为有形财产和无形财产。

(一) 有形财产

有形财产是指投保时客观存在的各种物质财产。财产保险最早承保的保险标的是海上的船舶和货物,其后是房屋、机器设备、原材料等处于相对静止状态的动产和不动产,以及内陆运输的货物、各种运输工具、农作物、牲畜、在建工程等。目前,物质财产仍然是财产保险重要的保险标的。

(二) 无形财产

无形财产也称为非物质财产,它们在投保时不是以物质财产形式存在,而是表现为投保人的预期收益、责任、合同权利和义务等。该类财产无论以何种方式表现,其实质都是投保人(被保险人)的经济利益。它们一旦受损,投保人(被保险人)的经济利益就会减少或丧失。该类财产主要有以下三类。

1. 预期收益

预期收益是指由物质财产产生的或依附于物质财产而存在的各种货币收入,是一种"积极的财产",如工厂的利润、房屋的租金、汽车的营运收入等。预期收益与物质财产有密切的关系,物质财产未受损时会给被保险人带来收益;而物质财产一旦受损,则会造成被保险人预期收益的减少或丧失。

2. 合同权利和义务

合同权利和义务表现为投保人(被保险人)在经济合同中享有的权利和应承担的义务。权利在不受损害的情况下会给权利人带来经济利益;如果义务不能履行,义务方要向对方承担经济赔偿责任。

3. 损害赔偿责任

损害赔偿责任是指应由投保人(被保险人)依法承担的民事损害赔偿责任,与预期收益不同,该类标的为"消极"财产,因为损害赔偿责任一旦发生,被保险人必须对他人承担经济赔偿责任,会使被保险人现有利益受损。

在保险实务中,保险人并非对以上列举的所有标的都承保,而是在每一张保险单上规定有具体的保险标的范围。保险人在承保时,一般把标的分为三类:第一类是可保财产,是保险人可以承保的财产范围;第二类为特约承保财产,该类标的必须经保险合同双方当事人约定才能承保;第三类是不保财产,即保险人不予承保的财产。

三、财产保险的特征

财产保险的特征主要体现在业务性质的补偿性、承保范围的广泛性、经营内容的复杂性、单个保险关系的不等性等方面。

(一)业务性质具有补偿性

投保人投保各种险别的财产保险,目的在于转嫁自己在有关财产和利益上的风险,即当风险发生并导致保险利益损失时能够获得保险人的补偿。因此,财产保险费率的制定要以投保财产或有关利益的损失率为计算依据,财产保险基金的筹集与积累也要以能够补偿所有保险客户的保险利益损失为前提。

(二)承保范围具有广泛性

财产保险业务的承保范围覆盖了除自然人的身体与生命以外的一切风险,它不仅包括各种差异极大的财产物资,而且还包括各种民事法律风险和商业信用风险等。

(三)经营内容具有复杂性

1. 投保对象复杂

投保对象复杂是指既有法人团体投保,又有居民家庭和个人投保;既可能涉及单个保险客户,也可能涉及多个保险客户和任何第三者。

2. 投保标的复杂

财产保险的投保标的范围很广,包括从普通的财产物资到高科技产品或大型土木工程,从有实体的各种物资到无实体的法律、信用责任乃至政治、军事风险等各种有形财产和无形财产。

3. 承保过程复杂

在财产保险业务经营中,既要强调保前风险检查、保时严格核保,又须重视保险期间的防灾防损和保险事故发生后的理赔查勘等,承保过程程序多、环节多。

4. 风险管理复杂

对每一笔财产保险业务,保险人客观上均需要进行风险评估、分析选择或风险限制,并需要运用再保险的手段来分散风险。

5. 经营技术复杂

财产保险业务要求保险人熟悉与各类型投保标的相关的技术知识。

可见,财产保险的经营内容具有明显的复杂性,这种复杂性决定了财产保险经营的每一个业务领域均极富挑战性,保险人必须同时具备保险知识和与投保对象相关的各种技术知识。

(四) 单个保险关系具有不等性

保险人根据大数法则的损失概率来确定各种财产保险的费率,这就决定了保险人从保险客户那里所筹集的保险基金与所承担的风险责任是相适应的。因此从整体上看,保险人和被保险人的关系是完全平等和等价的。然而就单个的保险关系而言,交易双方却又明显地存在着在实际支付经济价值上的不平等现象。一方面,在保险人承保的各种财产保险业务中,每一笔业务都是按照确定的费率标准计算并收取保险费,其收取的保险费通常是投保人投保标的实际价值的千分之几或百分之几,而一旦被保险人发生保险损失,保险人往往要付出高于保险费若干倍的保险赔款;另一方面,在无数笔财产保险业务中,又有许多被保险人在保险期限内并未发生保险事故或保险损失,所以保险人即使收取了保险费也不存在经济赔偿的问题。

第二节　财产保险的种类和作用

一、财产保险的种类

随着现代保险事业的飞速发展,财产保险已经发展成为一个内涵非常丰富、外延极为广泛的概念,广义的财产保险包括了人身保险以外的所有险种。

(一) 财产保险的分类

1. 按实施形式划分

按实施形式划分,财产保险分为强制保险和自愿保险。前者是根据国家颁布的法律和法规,在规定范围内的个人和单位必须投保的保险,如我国的机动车交通事故责任强制保险(简称"交强险");后者是指投保人与保险人在平等自愿的基础上协商建立的保险关系。

财产保险的绝大部分险种是自愿保险。

2. 按承保方式划分

按承保方式划分,财产保险分为原保险、再保险、共同保险和重复保险。原保险是投保人与保险人直接建立保险关系的保险。再保险是指保险人之间建立保险关系的保险,即保险人将其承担的保险业务以投保方式部分转移给其他保险人承担,以达到分散风险、稳定经营的目的。共同保险是指保险标的的风险由两个或两个以上的风险责任者共同承担。重复保险是指投保人对同一保险标的、同一保险利益、同一保险事故分别向两个或两个以上的保险人订立保险合同的保险。

3. 按保险价值确定的方式划分

按保险价值确定的方式,财产保险分为定值保险和不定值保险。

4. 按适用范围划分

按适用范围,财产保险分为国内财产保险和涉外财产保险。

5. 按保险标的划分

按保险标的划分,财产保险分为财产损失保险、责任保险、信用保险和保证保险。

(二) 财产保险的种类

按照保险标的,财产保险主要分为以下三类。

1. 财产损失保险

财产损失保险是以物质财产为保险标的的保险业务,其种类很多,主要险种包括以下五种。

1) 火灾保险

火灾保险是指以存放在固定场所并处于相对静止状态的财产及其有关利益为保险标的,保险人承保被保险人的财产因火灾、爆炸、雷击及其他灾害事故的发生所造成的损失。我国目前开办的火灾保险主要有企业财产保险、家庭财产保险、涉外财产保险等。

2) 货物运输保险

货物运输保险是指保险人承保货物在运输过程中因灾害事故及外来风险发生而遭受的损失。我国的货物运输保险分为海洋货物运输保险、内陆货物运输保险等。

3) 运输工具保险

运输工具保险是指保险人承保因灾害事故发生所造成的运输工具本身的损失及第三者责任和各种附加险。我国的运输工具保险主要有机动车辆保险、船舶保险、飞机保险等。

4) 工程保险

工程保险是指保险人承保建筑工程和安装工程等在建设和施工过程中因灾害事故发生所造成的损失、费用和责任。它分为建筑工程保险、安装工程保险等。

5) 农业保险

农业保险是指保险人承保种植业、养殖业标的因灾害事故的发生所造成的经济损失。它分为种植业保险和养殖业保险两类。

2. 责任保险

责任保险是指以被保险人依法应承担的民事损害赔偿责任或经过特别约定的合同

责任为保险标的,保险人承保经济单位和个人在进行各项生产经营活动、业务活动或在日常生活中因疏忽、过失等行为造成他人的财产损失或人身伤亡,依法应承担的经济赔偿责任。

责任保险的承保方式有两种:一种是作为各种财产损失保险合同的组成部分或作为附加险承保,不签发单独的保险单;另一种是签发保险单单独承保的责任保险,包括公众责任保险、雇主责任保险、产品责任保险、职业责任保险等。

3. 信用保险与保证保险

信用保险与保证保险是以被保证人的信用为保险标的,凡权利人要求保险人担保自己信用的,属保证保险;凡权利人要求保险人担保对方信用的,属信用保险。信用保证保险主要有合同保证保险、忠诚保证保险、商业信用保证保险、投资保险、出口信用保险等。

二、财产保险的作用

财产保险的功能表现为分摊经济损失和实现经济补偿,它是财产保险本质的体现。财产保险的作用是财产保险在发挥其功能的过程中表现出来的具体效果。在今天的社会经济生活中,财产保险的作用在以下两个方面得以体现。

(一) 财产保险对微观经济的作用

1. 对家庭和个人的作用

财产风险的客观存在会使人们产生恐惧感,影响其工作效率和生活质量。同时,灾害事故一旦发生,会造成个人财产的损失,使家庭和个人生活陷入困境。家庭财产保险可以为家庭和个人的财产提供保险保障,解除人们的后顾之忧,保障生活的安定。

2. 对企业的作用

企业的生产经营活动可能会因灾害事故的发生而停顿,这样不仅造成企业财产的直接损失,而且会使企业丧失利润以及导致合同不能履行,从而影响企业的信用。企业如果参加各种财产保险,将未来不确定的损失变为确定的保险费支出,就可以保障企业财产安全,维持企业利润,提高企业信用,促进企业发展。

(二) 财产保险对宏观经济的作用

1. 促进社会再生产的顺利进行

财产保险业务的开展虽然不能完全防止灾害事故的发生,但可以减轻或消除这种破坏力对社会再生产的影响,为再生产的顺利进行提供保障。

2. 促进社会稳定

公民个人和家庭生活安定是社会稳定的基础,但在社会生活中,人们会面临各种风险,如财产损失风险、信用风险以及交通事故、医疗事故、工伤事故、产品责任事故等,会造成受害人的财产损失或人身伤亡。各种财产损失保险、信用保证保险、责任保险能对受害人进行赔偿,消除各种不安定因素,促进社会稳定。

3. 促进科技进步

科学技术是生产力,科技的应用有利于劳动生产率的提高,但任何一项科技的发明和应用都可能存在较大的风险,财产保险可以分散这种潜在风险,有利于科技的推广应用。

4. 保障社会财富的安全

保险公司在经营财产保险业务中,为了减少保险标的的损失,降低赔付率,必然要开展防灾防损工作。保险公司的防灾防损工作客观上起到了减少社会财富损失、保障社会财富安全的作用。

5. 促进对外贸易和国际经济交往

在国际贸易中,无论是进口商品还是出口商品都必须办理保险,货物成本、保险费和运费已成为国际贸易商品成本中不可缺少的组成部分。我国实行对外开放政策后,同世界各国的经济技术合作日益增多,对外贸易、技术引进、中外合资和外资企业相互提供劳务、科学技术交流等迅速发展,对我国国民经济的发展起到了重大作用。各种涉外保险业务的开展,对促进对外贸易和国际经济交往发挥了积极作用。

第三节　财产保险合同

《中华人民共和国保险法》(以下简称《保险法》)第十条第一款规定:"保险合同是投保人与保险人约定保险权利义务关系的协议。"财产保险合同是保险合同的一种,保险学原理中已对保险合同的一般问题作了阐述,本节仅对财产保险合同中一些特殊问题加以分析。

一、财产保险合同的主体和客体

(一) 财产保险合同的主体

财产保险合同的主体主要包括当事人(投保人和保险人)和关系人(被保险人和受益人)。

1. 投保人与被保险人

投保人是指与保险人订立保险合同,并按照保险合同负有支付保险费义务的人(《保险法》第十条第二款)。被保险人是指其财产或人身受保险合同保障,享有保险金请求权的人。投保人可以为被保险人(《保险法》第十二条第五款)。

人身保险合同的保险标的是人的寿命和身体,投保人可以以自己的寿命和身体向保险人投保,也可以以他人(投保人具有保险利益的人)的寿命和身体向保险人投保,而且投保人为他人投保的情况较为常见。

财产保险合同的保险标的是财产及其有关利益,投保人是对保险标的具有保险利益的人,即投保人一般就是财产的所有者、保管者、经营管理者以及其他对保险标的具有利害关系的人。因此,财产保险合同成立后,投保人一般就成为被保险人。

2. 受益人

受益人的概念一般出现在人身保险合同中,是由投保人或被保险人在保险合同中指定的被保险人死亡后有权领取保险金的人。人身保险合同的受益人由被保险人或者投保人指定,被保险人或投保人有权变更受益人。如果被保险人未指定受益人,则其法定继承人就是受益人。财产保险合同一般不指定受益人,因为被保险人本人可以行使保险金的请求权,没有必要指定受益人;但在特殊情况下,如有必要也可以指定受益人,比如,被保险人以其所有的保险财产作抵押向他人借款时,可以在保险合同中指定债权人为受益人。

(二) 财产保险合同的客体

保险利益是指投保人或者被保险人对保险标的具有的法律上承认的利益(《保险法》第十二条第六款)。财产保险的保险利益是基于投保人或被保险人对保险标的的所有权、经营管理权、保管权以及其他权利义务而产生的经济利益。会因投保人或被保险人的保险标的发生保险事故而受损,如果保险标的不发生保险事故而继续享有此种经济利益。如果保险事故发生后,被保险人的经济利益并未受任何影响,则其对保险标的无保险利益。

保险利益是财产保险合同当事人权利义务共同指向的对象,即财产保险合同的客体。因为被保险人要求保险人保障的是其对保险标的所具有的经济利益,而非保险标的本身。比如,某人以其房屋向保险公司投保火灾保险,要求保险人保障的并非房屋的一砖一木,也非保障该房屋不发生火灾,而是保障其对该房屋的经济利益,即当房屋因保险事故发生而受损时,能从保险人处获得赔偿,使其对房屋所具有的经济利益继续享有。虽然保险利益是保险合同的客体,但保险利益不能凭空存在,保险标的是保险利益的载体。

二、财产保险合同的内容

保险合同的内容是指保险合同所应包括的主要事项和保险合同中规定的当事人的权利与义务。由于保险合同的种类不同,其具体内容有一定的差异,但以下内容是必须都具备的。

(一) 财产保险合同的主要事项

根据《保险法》第十八条规定,保险合同包括下列事项:保险人、投保人、被保险人以及人身保险受益人的姓名或者名称和住处;保险标的;保险责任和责任免除;保险期间和保险责任开始时间;保险金额;保险费及其支付办法;保险金赔偿或者给付办法;违约责任和争议处理;订立合同的年、月、日等内容。

1. 保险期限

财产保险合同的保险期限是财产保险合同的有效期限,也是保险责任的起讫时间。保险人只对保险期限内发生的保险事故承担赔偿责任。

财产保险合同的时间期限多为自然时间期限,如1年、半年、1月等,多数合同时间为1年,均以日期为计算标准。保险单上不仅要载明起讫日期,而且还要写明时点。国内财产保险起讫时间一般是从某年某月某日0时开始至某年某月某日24时终止。涉外财产保险更要明确以什么时间为计算标准,如北京时间、东京时间、伦敦时间、纽约时间等。

有些财产保险合同保险期限的确定方式较特殊,例如,工程保险的保险期限往往以工程的建设期限为准,即以工程开工时开始至竣工时终止。货物运输保险的保险期限起讫通常采用仓至仓条款来规定,即保险责任从起运地发货人的最后一个仓库开始,到目的地收货人的第一个仓库为止。

2. 保险责任和责任免除

保险责任是保险合同中载明的保险人所承保的风险及应承担的经济赔偿责任；责任免除也称为除外责任，是保险人不承保的风险及不承担的赔偿责任。在财产保险合同中，保险责任和除外责任的规定往往通过列举方式或概括方式予以明确。

3. 保险费及其支付办法

保险费是投保人转移风险而支付给保险人的费用。投保人交付保险费是财产保险合同生效的重要条件之一，保险单中往往列入投保人交付保险费后保险单才能生效的内容。人身保险合同保险费的交付有趸缴和分期缴两种。财产保险合同保险费的交付除另有约定外，一般是一次性交付。

财产保险合同中保险费的计算方式，一般是以年费率表所确定的保险费率乘以保险金额求出保险费；也可以采取固定金额收取保险费，如责任保险，一般根据最高赔偿限额的大小收取一笔固定的保险费；还可以采取基本保险费加上按年费率计算的保险费之和来计算保险费，如机动车辆保险的车辆损失险就是采取这种方式。

（二）财产保险合同所保障的损失

保险标的的损失可以从不同的角度来分类：按遭受损失的程度，可分为全部损失和部分损失；按损失的形态，可分为物质损失和费用损失；按损失发生的客体是否是保险标的本身，可分为直接损失和间接损失。

1. 全部损失和部分损失

（1）全部损失简称全损，是指保险标的因保险事故的发生而遭受的全部损失状态。全部损失可分为实际全损和推定全损。

实际全损是指保险标的遭受保险承保范围内的风险而造成的全部灭失，或受损程度已使其失去原有形态和特征以及无残余价值的一种实质性的物质损失。

推定全损是指保险标的在遭受保险事故后，虽然尚未达到全部灭失、损毁状态，但是全部灭失是不可避免的，或估计恢复、修复该标的物所耗费用已达到或超过其实际价值或保险价值。

（2）部分损失是指保险标的的损失未达到全部损失程度的一种损失状态。

2. 物质损失和费用损失

物质损失是指保险标的由于保险事故发生所造成的标的物本身的损失。费用损失是保险标的发生保险事故时，被保险人采取施救、保护、整理措施所产生的必要合理费用以及保险单上约定的由保险人承担的其他费用。

3. 直接损失和间接损失

直接损失是指保险事故发生后造成保险标的本身的损失；间接损失是指保险标的因保险事故的发生所导致的保险标的以外的损失，如汽车受损后所导致的在修理期间营运收入的丧失，以及企业财产受损后在停业期间利润的丧失和费用的增加等。保险人是否承担间接损失责任，以保险单上的规定为准。

(三) 投保人(或被保险人)权利的行使

1. 解约权的行使

《保险法》第十五条规定:"除本法另有规定或者保险合同另有约定外,保险合同成立后,投保人可以解除合同,保险人不得解除合同。"由于投保人是向保险人转嫁风险的人,其是否投保取决于投保人的意愿,因此,保险合同成立后,投保人可以提出解除合同。但由于保险人是接受风险的人,为了保障被保险人的利益,不得随意解除合同。否则,会使保险人通过解除合同故意逃避责任,有违保险的宗旨。

《保险法》第五十四条规定:"保险责任开始前,投保人要求解除合同的,应当按照合同约定向保险人支付手续费,保险人应当退还保险费。保险责任开始后,投保人要求解除合同的,保险人应当将已收取的保险费,按照合同约定扣除自保险责任开始之日起至合同解除之日止应收的部分后,退还投保人。"

货物运输保险合同和运输工具航程保险合同的保险责任开始后,合同当事人不得解除合同(《保险法》第五十条)。之所以如此规定是由于:①这两种合同保险期限一般较短,保险期限以运输途程的长短来确定,且保险标的处于流动状态,解除保险合同易引起纠纷;②为了保护保险人的利益,因为如果允许投保人解除合同,那么一些未发生保险事故的被保险人在运输途中或运输过程即将结束时要求退保,会产生对保险人不利的逆选择,影响保险经营的稳定。

2. 保险金请求权的行使

当财产保险合同中约定的保险事故发生时,被保险人享有保险金的请求权,有权向保险人索赔。任何单位或个人不得限制被保险人领取保险金的权利。《保险法》第二十六条规定:"人寿保险以外的其他保险的被保险人或者受益人,向保险人请求赔偿或者给付保险金的诉讼时效期间为二年,自其知道或者应当知道保险事故发生之日起计算。"

(四) 投保人(或被保险人)的义务

1. 告知义务

告知是指在保险合同签订之前和保险合同履行过程中,投保人(或被保险人)应就保险标的的重要事实告知保险人。财产保险合同一般要求投保人(被保险人)在以下情况下履行告知义务。

(1) 投保人应把保险标的的有关情况无隐瞒地如实告知保险人。投保人故意隐瞒事实,不履行如实告知义务,或者因过失未履行如实告知义务,足以影响保险人决定是否同意承保或者提高保险费率的,保险人有权解除保险合同。

(2) 被保险人在知道保险事故发生后应及时通知保险人,以便保险人及时查勘定损,并有义务根据保险人的要求提供与确认保险事故的性质、原因、损失程度等有关的证明和资料。

(3) 重复保险的投保人应当将重复保险的有关情况通知各保险人。

(4) 保险标的的转让应当通知保险人,经保险人同意继续承保后依法变更合同,但货物运输保险合同和另有约定的合同除外。货物运输保险合同保险标的的转让、被保险人的变更可以不征得保险人同意而自动变更,因为货物运输保险的保险标的一般是交承运人运输,在保险合同有效期内,被保险人的变更对保险标的的风险状况没有实质性的影响,再加上货物运输保险合同期限短,为方便商品交易,保险合同可以随保险标的所有权的转让而转让。

(5)在保险合同有效期内,保险标的危险程度增加的,被保险人按照合同约定应当及时通知保险人,保险人有权要求增加保险费或者解除合同。否则,因保险标的危险程度增加而发生的保险事故,保险人不承担赔偿责任。

2. 交付保险费的义务

投保人有义务按照保险合同的规定向保险人交付保险费,这是投保人的一项基本义务。在财产保险合同中,保险人承担保险责任后,投保人如未按保险合同约定交付保险费的,保险人可以以诉讼方式要求投保人交付。

3. 维护保险标的安全的义务

被保险人应当遵守国家有关消防、安全、生产操作、劳动保护等方面的规定,维护保险标的的安全。根据保险合同约定,保险人可以对保险标的的安全状况进行检查,及时向投保人、被保险人提出消除不安全因素和隐患的书面建议。投保人、被保险人未按照约定履行其对保险标的的安全应尽责任的,保险人有权要求增加保险费或解除合同。

4. 施救义务

保险事故发生后,被保险人有责任尽力采取必要的措施,防止或者减少保险标的的损失。保险事故发生后,被保险人为防止或者减少保险标的的损失所支付的必要的、合理的费用,由保险人承担;保险人所承担的数额一般在保险标的的损失金额以外另行计算,最高不超过保险金额。

5. 协助保险人向有责任的第三方请求赔偿的义务

因第三者对保险标的的损害而造成保险事故的,保险人向被保险人支付保险金后取得代位行使被保险人对第三者请求赔偿的权利。被保险人是受害人也是知情者,在保险人向第三者行使代位请求赔偿权利时,被保险人应当向其提供必要的文件和有关情况,并协助保险人向第三者追偿。

财产保险合同是双务合同。根据合同双方当事人权利义务对等的原则,一方承担的义务往往是另一方享有的权利;反之,一方享有的权利往往是另一方所承担的义务。保险人的主要权利有:收取保险费、调查保险标的的有关情况、代位权的行使等;保险人的主要义务有:承担保险赔偿责任、向投保人说明保险合同条款的内容、为投保人或被保险人保密等。

三、保险价值和保险金额

(一)保险价值与保险金额的含义及关系

1. 保险价值的含义

保险价值是保险标的在某一特定时期内可以用货币估算的经济价值。财产保险的保险标的具有可估价性,保险价值是财产保险合同的特有概念,它是确定保险金额与计算赔偿的依据。人身保险的保险标的是人的寿命和身体,具有不可估价性,因此,人身保险合同没有保险价值的概念,保险金额由合同双方当事人约定。

保险价值以什么为标准来确定?对此,财产保险标的有客观的判断标准,这个标准就是市场价(实际价值)。在保险实务中,经保险合同当事人双方约定,保险价值也可以按照保险标的的原始账面价、重置价等方式确定。由于市场价在保险合同有效期内会发生变化,这样会使投保时依据保险价值确定的保险金额与保险事故发生时的市场价不一致。对于一些特殊的保险标的,其价值不易确定或确无市场价可循时,为了明确保险合同当事人的权利与义务,避免保险事故发生后双方因赔款而发生争执,可以按双方约定的价值为标准。在保险事故发生时,以事先约定的价值作为赔偿的依据,不再另行估价。另外,在海上保险中,有法定的计算确定保险价值的标准。保险价值的存在使财产保险合同在保险金额的确定、承保方式和赔偿计算方式方面都比人身保险合同更为复杂。

2. 保险金额的含义

保险金额是指保险人在保险合同中承担赔偿或者给付保险金责任的最高限额。财产保险的保险金额是根据保险标的的保险价值来确定的,一般作为保险人承担对受损标的的赔偿的最高限额以及施救费用的最高赔偿额度,也是保险人计算保险费的依据。除合同另有约定外,保险金额不是保险人认定的财产价值,也不是保险事故发生时赔偿的等额,而仅是保险人承担赔偿责任的最高限额。

3. 足额保险、不足额保险和超额保险

1)足额保险

足额保险是指财产保险合同的保险金额与保险标的的出险时的保险价值相等。在足额保险中,一般当保险标的发生保险事故造成损失时,保险人对被保险人按实际损失进行赔偿,损失多少,赔偿多少。

2)不足额保险

不足额保险是指财产保险合同的保险金额小于保险标的的出险时的保险价值。不足额保险的产生一般有两种情况:一是投保时投保人仅以保险价值的一部分投保,使保险金额小于保险价值;二是投保时保险金额等于保险价值,但在保险合同有效期内,保险标的的市场价上涨,造成出险时保险单上约定的保险金额小于保险价值。

在不足额保险中,由于投保人只是以保险标的价值的部分投保,因此,保险事故发生时,除合同另有约定外,保险人按照保险金额与保险价值的比例承担赔偿责任,被保险人也要自己承担一部分损失。《保险法》第五十五条第四款规定:"保险金额低于保险价值的,除合同另有约定外,保险人按照保险金额与保险价值的比例承担赔偿保险金的责任。"

3)超额保险

超额保险是指财产保险合同的保险金额大于保险标的的出险时的保险价值。超额保险的产生一般有两种情况:一是投保时投保人以高于保险价值的金额投保,使保险金额大于保险价值;二是投保时保险金额等于保险价值,但在保险合同有效期内,保险标的的市场价下跌,造成出险时保险单上的保险金额大于保险价值。根据损失补偿原则,保险金额超过保险价值的,其超过部分无效。《保险法》第五十五条第三款规定:"保险金额不得超过保险价值。超过保险价值的,超过部分无效,保险人应当退还相应的保险费。"

(二) 财产保险合同的几种承保方式

如上所述,保险价值是确定保险金额的基础和依据,保险金额应当反映保险标的的实际价值。根据保险价值确定的时间及保险价值确定的方式,财产保险的承保方式分为以下四种。

1. 定值保险

定值保险是投保时确定保险价值的承保方式。投保人和保险人签订保险合同时,除根据保险价值确定保险金额外,还要约定保险价值并在合同中载明。保险标的发生保险事故时,无论当时该保险标的的市场价是多少,保险人均按保险单上约定的保险金额计算赔偿。如果是全部损失,按保险金额赔偿;如果是部分损失,按保险金额的损失程度计算赔偿。

财产保险合同中,以定值保险方式承保的主要有两类标的:一类是不易确定价值或无客观市场价的特殊标的,如艺术品、书画等,一般由双方约定保险价值,以免事后发生纠纷;另一类是运输中的货物等流动性比较大的标的,由于各地货物价格差别较大,保险事故发生后再来估算实际价值既困难又麻烦,而且易引起赔偿纠纷。此种保险方式实际上是以投保时双方约定的保险价值代替了损失发生时的保险价值。

《保险法》第五十五条第一款规定:"投保人和保险人约定保险标的的保险价值并在合同中载明的,保险标的发生损失时,以约定的保险价值为赔偿计算标准。"

 专栏 1-1

浅析美国保险法中的定值保险合同

在美国,不同州对于定值保险的规定有所不同,有些州禁止订立定值保险合同,而同时也有很多州以立法的形式确定了定值保险的内容和效力。自1874年威斯康星州立法以来,目前美国已有20多个州或通过订立成文《定值保险单法》,或通过其他法规对定值保险进行了具体规定。

一、中美学术界关于定值保险之正当性分析

关于定值保险存在之合理性,当前美国保险法学界(包括我国学界)主要有以下几方面的认识。

首先,尽管定值保险可能会违反作为财产损失保险基础的补偿原则,并且引发道德风险;但同时,其却能够很好地解决传统保险在定价赔偿时可能会遇到的保险事故发生后无法确认保险价值的具体情况。例如,在标的全损导致事后无法鉴价或者鉴价成本过高的情形下,订立定值保险的被保险人能够迅速地根据已有保险单确定赔偿金额,填补自身损失,规避可能因标的价值鉴定而引发的纠纷。

其次,订立定值保险也是法律效率的要求,其不仅能够简化理赔环节和手续,同时往往也能通过举证责任的转换减轻被保险人的负担,将有关不按约定赔付(如投保时存在欺诈、不负保险责任等诉求)之举证责任交由保险人承担。

此外,尽管定值保险构成了损失填补原则的例外,但当前中美学界越来越多的学者认为,事实上定值保险不仅不是对该保险法基本原则的完全否定,相反,其恰恰是对该原则的发展与变形,原因有如下几点:第一,尽管定值保险可能引发被保险人不当得利,违背了保险法不当得利禁止原则,然而,法律于此承认一定限度内的不当得利,本质上还是在维护保险当事人的利益,使保险制度满足实际的需要;第二,虽然该制度可能引发保险人故意"事前多收取保险费,事故后减价赔付",以及被保险人不当得利的双向道德风险,但通过例如大陆法系的意思表示瑕疵规则,以及美国有关法律事先调查之不真实义务规定,即可对其进行有效地规制;第三,即便存在不当得利情形,但由于定值保险合同是由双方当事人先期依据市场价值、主观观念等要素充分考量之后,平等自愿订立的,故原则上不会存在过高的价值误差,而一定限度内的价值误差是为民商事基本法律规范所允许的,因而无须加以过度干涉。

二、美国保险法上关于定值保险的成文法规定及相关学说观点

(一)定值保险的适用范围

定值保险从概念层面涉及的核心问题在于对保险价值的衡量,而在人身保险当中,由于其标的(人的身体、寿命等)往往无法用金钱计算,因而也就不存在保险价值的问题。故无论在美国,还是在其他国家,原则上定值保险只涉及财产保险领域。

以此为基础,美国保险法在定值保险适用范围的区分上,首先明确的是海上保险与陆上保险的二分规则,即原则上海上保险适用定值保险规则,而陆上保险则不适用。其主要理由在于:在海上保险中,被保财产距离承保人遥远,可能在海运途中灭失,且由于货物整体价值的不断变化、海难时间地点的难以确定,故通过事先确定货物价值订立定值保险的依据是合理而必要的;而在陆上保险中,标的物价值相对易于确认、事故发生事实以及纠纷解决路径也都较为明晰,加之适用定值保险可能引发的道德风险,故其原则上不适用相关保险规则。

因而在陆上财产损失保险当中,采用定值保险往往需要非常充分的理由,除上文所述事故发生后难以估价(如火灾导致的全损、独一无二之物的灭失等)或鉴价成本过高的情形外,当事人的主观情感因素(如涉及特殊人身属性的非营利财产灭失)有时候也会作为一种情形适用。

此外,亦有美国学者指出,由于不动产的鉴价难度及成本都较动产更高,故定值保险应主要适用于不动产之上;同时,在标的物尚未全损,仅为部分损失时,也不应当适用定值保险。

综上,相较于美国保险法学说与实务中对于定值保险适用范围较为清晰的标准和界定,我国当前学界通常对此的认知仍仅限于"海上保险、货物运输保险以及古玩、字画等不易确定价值的财产为标的的保险合同"之上。可以说,无论是在清晰度、严谨性上,还是在区分实益方面,我国相关领域的研究都有所欠缺。

（二）定值保险的成立标准

对于定值保险的成立标准,樊启荣教授指出,在当前我国保险司法实践中,法院主要以《保险法》第五十五条中的"投保人和保险人约定保险标的的保险价值并在合同中载明的,保险标的发生损失时,以约定的保险价值为赔偿计算标准"作为是否构成定值保险的判断依据。对于以此标准为主要依据的观点,美国学者沃恩批评道:"认为约定并记载保险价值的保险单就是定值保险单的规定,几乎没有任何法理。"因而,相关学者认为,判断定值保险是否成立,除检查是否存有记载保险价值的书面合同(形式要件)外,还需对当事人签订合同时是否具有防免事后鉴价困难的主观目的(实质要件)进行考察。

（三）有关保险标的的全损问题

美国保险法学界的主流观点认为,在损失小于全损的情况下,定值保险的制定法规范不能适用(即全损属定值保险内容要素)。而在当前我国学界,有部分学者则认为,即便保险事故仅造成保险标的的部分损失,同样无须对保险标的的价值予以重新估算,而仅须确定损失的比例,并结合预先估算的保险价值即可计算出赔偿金。对此,在目前我国实证法语焉不详的情况下,该种观点也具有相应的合理性。但在美国保险法语境下,标的物"部分损失"之保险赔偿,则往往交由在美国广泛存在的重置成本保险来进行。

此外,如果将定值保险之要素限定在全损范围内,那么就自然引发出一个新的问题,即如何区分保险标的是否全损。对此,美国学者道宾指出:"当财产完全不能适用于其原来计划的目的时,不管保留下来的部分有无残余价值,我们都认为这样的损失就是全损。"此外,如果其他法律禁止对部分损坏之物进行修缮、重建,也应属于全损。由此,判定是否构成全损原则上以标的物是否完全灭失为主要标准,同时也需辅之以"使用目的能否部分满足需求""法律是否禁止修缮、重建"等其他标准。

（四）有关定值保险道德风险规制问题

传统意义上认为,定值保险可能带来的道德风险主要在于被保险人通过故意过高约定保险标的价值,造成用诚信的被保险人缴纳的保险费对骗赔的被保险人进行赔付。而在美国保险法学界看来,恰恰与此相反,道德风险往往是由保险人造成的——其通过高估财产价值,继而收取高额保险费并以此攫取利润;且即便在事故发生情形下,其亦可以财产价值高估为由,降低赔付数额,及时止损。此外,保险人之代理人为获得高额佣金,亦有可能销售面值超过被保财产实际价值的保险单。因而,为尽可能地约束定值保险可能引发的双向(特别是保险人及其代理人引发的)道德风险,美国许多州的定值保险合同往往采取以下应对措施:首先,指明定值保险成立标准(参见上文);其次,明确定值保险赔偿条件,即由自然灾害等情形引发的不动产完全损害,被保险人不负过错;最后,确定具体定值保险的效力和责任,除非在投保时有欺诈情形,否则保险单中载明的保险价值应被视为是承保财产的真实价值以及损失的真实数额。同时,保险人也不能够在保险事故发生后主张保险价值过高,并要求相应地减少保险金。

通过美国的定值保险单合同不难发现,立法者试图通过赋予保险人以一项事先对被保财产价值进行调查的不真正义务,以全面地促使其了解保险标的的具体情况,否则,保险人原则上就必须承担定值保险单所载明保险价值可能造成的不利后果。如此这般,一方面,通过事先调查可以使保险人全面了解标的物的实际价值,防范由被保险人过高约定保险价值带来的道德风险;另一方面,也通过定值保险法律效果的明确,约束了保险人自身的不道德行为,由此很好地化解了定值保险带来的相应道德风险,值得我国立法和学理借鉴。

三、美国保险法上关于定值保险的规定及其对我国的启示与借鉴

除上述内容外,美国定值保险立法及判例,同时也对我国未来的相应立法提供了不少宝贵的经验,可供借鉴。

首先,针对我国现有定值保险法规而言,当前《保险法》不宜将作为适用例外情形的定值保险,与作为普遍适用情形的不定值保险予以并列规定;同时,有关定值保险认定标准的主观要件应在立法中予以明确。

其次,鉴于当前对于定值保险适用范围、法律效力等条款的立法缺失,有必要在将来通过司法解释、行政法规乃至地方规章的形式予以确认。而在此进程当中,包括美国各州现有的《定值保险单法》在内的诸多国外立法例及比较法学说,都可作为立法范本、模板进行研究、借鉴。

最后,鉴于美国保险法中对于定值保险的相关法规,究竟是属于强制性规范还是任意性条款尚存争议,我国在立法时需结合各方面因素进行综合考量,并予以明确。对此,笔者认为,由于定值保险其自身存在的特殊性(如以牺牲可能存在的道德利益、部分违反基本原则来让步于法律经济效率、实际需要),我国保险法对其应保持审慎的立场,即对其适用范围应做相应的限缩;同时,一些法律责任条款(如上文提到的"显著超额定值"条款),应不得由当事人双方约定排除;此外,立法及实务中对当事人自主订立的合同条款内容、效力及其对合同所进行的解释,也须持谨慎态度。

(资料来源:2018年8月10日《中国保险报》)

2. 不定值保险

不定值保险是与定值保险相对的一种承保方式,投保人和保险人签订保险合同时不在合同中载明保险价值,只是订明保险金额作为赔偿的最高限额。当保险标的发生保险事故造成损失时,再来估计其保险价值并作为赔款计算的依据。当保险金额等于或高于保险价值时,按实际损失金额赔偿;当保险金额小于保险价值时,其不足的部分视为被保险人自保,保险人按受损标的的保险金额与保险价值的比例计算赔款。

不定值保险方式在财产保险合同中运用得较多,绝大部分险种都以不定值保险方式承保。《保险法》第五十五条第二款规定:"投保人和保险人未约定保险标的的保险价值的,保险标的发生损失时,以保险事故发生时保险标的的实际价值为赔偿计算标准。"

3. 重置价值保险

重置价值保险是投保人与保险人双方约定按保险标的的重置重建价值确定保险金额的一种特殊承保方式。在财产保险合同中,保险人一般要求投保人按保险标的的实际价值投保,当保险标的因保险事故发生而受损时,保险人按实际损失进行赔偿(或将受损财产恢复

到损失前的状态)。但是,某些保险标的(如房屋、建筑物、机器设备等),由于使用期限较长,如果按扣除折旧以后的实际价值投保的话,那么当保险标的受损后,被保险人从保险人那里获得的赔偿就不充分,不能使被保险人重值重建保险标的以恢复生产经营。因此,为适应被保险人获得保险保障的需要,保险人对某些标的可以按超过实际价值重置重建价承保。

重置价值保险其实质是一种超额保险,只不过这种超额保险是经过保险合同双方当事人约定的、保险人认可的超额保险。所以,以这种方式承保的标的受损后,保险人按约定的重置重建价计算赔偿。

4. 第一危险责任保险

该承保方式是指经保险人同意,投保人可以按保险标的的实际价值的部分(即一次保险事故可能造成的最大损失范围)投保,确定保险金额。保险金额一经确定,只要损失金额在保险金额范围内,即视为足额保险,保险人按保险标的的实际损失赔偿。这种方式实质上是一种不足额保险,只不过是保险人认可的不足额保险,保险人对保险金额范围内的损失全额赔偿,而不按保险金额与保险价值的比例进行分摊。这种承保方式之所以称为第一危险责任保险,是因为它把保险价值分为两个部分,保险金额范围内的部分是第一危险责任部分,该范围内的损失由保险人负责赔偿;超出保险金额范围的保险价值部分称为"第二危险",视为未投保部分,保险人不负赔偿责任。

第一危险责任承保方式是针对某些在一次事故发生时不可能造成全损的保险标的所采取的一种特殊的承保方式,对被保险人较有利,因此,保险费率相对于其他承保方式要高一些。同时,保险人为了控制风险,在有些财产保险合同中要求保险单中所确定的的保险金额必须达到保险价值的一定比例,未达到此比例的仍视为不足额保险,损失金额要按照保险单上的保险金额与应达到的保险金额的比例进行分摊。

四、典型案例

[案例 1-1] 某贸易公司购买了一辆轿车,并与保险公司订立了机动车辆分项保险合同。在保险期间内,该公司与某工业公司签订书面协议并约定:贸易公司的该辆轿车转给工业公司,车的过户手续由贸易公司负责办理,所需费用由工业公司负担;但工业公司必须给贸易公司取得追加一辆小轿车的专控指标,否则,贸易公司不办理过户手续。

某日,工业公司董事长李某因外出办事,贸易公司将该车派给其使用。李某驾驶该车发生事故,致使车毁人亡。贸易公司当日向公安局报了案,并要求被告保险公司查验了事故现场。交警部门就该车交通事故做出最终责任认定书,确认该车已彻底报废,事故由贸易公司负全部责任。随后,贸易公司多次要求赔付,均遭拒绝。保险公司认为,贸易公司在保险合同有效期内将此车转让给了工业公司,且未向保险公司申请批改,保险公司有权拒绝赔偿。

思考:保险公司的处理是否恰当?为什么?

案情分析:本案涉及保险合同的变更问题,其关键在于投保的汽车是否发生了转让。

(1)财产保险保险标的的所有权、经营权发生转移或保险标的的用益权发生变动,或者债务关系发生变化的时候,投保人可能发生变更。此案中涉及债务关系发生变化的问题。贸易公司将该车转给工业公司,以清理债权债务。

(2)《保险法》第四十九条规定,保险标的的转让应当通知保险人,经保险人同意继续承保后,依法变更合同。此案中的保险合同变更附有条件,贸易公司在该车保险期内虽与工业公司签订了转让该车的协议。但按照《民法通则》中"民事法律行为可以附条件,附条件的民事法律行为在符合所附条件时生效"之规定,由于工业公司未取得追加小轿车的指标,转让该车的协议所附条件就没有达成,该协议没有生效,汽车所有权也不发生转移。

(3)事实上,贸易公司也没有办理该车的过户手续,事故发生时该汽车所有权仍在贸易公司手中。

综上,保险公司当然应依法承担赔偿责任。

[案例1-2] 某成衣厂于2010年1月31日与某保险公司签订了财产保险合同,保险期限从2010年2月1日起至2011年1月31日止,保险金额为35万元,并于当日交付了全部保险费。2010年2月7日晚,该厂值班人员钟某擅自离开工厂,到朋友家去吃晚饭,饭后又与朋友一起打麻将,直到第二天下午3时才回到成衣厂,发现成衣厂防盗门被人撬开,厂内的财产被盗。经现场查勘,该成衣厂的财产损失约为16万元。由于一直未破案,成衣厂于2010年5月11日向保险公司提交书面报告申请理赔。同年6月20日,保险公司出示《拒赔通知书》,称依据该保险公司的《企业财产保险条款附加盗窃险特约条款》(以下简称《特约条款》)的约定,由于保险地址无人看守而发生的被盗窃损失,保险人不负赔偿责任。遂引起纠纷。最后,成衣厂向法院起诉保险公司,要求其承担财产赔偿损失。

案情分析:本案争议的焦点是财产保险附加盗窃险条款的除外责任是否对被保险人具有法律约束力。答案是肯定的。理由如下:首先,本案中保险人在承保时,已向被保险人交付了加盖骑缝章的企业财产主险和附加险的条款。尽管保险公司印制的主险条款和附加险条款不在一起,但在承保时是将这两种条款加盖骑缝章,然后才交给投保人的。投保人是接收了《特约条款》并了解其内容的。其次,《特约条款》中的除外责任对被保险人具有法律约束力。保险合同的订立要经过要约和承诺两个阶段,投保人填写的投保险单就是要约,保险人出示的保险单就是承诺。要约和承诺的内容合并在一起构成一个完整的合同内容,投保险单和保险单构成一个完整的保险合同。因此,投保单是保险合同的重要组成部分,投保险单上约定的内容是投保人真实的意思表示。

第四节 财产保险原则

保险合同作为投保人与保险人约定保险权利义务关系的协议,在长期的实践活动中逐渐形成了一些公认的合同当事人在订立或履行保险合同时应遵循的基本准则,这些准则是保险合同的基本原则。

一、保险合同共有原则

保险合同的共有原则是财产保险合同和人身保险合同共同适用的原则,这些原则在

《保险学原理》一书中已作了阐述，这里仅作简单说明。

（一）最大诚信原则

任何一项民事活动都应遵循诚信原则。所谓诚信，就是诚实和守信用。诚实是指一方当事人对另一方当事人不得隐瞒、欺骗；守信用是指双方当事人都必须善意地、全面地履行自己的义务。

保险合同对双方当事人诚实信用的要求比一般民事合同更严格，因此称为最大诚信原则。在保险合同的订立和履行过程中，都要求双方当事人遵守最大诚信原则。最大诚信原则在保险法律和保险合同中的内容包括告知、保证等具体事项，这里不再详述。

（二）保险利益原则

投保人或被保险人对保险标的具有保险利益，是保险合同生效和索赔的条件（财产保险合同和人身保险合同有一定差异），以防范道德风险和避免赌博行为的发生，因此，保险利益原则是保险合同的一项基本原则。

（三）近因原则

保险人仅对保险合同中约定的风险发生所造成被保险人的经济损失承担赔偿责任，但有时造成损失的原因错综复杂，在判断保险人是否应该承担赔偿责任时往往应遵循近因原则。

近因是指造成损失的最直接、最有效、起决定作用的原因，而非时间上或空间上与损失最为接近的原因。

近因原则是指保险赔偿以保险风险为损失发生的近因要件，即造成损失的近因为保险风险的，由保险人承担赔偿责任；造成损失的近因为非保险风险的，则保险人不承担赔偿责任。

二、财产保险合同的特有原则

（一）损失补偿原则

1. 损失补偿原则的含义

损失补偿原则可以这样表述：在财产保险合同中，当被保险人具有保险利益的保险标的遭受了保险责任范围内的损失时，保险人要对被保险人的经济损失给予补偿，且补偿的数额以恰好弥补被保险人因保险事故而造成的经济损失为限，被保险人不能获得额外利益。理解这个原则应注意两点。

第一，只有被保险人在保险事故发生时对保险标的具有保险利益，才能获得补偿，这是损失补偿原则的前提。按照保险利益原则，投保人与保险人签订保险合同时，对保险标的具有保险利益是保险合同生效的前提条件。对财产保险合同而言，不仅要求投保时投保人对保险标的具有保险利益，而且保险事故发生时被保险人必须对保险标的具有保险利益，才能获得保险赔偿。因为投保人向保险人投保的目的是转移财产未来的风险，以确保其不因保险事故的发生而丧失对保险标的具有的经济利益。当保险事故发生时，被保险人如果对保险标的无保险利益，对被保险人来讲就无经济损失，也就不能从保险人那里获得经济补偿。因此，损失补偿原则是以保险利益原则为依据的，保险人是否对被保险人进行补偿，是以保险事故发生时被保险人是否对保险标的具有保险利益为前提条件。《保险法》第四十八条规定:"保险事故发生时,被保险人对保险标的不具有保险利益的,不得向保险人请求赔偿保险金。"

第二,保险人补偿的数额以恰好弥补被保险人因保险事故造成的经济损失为限。这包括两层含义:一是被保险人以其财产足额投保的话,其因保险事故造成的经济损失有权按照保险合同规定获得充分的补偿;二是保险人对被保险人的补偿数额仅以被保险人因保险事故造成的实际损失为限,通过补偿使被保险人能够保全其应得的经济利益或使受损标的迅速恢复到损失前的状态,任何超过保险标的实际损失的补偿都会导致被保险人获得额外利益,这样就违背了损失补偿原则。

2. 损失补偿原则量的规定

在保险实务中,要贯彻损失补偿原则,保险人就要对其赔偿金额进行限制,保险理赔中一般要受三个量的限制。

1) 以实际损失金额为限

衡量实际损失的多少,首先要确定保险标的发生损失时的市场价(实际价值),保险人的赔偿金额不能超过损失当时的市场价(定值保险、重置价值保险例外),否则将导致被保险人获得额外利益。由于保险标的的市场价在保险合同有效期内会发生波动,故在市场价下跌的情况下,应以损失当时财产的市场价作为赔偿的最高限额,如果保险人按照保险金额进行赔偿,将会使被保险人获得额外利益。

2) 以保险金额为限

保险金额是财产保险合同中保险人承担赔偿责任的最高限额,也是计算保险费的依据。保险人的赔偿金额不能高于保险金额,否则,将扩大保险责任,使保险人收取的保险费不足以抵补赔偿支出,影响保险人的经营稳定。

3) 以保险利益为限

被保险人在保险事故发生时对保险标的具有保险利益是其向保险人索赔的必要条件。保险人对被保险人的赔偿金额要以被保险人对保险标的具有的保险利益为限。保险事故发生时,如果被保险人已丧失了对保险标的的全部保险利益,保险人则不予赔偿;如果被保险人丧失了对保险标的的部分保险利益,那么保险人对被保险人的赔偿仅以仍然存在的那部分保险利益为限。

综上所述,财产保险合同中约定的保险事故发生时,保险人对被保险人的赔偿金额要受实际损失金额、保险金额和保险利益三个量的限制。而且当三者金额不一致时,保险人的赔偿金额以三者中最小者为限。以上讨论的以实际损失金额为限,仅对于不定值保险适用,对定值保险并不适用。因为定值保险是按照财产保险合同双方当事人约定的价值投保,在保险事故发生时,无论该财产的市场价如何涨跌,保险人均按约定的价值予以赔偿,不再对财产重新进行估价。

3. 被保险人不能获得额外利益

财产保险合同适用损失补偿原则。该原则的实质是保险标的损失多少补偿多少,其最终结果是被保险人不能通过保险人的赔偿而获得额外利益,各国在法律上都有相应的规定。如果允许被保险人获得大于其实际损失金额的赔偿,将可能导致被保险人故意损毁保险财产以获利,诱发道德风险,增加保险欺诈行为,不仅影响保险业务的正常经营,而且还会对社会造成危害。因此,为了防止被保险人获得额外利益,在法律上和保险合同中要做以下规定。

(1) 超额保险中超额部分无效。财产保险合同中,无论何种原因造成的超额保险,除非合同上有特别约定,否则保险人在计算赔款时一律采用超过部分无效的做法。

(2) 一个投保人虽然可以将其同一保险标的及其利益同时向两个或两个以上的保险人投保同类保险,但在保险事故发生时,投保人从各个保险人处获得的赔偿金额总和不得超过其保险财产的实际损失金额。

(3) 因第三者对保险标的的损害而造成保险事故的,被保险人从保险人处获得全部或部分赔偿后,应将其向第三者责任方享有的赔偿请求权转让给保险人。

(4) 如果保险标的受损后仍有残值,保险人要在赔款中作价扣除,或在保险人履行了全部赔偿责任后,被保险人将损余物资转移给保险人所有。

(二) 代位原则

代位原则的基本含义是指保险人对被保险人因保险事故发生造成的损失进行赔偿后,依法或按保险合同约定取得对财产损失负有责任的第三者进行追偿的权利或取得对受损标的的部分或全部权利。代位原则包括权利代位和物上代位两项内容。

1. 权利代位

权利代位,也叫代位求偿权,是指保险事故由第三者责任方所致,被保险人因保险标的受损而从保险人处获得赔偿以后,应将其向第三者责任方享有的赔偿请求权转让给保险人,由保险人在赔偿金额范围内代位行使被保险人对第三者请求赔偿的权利。

权利代位是遵循损失补偿原则必然要求的结果。被保险人因保险事故发生而遭受的损失固然应该得到补偿,保险人对被保险人应承担的赔偿责任不应该因第三者的介入而改变。若被保险人在得到保险金后又从第三者责任方获得赔偿,则其可能反因损失而获利,这显然与损失补偿原则相违背。为了避免被保险人获得双重利益,同时,也为了维护保险人的利益,被保险人在获得保险金后应将其对第三者责任方的赔偿请求权转让给保险人。这正是权利代位的立法本意。基于此,《保险法》第六十条第一款规定:"因第三者对保险标的的损害而造成保险事故的,保险人自向被保险人赔偿保险金之日起,在赔偿金额范围内代位行使被保险人对第三者请求赔偿的权利。"

1) 权利代位的产生

权利代位的产生是有一定条件的,保险人要获得代位求偿权必须具备两个条件:一是由于第三者的行为使保险标的遭受损害,被保险人才依法或按合同约定对第三者责任方有赔偿请求权,也才会因获得保险金而将该赔偿请求权转让给保险人。因此,如果没有第三者的存在,就没有代位求偿的对象,权利代位就失去了存在的基础。二是由于保险人向被保险人赔偿了保险金。只有保险人按保险合同规定履行了赔偿责任以后,才能取得代位求偿权。换言之,对第三者求偿权的转移是随保险人赔偿保险金而发生,而不是随保险事故的发生而发生。因此,在保险人赔偿保险金之前,被保险人可以行使此权利,从第三者处获得全部或部分赔偿,但被保险人应该将此情况告知保险人,以减免保险人的赔偿责任。

2) 权利代位的范围

保险人行使权利代位的范围,即其向第三者责任方求偿的金额以其赔偿的保险金为限。这是由权利代位与保险赔偿之间的关系所决定的,保险人对被保险人赔偿保险金是其获得权利代位的条件,权利代位的目的是为了避免被保险人获得双重利益,而非对被保险人享有保险标的权利的剥夺。所以,保险人从第三者那里可以得到的代位求偿金额以赔偿的保险金为限,超出保险金的部分仍归被保险人所有。《保险法》第六十条第三款规定:"保险人依照本条第一款行使代位请求赔偿的权利,不影响被保险人就未取得赔偿的部分向第三者请求赔偿的权利。"

3) 第三者的范围

如上所述,第三者责任方的存在是权利代位产生的前提条件。因此,应对第三者的范围做出界定,以明确保险人代位求偿的对象。这里的第三者是指对保险事故的发生和保险标的的损失负有民事赔偿责任的人,既可以是法人,也可以是自然人。无论是法人或自然人,保险人都可以实施代位求偿权。对保险人代位求偿的范围,许多国家的保险立法都有限制,其共同的规定是保险人不得对被保险人的家庭成员或雇员行使代位求偿权,我国法律也有类似的规定。《保险法》第六十二条规定:"除被保险人的家庭成员或者其组成人员故意造成本法第六十条第一款规定的保险事故以外,保险人不得对被保险人的家庭成员或者其组成人员行使代位请求赔偿的权利。"因为此类人与被保险人有一致的经济利益关系,若因其过失行为所致的保险财产的损失,保险人对其有求偿权的话,实际上意味着向被保险人求偿。也就是说,保险人一只手将保险金支付给被保险人,另一只手又把保险金收回,其实质就是保险人并未对被保险人履行赔偿责任。

4) 权利代位中被保险人的义务

保险人在权利代位中对第三者责任方的求偿权是因履行保险赔偿责任而由被保险人转移的。也就是说,保险人对第三者的求偿权始于被保险人,保险人只是代替被保险人行使此权利。被保险人是受害者也是知情者,被保险人有义务协助保险人向第三者责任方进行追偿,以维护保险人的利益。为此,《保险法》第六十三条规定:"保险人向第三者行使代位请求赔偿的权利时,被保险人应当向保险人提供必要的文件和其所知道的有关情况。"

5) 被保险人不得妨碍保险人行使代位求偿权

代位求偿权是保险人向被保险人履行赔偿责任后所获得的一项权利,此权利受法律保护,被保险人有义务协助保险人向第三者责任方进行追偿,不得妨碍保险人行使该权利,以维护保险人利益。因此,《保险法》第六十一条规定:"保险事故发生后,保险人未赔偿保险金之前,被保险人放弃对第三者请求赔偿的权利的,保险人不承担赔偿保险金的责任。保险人向被保险人赔偿保险金后,被保险人未经保险人同意放弃对第三者请求赔偿的权利的,该行为无效。被保险人故意或者因重大过失致使保险人不能行使代位请求赔偿的权利的,保险人可以扣减或者要求返还相应的保险金。"

2. 物上代位

物上代位是指保险人对被保险人全额赔偿保险金后,即可取得对受损标的的部分或全部权利。物上代位通常有两种情况:一种情况是委付;另一种情况是受损标的的损余价值(即残值)的处理。

委付是指放弃物权的一种法律行为。在财产保险合同中,当保险标的受损按推定全损处理时,被保险人用口头或书面形式向保险人提出申请,明确表示愿将保险标的的所有权转让给保险人,要求保险人按全损进行赔偿。保险人如果接受这一要求,并且被保险人签发委付书给保险人,委付即告成立。保险人一旦接受委付,就不能撤销;被保险人也不得以退还保险金的方式要求保险人退还保险标的。由于委付是受损标的的所有权的转移,因此,保险人接受了委付后,可以通过处理受损标的的获得利益,而且所获利益可以大于其赔偿的保险金;但保险人如果接受了委付,就接受了受损标的的全部权利和义务。因此,保险人一般在接受委付前要进行调查研究,查明损失发生的原因以及对受损标的可能承担的义务,权衡利弊得失,慎重考虑是否接受委付。

在保险实务中,物上代位的另一种情况是受损标的的损余价值(残值)的处理。保险标的遭受损失后,有时尚有损余价值存在,保险人对被保险人的损失进行全额赔偿以后,受损标的的损余价值应归保险人所有。否则,被保险人将通过处置受损标的而获额外利益。保险人通常的做法是将保险标的的损余价值从赔款中扣除,保险标的仍留给被保险人。

《保险法》第五十九条规定:"保险事故发生后,保险人已支付了全部保险金额,并且保险金额等于保险价值的,受损保险标的的全部权利归于保险人;保险金额低于保险价值的,保险人按照保险金额与保险价值的比例取得受损标的的部分权利。"

(三) 分摊原则

分摊原则的基本含义是在重复保险存在的情况下,各保险人按法律规定或保险合同约定共同承担赔偿责任,但各保险人承担的赔偿金额总和不得超过保险标的的实际损失金额,以防止被保险人获额外利益。

1. 重复保险的存在是分摊的前提

《保险法》第五十六条第四款规定:"重复保险是指投保人对同一保险标的、同一保险利益、同一保险事故分别与两个以上保险人订立保险合同,且保险金额总和超过保险价值的保险。"重复保险的存在是分摊的前提,因为只有在重复保险存在的情况下,才涉及各保险人如何分别对被保险人进行赔偿的问题。《保险法》并未对重复保险行为加以禁止,但为了防止重复保险的存在所产生的不良后果,防止被保险人获得额外利益,对各保险人如何承担赔偿责任做了规定,并对各保险人的赔偿金额总和做了限制。

2. 重复保险的分摊方法

为了防止被保险人在重复保险存在的情况下获得额外利益,明确各保险人的责任,保险法律或保险合同上要对分摊方法做出具体的规定。重复保险的分摊的方法主要有以下三种。

1) 保险金额比例责任制

这种方法是以每个保险人的保险金额占各保险人的保险金额总和的比例来分摊损失金额,其计算公式如下:

$$某保险人的赔偿金额 = \frac{某保险人的保险金额}{各保险人的保险金额总和} \times 损失金额$$

[例 1-1]　甲、乙两家保险公司同时承保同一标的同一风险,甲保险单的保险金额为 4 万元,乙保险单的保险金额为 6 万元,损失金额为 5 万元,两个保险人的保险金额总和为 10 万元,则:

$$甲保险人的赔偿金额 = \frac{4}{10} \times 5 = 2(万元)$$

$$乙保险人的赔偿金额 = \frac{6}{10} \times 5 = 3(万元)$$

2) 赔偿限额比例责任制

采用这种方法,各保险人的分摊金额不是以保险金额为基础,而是依照每个保险人在没有其他保险人重复保险的情况下单独承担的赔偿限额占各保险人赔偿限额总和的比例来分摊损失金额,其计算公式如下:

$$某保险人的赔偿金额 = \frac{某保险人的独立责任限额}{各保险人的独立责任限额之和} \times 损失金额$$

承[例 1-1],采用赔偿限额比例责任制计算,甲保险人的独立责任限额为 4 万元,乙保险人的独立责任限额为 5 万元,则:

$$甲保险人的赔偿金额 = \frac{4}{9} \times 5 \approx 2.22(万元)$$

$$乙保险人的赔偿金额 = \frac{5}{9} \times 5 \approx 2.78(万元)$$

3) 顺序责任制

这种方法是按保险合同订立的先后顺序由各保险人分摊损失金额,即由先出保险单的保险人首先负赔偿责任,第二个保险人只有在承保的财产损失金额超出第一张保险单的保险金额时,才依次承担超出部分的赔偿责任,以此类推。用此方式计算[例 1-1],则甲保险人的赔偿金额为 4 万元,乙保险人的赔偿金额为 1 万元。

《保险法》第五十六条第二款规定:"重复保险的各保险人赔偿保险金的总和不得超过保险价值。除合同另有约定外,各保险人按照其保险金额与保险金额总和的比例承担赔偿保险金的责任。"显然,我国保险法规定的重复保险的分摊方法采用的是保险金额比例责任制。

三、典型案例

[案例 1-3]　2018 年 1 月 2 日,A 公司向本市一家印刷厂租借了一间一百多平方米的厂房做生产车间,双方在租赁合同中约定租赁期为 1 年,若有一方违约,则违约方将支付违

约金。3月6日,A公司向当地保险公司投保了企业财产险,期限为1年。12月,A公司因订单不断,欲向印刷厂续租厂房1年,遭到拒绝,因此A公司只好边维持生产边准备搬迁。2019年1月,印刷厂多次与A公司交涉,催促其尽快搬走,而A公司经理多次向印刷厂解释,并表示愿意交付违约金。最后,印刷厂法人代表只得要求A公司最迟于2019年2月10日前交还厂房,否则将向有关部门起诉。2月3日,A公司职员不慎将撒在地上的煤油引燃起火,造成厂房内设备损失215 000元,厂房屋顶烧塌,修理费预计为53 000元,A公司于是向保险人索赔。

案情分析:本案中,厂房内设备属企业财产险的保险责任范围,保险公司理应赔偿其损失,但因租借合同已到期,保险公司对是否仍应对厂房屋顶修理费进行赔偿产生了以下意见。

(1)保险公司不应赔付。租赁合同到期后,A公司对印刷厂厂房已不存在保险利益,所以保险合同失效,保险公司不负赔偿责任。

(2)保险公司不应赔付。A公司故意拖延使用印刷厂厂房,属于违约行为。A公司违约在先,对厂房不具有保险利益,保险公司理应拒赔。

(3)保险公司应赔付。虽然租赁合同到期,但最后印刷厂法人代表又明确提出新的要求,即2月10日前交还厂房,这应视为印刷厂对A公司在此期间继续使用厂房的同意,所以A公司对厂房具有保险利益,厂房屋顶烧塌,保险公司应给予赔偿。

本案的焦点在于,A公司对印刷厂的厂房是否具有保险利益。

本案中,在租赁合同有效期内,A公司对厂房具有保险利益没有异议。争议的关键在于租赁合同期满后,保险合同是否仍具有法律效力,即印刷厂和A公司之间是否存在租赁关系。《中华人民共和国民法通则》第五十六条规定:"民事法律行为可以采用书面形式、口头形式或者其他形式。"故租赁合同可以是书面形式也可以是口头形式。本案中,印刷厂法人代表最终同意A公司在2月10日前交还厂房,是印刷厂对A公司租赁合同到期后继续使用厂房行为的认可。因此,原租赁合同期满后保险合同仍然有效,厂房仍是保险标的。

[案例1-4]　2018年6月15日,个体运输户王某为自己载重为5吨的东风牌汽车投保车辆损失险和第三者责任险,保险期限为1年。7月20日,王某运货,在高速公路上被一辆强行超车的大卡车撞着,汽车毁损,王某受伤且货物被浸损。卡车司机驱车逃走。交通部门认定,此起交通事故由卡车司机负全责。事后,王某向保险公司报案并请求赔偿。经鉴定车损为15万元,保险公司依损失额的80%赔付了12万元,同时保险公司还给付王某第三者责任保险金2 400元及施救费500元,扣除损余200元,实际赔付12.27万元。后来,肇事司机被交通部门抓获,王某与肇事司机会面达成协议,规定对方只需支付王某货物损失7 000元及施救费1 500元。保险公司得知后,要求王某退回重赔保险金,王某拒绝,双方遂引起争议。

案情分析:王某认为,保险公司的保险金赔偿是机动车辆损失及相关赔偿,而自己从肇事司机处获得的赔偿是货物损失赔偿,两者是不同的赔偿概念。

保险公司认为,王某应该退回施救费用500元。保险公司已经赔偿了500元施救费用,而王某又从肇事司机处获得 1 500 元的施救费用,其中 500 元是重复赔偿。因此,王某应该退回保险公司支付的施救费用,否则王某就是获得了额外经济利益。

(1)《保险法》第六十条第一款规定:"因第三者对保险标的的损害而造成保险事故的,保险人自向被保险人赔偿保险金之日起,在赔偿金额范围内代为行使被保险人对第三者请求赔偿的权利。"保险公司赔付了王某车损、第三者责任保险金和施救费,因此,保险公司就以上三项保险金取得代位求偿权,即保险公司有权向肇事司机索赔以上三项费用。

(2)《保险法》第六十一条第二款规定:"保险人向被保险人赔偿保险金后,被保险人未经保险人同意放弃对第三者请求赔偿的权利的,该行为无效。"因此,王某与肇事司机私下约定放弃对车损及第三者责任赔偿请求权的行为无效。

(3)保险人追偿额以实际支出的赔偿金额为限,对没有赔偿的部分则不得主张代位权。《保险法》第六十条第三款规定:"保险人依照本条第一款行使代位请求赔偿的权利,不影响被保险人就未取得赔偿的部分向第三者请求赔偿的权利。"因此,王某有权就货损及车损赔付未足部分向肇事司机索赔,但本案中王某放弃了向肇事司机请求赔偿车损赔付未足部分的权利。

本 章 小 结

(1)财产保险是以财产及其有关利益为保险标的的保险,是指投保人根据合同约定,向保险人支付保险费;保险人集合众多面临同质风险的经济单位,当其中部分经济单位的财产及其利益因保险合同约定的灾害事故发生而造成损失时,向被保险人赔偿保险金的商业保险行为。财产保险的特征主要体现在业务性质的补偿性、承保范围的广泛性、经营内容的复杂性、单个保险关系的不等性等方面。

(2)广义的财产保险包括了人身保险以外的所有险种,其种类包括财产损失保险(狭义财产保险)、责任保险、信用保险与保证保险。

(3)财产保险合同是保险合同的一种,是以财产及其有关利益为保险标的的保险合同。财产保险合同的主体主要包括当事人(投保人和保险人)和关系人(被保险人和受益人)。保险利益是财产保险合同当事人权利义务共同指向的对象,即财产保险合同的客体。

(4)财产保险合同的内容包括主要事项(保险人、投保人、被保险人以及人身保险受益人的名称和住处;保险标的;保险责任和责任免除;保险期间和保险责任开始时间;保险金额;保险费及其支付办法;保险金赔偿或者给付办法;违约责任和争议处理;订立合同的日期等)和当事人的权利与义务。

(5)保险价值是保险标的在某一特定时期内可以用货币估算的经济价值。保险金额是指保险人在保险合同中承担赔偿或者给付保险金责任的最高限额。根据保险价值确定的时间及保险价值确定的方式,财产保险的承保方式分为定值保险、不定值保险、重置价值保险、第一危险责任保险。

(6)保险合同共有原则包括最大诚信原则、保险利益原则、近因原则。财产保险合同的特有原则包括损失补偿原则、代位原则、分摊原则。

关键概念索引

财产保险　财产损失保险　责任保险　信用保险与保证保险　财产保险合同
投保人　被保险人　受益人　保险利益　保险价值　保险金额　足额保险　不足额保险
超额保险　定值保险　不定值保险　重置价值保险　第一危险责任保险　损失补偿原则
代位原则　分摊原则

复习思考题

1. 如何理解财产保险的概念？
2. 与人身保险比较，财产保险有哪些特征？
3. 简述财产保险保险标的的种类。
4. 财产保险有哪些主要险种？
5. 简述财产保险的作用。
6. 举例说明损失赔偿原则在财产保险实务中的运用？
7. 什么叫第一危险责任赔偿方式？它和不定值保险的区别是什么？
8. 结合相关案例说明代位追偿对保护投保人或被保险人权益的作用。

第二章　火　灾　保　险

 **本章要点**

- 火灾保险的概述
- 英国和美国的火灾保险
- 企业财产保险
- 家庭财产保险

火灾保险是继海上保险后产生并逐渐发展起来的财产损失保险业务,作为现代保险业的主要险别之一,其适用范围、保险责任等早已超出了历史上的火灾保险范畴。国内业务中,火灾保险业务可划分为企业财产保险与家庭财产保险,以及其重要的附加险——机器损坏保险和利润损失保险。本章主要介绍火灾保险的发展历史和风险责任,并在了解英美火灾保险的基础上,重点介绍我国的企业财产保险(团体火灾保险)和家庭财产保险。

第一节　火灾保险概述

在充分认识到火带给人类文明的同时,也要看到,火灾危及人们的生命安全,导致财产损失。尤其是在当今社会经济发展、高楼毗邻、工厂林立、城市化进程加快、危险集中的情况下,火灾一旦发生,不但直接影响到个人生命及财产,也间接影响到社会的安定。而火灾保险扮演着互助救济、事后补偿、共同分摊的角色。

一、火灾保险的概念

火灾保险简称火险,是指以存放在固定场所并处于相对静止状态的财产及其有关利益为保险标的,由保险人承担被保险财产遭受保险事故损失的经济赔偿责任的一种财产损失保险。

火灾保险的标的主要是各种不动产和动产。不动产是指不能移动或移动后会引起性质、形状改变的财产,包括土地及土地的附着物。由于土地一般没有保险的必要,所以,火灾保险承保的主要是土地的附着物,以房屋为主,还包括其他建筑物及附属设备。动产则是指能自由移动且不改变其性质、形态的财产。火灾保险承保的动产范围很广,包括各种生产资料、生活资料及其他商品,如机器设备、原材料、在产品等生产资料,家用电器、家具、服装等生活资料,商店里准备出售的各种商品,等等。

二、火灾保险的发展变化

火灾保险经过三百余年的发展,已有了较大的变化,主要表现在以下几个方面。

(一)保险标的扩展

最初的火灾保险只承保房屋,后来扩大到房屋内的家庭财产。发展到现在,火灾保险的标的不仅包括不动产和动产,还包括与不动产和动产相关的利益,如利润损失、营业中断期间支付的必要费用等。因此,火灾保险的保险标的已由房屋变为各种不动产、动产及与其有关的利益。

(二)承保风险扩展

最初的火灾保险只承保单一的火灾风险,后来扩大到与火灾相关的雷击、爆炸等风险。时至今日,火灾保险的承保风险更扩大到包括各种列明的自然灾害、意外事故,可以直接承保或特约承保火灾、爆炸、雷击、暴风雨、雪灾、冰凌、泥石流、机器损坏,甚至盗窃、洪水、地震、战争等风险,既可保直接损失,也可保间接损失(如利润损失)。

(三)保险单格式逐渐规范化

开始的火灾保险没有标准的保险单形式,世界各国的各家火灾保险公司各行其是,保险单格式各不相同。1879年,美国的马萨诸塞州首次以立法形式强制保险公司使用标准的火灾保险单,为火险保险单的标准化做出了贡献。此后,美国各州以及英国等国纷纷比照实行火险的标准保险单,从而大大减少了理赔纠纷和法院解释的困难。

(四)承保能力大为增强

火灾保险发展的前期,保险公司的承保能力很低,保险金额较高的保险标的往往需要几家保险公司联合共保才能确保赔偿责任的履行。随着国际保险市场上再保险的产生和发展,保险人的承保能力大为增强,保额再高的标的,都可由一家保险公司承保后再以分保方式来分散保险人自身的风险。

(五)保险费率厘定趋于科学

尽管17世纪末的火灾保险已开始按房屋的结构实行差别费率,但当时的火灾保险费率档次少、分类简单、总体费率水平较高,而现在的火灾保险在确定费率时考虑了更多的费率影响因素,采用更加科学的分类方法进行计算,从而使费率水平更加科学合理。

(六)赔偿范围扩大

火灾保险的赔偿范围已由最初只负责赔偿保险标的的损失,扩大到保险事故发生时为减少保险损失而支付合理的整理、保护、施救费用等。

三、火灾保险承保的主要风险

火灾保险承保的风险很多,根据我国现行的火灾保险条款及条款解释,火灾保险承保的主要风险可分为基本风险和其他风险。

(一) 火灾保险承保的基本风险

1. 火灾

火灾是指在时间或空间上失去控制的燃烧所造成的灾害。构成火灾责任必须同时具备三个条件:①有燃烧现象,即有热、有光、有火焰;②偶然、意外发生的燃烧;③燃烧失去控制并有蔓延扩大的趋势。

2. 雷击

雷击是指由雷电造成的灾害。雷击的破坏形式分为两种:①直接雷击,是指由雷电直接击中保险标的造成损失,属直接雷击责任;②感应雷击,是指由于雷击产生的静电感应或电磁感应使屋内的绝缘金属物体产生高电位放出火花引起的火灾,导致电器本身的损毁,或因雷电的高电压感应致使电器部件的损毁,属感应雷击责任。

3. 爆炸

爆炸有两种形式:①物理性爆炸,是指由于液体变为蒸汽或气体膨胀,压力急剧增加并大大超过容器所能承受的极限压力而发生的爆炸,如锅炉、液化气罐爆炸等,此类爆炸事故的鉴别以劳动部门出具的鉴定为准;②化学性爆炸,是指物体在瞬间分解或燃烧时放出大量的热和气体,并以很大的压力向四周扩散的现象,如火药爆炸。因物体本身的瑕疵、使用损耗或产品质量低劣以及由于容器内部承受负压(内压比外压小)造成的损失,不属于爆炸责任。

(二) 火灾保险承保的其他风险

1. 暴雨

暴雨是指每小时降雨量达 16 毫米以上,或连续 12 小时降雨量达 30 毫米以上,或连续 24 小时降雨量达 50 毫米以上的降雨。

2. 洪水

山洪暴发、江河泛滥、潮水上岸及倒灌致使保险标的遭受浸泡、冲散、冲毁等损失都属洪水责任。规律性的涨潮、自动灭火设施漏水以及在常年水位以下或地下渗水、水管爆裂造成保险标的损失,不属于洪水责任。

3. 台风

台风是指中心附近最大平均风力 12 级或以上,即风速在 32.6 米/秒以上的热带气旋。是否构成台风应以当地气象站的认定为准。

4. 暴风

暴风是指风速在 28.3 米/秒,即风力等级表中的 11 级风。我国保险条款的暴风责任通常扩大至 8 级风即风速在 17.2 米/秒以上即构成暴风责任。

5. 龙卷风

龙卷风是一种范围小而时间短的猛烈旋风。陆地上平均最大风速一般在 70～103 米/秒,极端最大风速一般在 100 米/秒以上。是否构成龙卷风以当地气象站的认定为准。

6. 雪灾

因每平方米雪压超过建筑结构荷载规范规定的荷载标准,以致压塌房屋、建筑物而造成保险标的损失,属于雪灾保险责任。

7. 雹灾

雹灾是指因冰雹降落造成的灾害。

8. 冰凌

冰凌分为水成冰、沉积冰和冰川冰三大类。其中,水成冰灾害即气象部门称的凌汛,是指春季江河解冻时期冰块飘浮遇阻,堆积成坝,堵塞江道,造成水位急剧上升,以致冰凌、江水溢出江道,漫延成灾。另外,陆上有些地区酷寒,致使雨雪在物体上结成冰块,成下垂形状,越结越厚,形成沉积冰,由于下垂的拉力致使物体毁坏,也属冰凌责任。

9. 泥石流

泥石流是指山地大量泥沙、石块突然爆发的洪流,随大暴雨或大量冰水流出。

10. 崖崩

崖崩是指石崖、土崖受自然风化、雨蚀、崖崩下塌或山上岩石滚下,或大雨使山上沙土透湿而崩塌。

11. 突发性滑坡

突发性滑坡是指山体斜坡上不稳的岩体、土体或人为堆积物在重力作用下突然整体向下滑动。

12. 地面突然塌陷

地面突然塌陷是指地壳因为自然变异、地层收缩而发生的突然塌陷。此外,对于因海潮、河流、大雨侵蚀或在建筑房屋前没有掌握地层情况,地下有孔穴、矿穴,以致地面突然塌陷所致保险标的损失,也在保险责任范围以内。对于因地基不固或未按建筑施工要求导致建筑地基下沉、裂缝、倒塌等损失,一般不在保险责任范围以内。

13. 飞行物体及其他空中运行物体坠落

凡是空中飞行或运行物体的坠落,如空中飞行器、人造卫星、陨石坠落以及吊车、行车在运行时发生的物体坠落,都属于本保险责任。在施工过程中,因人工开凿或爆炸而致石方、石块、土方飞射、塌下而造成保险标的损失,保险人可以先给予赔偿,然后向负有责任的第三者追偿。建筑物倒塌、倒落、倾倒造成保险标的损失,视同空中运行物体坠落责任。如果涉及第三者责任,可以先赔后追偿。

第二节 英国和美国的火灾保险

在世界各国的火灾保险中,英国和美国的火灾保险最为典型并具有借鉴意义。

一、英国的火灾保险

（一）对火灾的解释

在英国，构成火灾须具备以下三个条件。

（1）点燃并有燃烧现象。如草堆受潮发热自燃，但并没有点燃，则不属于火灾；又如，物体烤焦而没有燃烧，也不属于火灾。

（2）属于意外事故。如焚烧垃圾堆，是有意行为而不是意外，就不构成火灾。

（3）烧了不该烧的东西。如煤炭在火炉里燃烧，是烧了应该烧的东西，故不属于火灾。

（二）标准火灾保险单的承保风险与不保风险

1. 承保风险

（1）火灾。

（2）雷击。

（3）爆炸。此爆炸仅限于家用锅炉的爆炸和家用、照明或取暖用的煤气在房屋内发生的爆炸（但此房屋必须是不属于煤气工厂的一部分）。爆炸的损失包括因爆炸引起的火灾及"震动损失"在内。

2. 不保风险

（1）自身酝酿或发热，或在加热过程中发生的损失，即物质本身的变化及自然发热，如尚未达到起火程度，则对发热的损失不予负责；如事实上已经起火，则自身酝酿或发热的部分不能得到赔偿。但对于因发热起火而延烧至其他财产造成的损失仍须赔偿；对在加热过程中因过热起火而延烧造成的周围财物的损失也予赔偿。

（2）地震。炉灶、煤气管、电气设备都可能因地震而遭破坏，并引起火灾，这种地震引起的损毁及火灾损失均不予赔偿。

（3）地下火。地下火既可能直接烧毁保险标的，也可能引起地陷，使保险标的遭受更大范围的损失。地下火造成的保险标的损失，属于除外不保的风险。

（4）骚扰。因骚扰者纵火所致损失不赔。

（5）民众暴动，包括罢工、骚乱等。英国法院认为，这类行为不一定会构成谋反，故通常不列为战争风险范围，民众暴动所致损失一律不赔。

（6）战争、入侵、敌对行动。

（7）内战、谋反、革命、叛乱以及军事霸占或篡权。凡是与国内发生的内战或内乱有关的火灾一律不在承保范围内。

（8）爆炸。这里所指的爆炸是指前述"标准火险单"承保风险中有限制的爆炸以外的其他爆炸，包括纯粹震动型的和急速燃烧型的爆炸，亦称黑色爆炸和红色爆炸。这些爆炸都除外不保。

（三）英国火灾保险的承保及理赔方式

英国可以说是火灾保险的发源地，其经营火灾保险的历史悠久，为适应各种不同的需求，产生了一些特殊的承保及理赔方式。

1. 特别分摊

英国实施的特别分摊又称 75% 分摊,即在保险金额低于实际价值的 75% 时,采用比例分摊方式,按保险金额占实际价值的比例计算赔款;在保险金额高于实际价值的 75% 时,则以保险金额为限,按实际价值赔偿。

在特别分摊方式下,由于保险金额低于实际价值的 75% 就得不到足额的赔偿,因此有助于促使投保人以较高额度乃至足额投保。

2. 通知保险单

英国为保险货物的火灾损失专设了一种通知保险单。此保险单的保险金额为 1 年中货物可能达到的最高价值。保险人先按 75% 收取全年保险费,然后由被保险人每隔一定时间对保险人发出通知单,通知货物的价值,此价值既可能是某一固定日的价值,又可能是最高价值,视保险单内容而定。保险人一旦收到通知单,即按通知价值承保,并按实际价值赔偿,投保人根据通知单按期向保险人结算保险费,多退少补。

3. 统保保险单——统保分摊条款

统保保险单这种承保方式有利于被保险人。其特点有以下两点。

(1) 以一个总的保险金额承保几个地点的财物。

(2) 拥有许多房屋的大企业可以将全部财产的总保额分项承保,如将全部财产分为全部房屋、全部财物(货物除外)、全部货物三项。

对统保保险单,英国采取统保加费或分摊条款的方式,以保障保险人的权益。

4. "两种条件分摊"条款

英国的"两种条件分摊"条款方式适用于承保公共仓库的货物。在承保的保险单中,有的保险单承保的是指明仓库、指明货物;有的保险单则是统保保险单,即一张保险单保的货物分别储存在几个仓库中。遇到损失时,对承保指明仓库、指明货物的保险单,按比例分摊条件先赔,剩余的部分由统保保险单分摊,这就是"两种条件分摊"。

例如:各保险单保的都是同一种指明货物。保险单 1 承保 A 仓,保额为 1 000 英镑,适用比例分摊条件;保险单 2 承保 A 仓及 B 仓,保额为 3 000 英镑,适用"两种条件分摊"。A 仓货物实际价值为 2 000 英镑,B 仓为 4 000 英镑。A 仓货物遭火灾损失为 500 英镑。

(1) 保险单 1 按比例赔偿计算如下:

$$赔款 = \frac{保险金额}{实际价值} \times 损失额 = \frac{1\,000}{2\,000} \times 500 = 250(镑)$$

(2) 保险单 2 按分摊赔偿计算如下:

$$赔款 = \frac{保险金额}{实际价值} \times 赔款余额 = \frac{3\,000}{(2\,000 + 4\,000) - 1\,000} \times 250 = 150(镑)$$

计算结果为:保险单 1 赔 250 英镑,保险单 2 赔 150 英镑,被保险人自负 100 英镑,共计 500 英镑。

二、美国的火灾保险

(一) 美国对火灾的解释

(1) 有热、有光、发出火焰。

（2）须为"敌意之火"所造成。

美国在普通法中把火分为"友善之火"和"敌意之火"两种。"友善之火"是指在一定范围内故意燃点的有用之火；而"敌意之火"则是指越出一定的范围，在不该燃烧的地方燃烧。如果"友善之火"越出其正常范围，就会变成"敌意之火"。敌意之火所致损失，应属火灾范围。

（二）美国的标准火灾保险单的承保风险与不保风险

在美国火灾保险的早期。各家保险公司自行设计、使用火灾保险单，缺乏统一性，导致诸多不便，各保险公司越来越迫切地希望制定"标准"的火灾保险单，并希望随着时间的推移，法庭能对这张保险单做出统一的明确解释，使保险双方能够准确地掌握保险单的含义。1867年和1868年美国全国火灾保险委员会（the National Board of Fire Underwriters）最早开始了制定标准火险单的工作。1879年马萨诸塞州以州立法的形式强制所有在该州经营业务的保险公司于1880年开始使用标准火险单。6年后纽约州也通过立法规定本州的保险公司从1887年开始必须使用标准火险单，并在美国全国保险监督官协会的组织协调下分别于1918年和1943年对标准火险单进行了修订。1943年的纽约标准火险单为美国所有的州所使用。标准火险单不失为一种重要的保险文本，许多基本的财产保险概念在标准火险单中得到解释，因而标准火险单现在仍广泛使用于美国商业建筑物和企业财产中。

美国的标准火灾保险单不是完整的保险合同，只包括了比较宽泛和一般的条款，保险人可以以此为基础制定承保范围很广的保险合同。美国的标准火灾保险单规定了承保风险和不保风险。

1. 承保风险

（1）火灾。

（2）雷击。

（3）受上述风险威胁时向屋外的搬迁。

2. 不保风险

美国纽约标准火险单中声明的除外不保的风险主要有以下几种。

（1）战争，包括敌人攻击及入侵、本国军队的对抗行动、叛乱、谋反、革命、内战等。凡是战争引起的火灾，保险人概不负责。

（2）内政当局命令焚毁的财物不在承保之列，但内政当局为防止火灾蔓延而采取的破坏行动则属于承保范围，只是所防止的火灾必须是不由除外不保的风险所引起。

（3）被保险人疏于营救。由于被保险人疏于采取合理抢救行动所致的损失，保险人可以不赔。

（4）爆炸及骚扰。保险人对爆炸及骚扰不予承保，但爆炸及骚扰若引起火灾，则须赔偿火灾损失；若所保火灾引起爆炸或骚扰，则对爆炸或骚扰的损失可视同火灾予以赔偿。

（三）美国火灾保险的承保理赔方式

美国的火灾保险有多种承保理赔方式，下面主要介绍共同保险条款和比例分配条款。

1. 共同保险条款

美国的火灾保险，除私人住宅外，一般都采用共同保险条款。在美国的火灾保险赔案中,由于损失额低于保险标的价值 10% 的占绝大多数,因而投保人往往不愿意高额投保。于是,保险人为此在保险单上添加共同保险条款,要求投保人按标的价值若干成以上投保。最常见的共同保险条款是"80%共同保险条款",此条款规定,在损失发生后估价时,若保险金额大于或等于标的价值的 80%,则保险人在保险金额及保险利益范围内对实际损失足额赔偿;若保险金额小于标的价值的 80%,则实行比例分摊,即:

$$赔款 = 实际损失 \times \frac{保险金额}{80\% \text{ 的投保价值}}$$

2. 统保保险单——比例分配条款

美国统保保险单的特点与英国相同,但采用的条款不同。美国的统保保险单采用比例分配条款,即在发生损失时对每处财产的保险金额按每处财产占全部财产价值的比例确定。

第三节 企业财产保险

一、企业财产保险的概念及其基本特征

企业财产保险简称企财险。由于以团体作为投保险单位,又称团体火灾保险,是财产损失保险的重要险种。企业财产保险是以单位或团体所有、占有或负有保管义务的位于指定地点的财产及其有关利益为保险标的的财产保险。

企业财产保险的基本特征体现在以下几方面。

(一) 保险标的是陆地上处于相对静止状态的财产

企业财产保险的标的主要是各种固定资产和流动资产,这些标的(如厂房、机器设备、原材料等)相对固定地坐落或存放于陆地上的某个位置,从而既与处于水上和空中的标的(如水险的标的——船舶或货,飞机保险的标的——机身及其责任等)相区别,又与处于运动状态的标的(如运输工具险和货物运输保险的标的)相区别,从而形成了企业财产保险独有的特征。

(二) 承保财产地址不得随意变动

在企业财产保险中,强调保险标的必须存放在保险合同中列明的固定处所,除因火灾等风险威胁,为安全起见可将屋内的财物暂时运移他处外,被保险人不能随意变动。这主要是因为企业财产保险标的所处地点不同,风险的大小亦不同。因此,在一般情况下,承保财产地址的变动,须经保险人同意,并在原保险单上批注或附贴批单方可进行。

(三) 以团体为投保险单位

企业财产保险与家庭财产保险相比,虽然同属于火灾保险,但在投保险单位上差异甚大。企业财产保险以团体为投保对象,因而它又可以称为团体火灾保险;而家庭财产保险则是以城乡居民个人及其家庭为投保险单位。

此外,企业财产保险的标的结构、承保风险及费率厘定等较为复杂,核保、核赔难度较大。

二、企业财产保险的主要内容

（一）保险标的

企业财产保险的保险标的可分为固定资产和流动资产，其表现形式有以下几种。

（1）房屋及其他建筑物和附属装修设备，包括正在使用、未使用或出租、承租的房屋；房屋以外的各种建筑物，如船坞、油库、围墙以及附属在房屋建筑物上的较固定的设备装置（如卫生设备、空调机、门面装潢等）。

（2）机器及设备，包括具有改变材料属性或形态功能的各种机器设备，如各种机床、铸造机以及各种工作机器等；以及与机器不可分割的设备，如机座、传导设备等。

（3）工具、仪器及生产用具，包括具有独立用途的各种工作用具、仪器和生产用具，如切削工具、模压器和检验、实验和测量用仪器及达到固定资产标准的包装容器等。

（4）管理用具及低值易耗品，包括办公、计量、消防用具以及其他经营管理用的器具设备；工具、玻璃器皿以及在生产过程中使用的包装容器等不能作为固定资产的各种低值易耗品。

（5）原材料、半成品、在产品、产成品或库存商品、特种储备商品，如各种原料、材料、燃料、样品、包装物等。

（6）账外及已摊销的财产，即已摊销或已列支而尚在使用的财产，如简易仓棚、边角、余料、不入账的自制设备、无偿移交财产、已摊销的"低值易耗品"等。

（二）保险金额

企业财产保险的保险金额一般分项确定，它主要分为固定资产与流动资产两大类，其中，固定资产还要进一步按固定资产的分类进行分项，每项固定资产仅适用于该项固定资产的保险金额。

1. 固定资产保险金额的确定

固定资产是指企事业单位、机关团体或其他经济组织中可供长期使用，并在其使用过程中保持原有物质形态的劳动资料和消费资料。确定固定资产的保险金额，一般采用以下几种方式。

（1）按照账面原值确定。账面原值是指在建造或购置固定资产时所支出的货币总额，可以以被保险人的固定资产明细账（卡）等为依据。

（2）按照重置价值确定。重置价值即重新购置或重建某项财产所需支付的全部费用。按重置价值确定保额可以使被保险人的损失得到足额的补偿，避免因赔偿不足带来纠纷。

（3）按照账面原值加成数确定。账面原值加成数即在固定资产账面原值基础上再附加一定的成数，使其趋于重置价格。在账面原值与实际价值差额较大时，可按账面原值加成数确定保险金额。

（4）按其他方式确定。在企业财产保险中，固定资产的保险金额也可以依据公估价或评估后的市价由被保险人确定。

2. 流动资产保险金额的确定

流动资产是指在企业的生产经营过程中，经常改变其存在状态的那些资产项目。流动资产保险金额的确定方式包括以下两种。

（1）由被保险人按最近 12 个月的账面平均余额确定。最近 12 个月账面平均余额是指从投保月份往前推 12 个月的流动资产账面余额的平均数。据此确定流动资产保险金额可实现保险金额与流动资产价值在时间分布上的相对接近。流动资产的账面余额应当按取得时的实际成本核算。

（2）由被保险人自行确定。被保险人可以按最近的 12 个月任意月份的账面余额确定保额，也可按最近账面余额（即投保月份上月的流动资产账面余额）确定保额。

此外，账外财产和代保管财产可以由被保险人自行估价或按重置价值确定其保额。

（三）保险费率

1. 厘定费率的主要因素

保险费率根据保险标的的风险程度、损失概率、责任范围、保险期限和经营管理费用等确定。在厘定企业财产保险的费率时，应主要考虑以下几方面因素。

（1）建筑结构及建筑等级。建筑结构是指建筑物中由承重构件（梁、柱、桁架、墙、楼盖和基础等）组成的体系，用以承受作用在建筑物上的各种负荷。房屋及其他建筑结构不同，其强度、刚度、稳定性和耐久性会有较大差异，因而遭遇风险的频率和风险发生后的损毁程度亦会有所区别。例如，钢筋水泥结构的建筑要比砖木结构的建筑更能抵御火灾及其他灾害。建筑等级是根据建筑结构划分的建筑物的等级，建筑等级不同，风险状况亦不同。例如，一等建筑的风险损毁程度明显低于二等和三等建筑。既然建筑结构及建筑等级影响到房屋及其他建筑物的风险概率及其损毁程度，保险人在厘定企业财产保险的费率时，就应该充分考虑建筑结构及建筑等级的影响，厘定出更加科学、合理的费率。

（2）占用性质。占用性质是指建筑物的使用性质。不同类别、不同风险性质的财产存放于同一建筑等级的建筑物中，风险程度也会有很大差别。例如，特别危险品的风险程度就大大高于金属材料。厘定企业财产保险费率时必须考虑建筑物的占用性质，并根据占用性质及其相应的风险状况实行分类级差费率。

（3）承保风险的种类。企业财产保险承保的风险不仅有火灾，还有其他多种灾害事故。一般而言，承保的风险种类越多，保险人承担的责任越大。依据权利、义务对等原则，承保风险的种类越多，保险费率越高；承保风险的种类越少，保险费率亦越低。

（4）地理位置。保险标的所处的地理位置不同，风险及其损失的情况也会不同。例如，我国南方城市砖木结构的建筑较多，火灾的发生相对频繁；江河沿岸遭洪水的可能性较大；沿海城市常遭台风袭击，而内陆城市则无台风之患，等等。因此，保险人应根据地理位置不同，厘定出有差别的费率。

此外，在具体确定保险费率时还应考虑被保险人的防火设备、保险标的所处环境、交通状况等因素的影响。在实际工作中，一般以表定费率为基础，再根据具体风险情况等因素在一定的浮动范围内确定费率。

2. 保险费率的分类

企业财产保险的保险费率采用分类级差费率制。它可以分为工业险、仓储险和普通险三类，每类又按占用性质及风险大小等确定不同档次的费率。

（1）工业险费率。从事制造、修配、加工生产的工厂，适用工业险费率。工业险费率的档次按原材料性质、工艺操作及其风险状况确定。风险程度越高，费率越高。

（2）仓储险费率。凡是储存大宗物资的，不论存放处所为仓库、露堆、油槽、储气柜、地窖、趸船等，都选用仓储险费率。仓储险费率以储存物资本身的种类及其风险程度为依据，划分为不同的费率档次。

（3）普通险费率。除工业险、仓储险以外的其他行业，适用普通险费率。普通险费率根据投保险单位的工作性质及其风险状况确定费率档次。

3. 短期费率

企业财产保险一般以 1 年为期，标准费率表是年费率表。如果保险期限不足 1 年，应按短期费率表计收保险费。如中途退保，亦适用于短期费率，保险期不足 1 个月的，按 1 个月收费。具体参见 1996 年实施的短期费率表，如表 2-1 所示。

表 2-1　财产保险短期基本险、综合费率表

保险期限（月）	1	2	3	4	5	6	7	8	9	10	11	12
按年费率（%）	10	20	30	40	50	60	70	80	85	90	95	100

（四）保险赔偿

在企业财产保险中，保险标的发生保险责任范围内的损失，保险人按照保险金额与保险价值的比例承担赔偿责任，即按以下方式计算赔偿金额。

1. 固定资产

固定资产的保险赔偿需要分项计算。在具体赔偿时分为以下两种情况。

1）全部损失

受损财产保险金额等于或高于出险时重置价值的，其赔偿金额以不超过出险时的重置价值为限；受损财产的保险金额低于出险时重置价值的，其赔款不得超过该项财产的保险金额。

2）部分损失

受损保险标的的保险金额等于或高于出险时重置价值的，按实际损失计算赔偿金额；受损财产的保险金额低于出险时重置价值的，应根据实际损失或恢复原状所需修复费用，按保额占出险时重置价值的比例计算赔偿金额，即：

$$赔款 = \frac{保险金额}{出险时重置价值} \times 实际损失或受损财产恢复原状所需修复费用$$

2. 流动资产

流动资产的保险赔偿同样分为以下两种情况。

1）全部损失

受损财产的保险金额等于或高于出险时账面余额的，其赔偿金额以不超过出险时账面余额为限；受损财产的保险金额低于出险时账面余额的，其赔款不得超过该项财产的保险金额。

2）部分损失

受损保险标的的保险金额等于或高于账面余额,按实际损失计算赔偿金额;受损财产的保险金额低于账面余额的,应根据实际损失或恢复原状所需修复费用,按保险金额占出险时账面余额的比例计算赔偿额,即：

$$赔款 = \frac{保险金额}{出险时账面余额} \times 实际损失或受损财产恢复原状所需修复费用$$

三、企业财产保险的主要险种

从我国目前来看,企业财产保险的主要险种是财产保险基本险和财产保险综合险,此外,还有机器损坏险、利润损失险及其他附加险种。

（一）财产保险基本险

财产保险是以企事业单位、机关团体等的财产为保险标的,承担财产面临的基本风险责任的保险,它是企业财产保险的主要险种之一。

1. 保险责任

根据 1996 年开始在我国实施的《财产保险基本险条款》规定,财产保险基本险对下列风险造成保险标的的损失负责赔偿：①火灾；②雷击；③爆炸；④飞行物体及其他空中运行物体坠落。

此外,保险标的的下列损失,保险人也负责赔偿：①被保险人拥有财产所有权的自用供电、供水、供气设备因保险事故遭受破坏,引起停电、停水、停气以及造成保险标的的直接损失；②在发生保险事故时,为抢救保险标的或防止灾害蔓延采取合理的必要措施而造成保险标的的损失。

2. 除外责任

在财产保险基本险中,通常将下列原因造成保险标的的损失列为除外责任,保险人不予赔偿：战争、敌对行为、军事行为、武装冲突、罢工、暴动；被保险人及其关系人的故意行为或纵容所致；核反应、核子辐射和放射性污染；地震、暴雨、洪水、台风、暴风、龙卷风、雪灾、雹灾、冰凌、泥石流、崖崩、滑坡、水暖管爆裂、抢劫、盗窃等。

下列损失也属于财产保险基本险的责任免除范围：保险标的遭受保险事故引起的各种间接损失；保险标的本身缺陷、保管不善导致的损毁；保险标的的变质、霉烂、受潮、虫咬、自然磨损、自然损耗、自燃、烘焙所造成的损失；由于行政行为或执法行为所致的损失以及其他不属于保险责任范围的损失和费用。

（二）财产保险综合险

财产保险综合险与财产保险基本险一样,也是企业财产保险业务的主要险种,它在保险金额、保险价值和赔偿处理等内容上与财产保险基本险相同,但是在保险责任和责任免除方面存在着区别。

1. 保险责任

财产保险综合险的责任范围较财产保险基本险要广泛得多。一般而言,由于下列原因造成保险标的的损失,保险人在综合险项下均负赔偿责任:①火灾、爆炸、雷击;②暴雨、洪水、台风、暴风、龙卷风、雪灾、雹灾、冰凌、泥石流、崖崩、突发性滑坡、地面下陷下沉;③飞行物体及其他空中运行物体坠落。

此外,保险标的的下列损失,保险人也负责赔偿:①被保险人拥有财产所有权的自用供电、供水、供气设备因保险事故遭受破坏,引起停电、停水、停气以及造成保险标的的直接损失;②在发生保险事故时,为抢救保险标的或防止灾害蔓延采取合理的必要措施而造成保险标的的损失。

2. 除外责任

财产保险综合险对下列原因造成的保险标的损失不予赔偿:战争、敌对行为、军事行动、武装冲突、罢工;被保险人及其关系人的故意行为或纵容所致;核反应、核子辐射和放射性污染。

此外,保险人对下列损失也不负责赔偿:保险标的遭受保险事故引起的各种间接损失;地震所造成的一切损失;保险标的本身缺陷、保管不善导致的损毁;保险标的的变质、霉烂、受潮、虫咬、自然磨损、自然损耗、自燃、烘焙所造成的损失;堆放在露天或罩棚下的保险标的以及罩棚由于暴风、暴雨造成的损失;由于行政行为或执法行为所致的损失以及其他不属于保险责任范围的损失和费用。

(三) 机器损坏保险

机器损坏保险是以已安装完毕并投入运行的机器为保险标的的财产保险。机器损坏保险主要承保工厂、矿山等保险客户机器本身的损失,保险人对各类安装完毕并已投入运行的机器设备因人为的、意外的或物理性原因造成的物质损失负责。该险种既可单独投保,也可作为财产保险基本险或综合险的附加险投保。

1. 保险责任

在机器损坏保险中,保险人通常负责被保险机器及其附属设备因下列原因造成的损失:设计、制造或安装错误、铸造或原材料缺陷;工人、技术人员的操作错误以及缺乏经验、技术不善、疏忽、过失、恶意行为、离心力引起的断裂;电气短路或其他电气原因;锅炉缺水;物理性爆炸,等等。由于保险客户投保机器损坏险的目的不仅在于保险,还在于获取保险人的防损服务,因此,保险人提供防损技术服务是该险种的重要内容,防损费用甚至超过赔款。

2. 保险金额和保险费率

机器损坏保险一般根据各类机器的重置价值确定保险金额。其计算公式如下:

$$保险金额 = 购置新机器的价值 + 关税 + 运费 + 保险费 + 安装费$$

如果机器设备价格增长较快,被保险人应主动将价格变动通知保险人,以便及时调整保额,避免不足额保险。被保险人如果中途另外添购新机器,应立即通知保险人,以便及时承保。

机器损坏保险的费率是根据每一类机器以往几年的损失情况以及被保险人的经营管理水平、产品的可靠性及用途等确定的。同其他财产保险相比,机器损坏保险的损失率较高,因此该险种的费率也相对较高。

3. 保险赔偿

（1）全部损失。保险人按损失当时机器的市价赔偿，但以保额为限。如有残值，应从赔款中扣除。

（2）部分损失。保险人按机器的修理费用赔偿。修理费用包括修理工时费、零部件换置费、机器拆装费、运费、保险费、税款及其他保险人同意支付的费用。

 专栏 2-1

天津爆炸案引发史上最大赔偿案苏黎世保险 CEO 自杀

2015 年 8 月 12 日发生在天津港的特别重大爆炸安全事故余波仍在扩散。除了当时造成超过 170 人丧生、约 730 亿元的直接经济损失之外，天津港爆炸事件可能也造成全球史上最大单次事故赔偿，而且除了中国保险公司外，巨额赔付也将给海外的保险公司带来严重损失。据中国网财经报道，苏黎世保险 5 月 30 日公告称，前 CEO 马丁·塞恩在上周五结束了自己的生命，原因可能跟天津爆炸案造成的巨额赔付有关。

2015 年天津爆炸案事发后，有媒体报道称，苏黎世保险公司在天津港承保的一个仓库，估损值为 22 亿元人民币。随后，苏黎世保险声明中称，天津港爆炸给该公司造成约 2.75 亿美元（约合人民币 17 亿元）的损失，但最终成本还未确定。

2015 年，惠誉、瑞信等机构估算，天津港爆炸事故或为保险公司带来 10 亿～15 亿美元承保损失，可能超过此前保险史上 9 亿美元赔偿的海力士火灾案，成为单次事故最大赔偿案。据业内人士预计，中国的保险公司将面临最大的损失，其次是韩国保险公司、日本保险公司，然后是其他国际公司。

外资保险公司中，除了苏黎世保险外，蒙受巨大损失的还有德国安联保险公司、苏黎世再保险和慕尼黑再保险等。

苏黎世保险总部位于瑞士苏黎世，创建于 1872 年。苏黎世保险目前的员工有近 6 万人，客户遍布 170 多个国家和地区。其核心业务包括为个人、大（中、小）型企业以及跨国公司提供广泛的财产保险、人寿保险及相关服务，是瑞士第二大保险公司。

那么，2 亿美元对苏黎世来说是不可逆的赔付数额吗？会是造成苏黎世保险 CEO 自杀的原因吗？

和讯网就此咨询了一就职于国外知名保险公司的人士，他认为，即便是作为世界知名保险公司来说，2 亿美元的赔付数额的确不算小，但 CEO 自杀可能还有其他原因。

据了解，2015 年 12 月，苏黎世保险公布的三季度业绩出现大幅下滑后，塞恩引咎辞职。塞恩在该公司任 CEO 有 6 年时间。去年 12 月 1 日，苏黎世保险宣布塞恩辞职，这一职位由德斯万接替。

除去年第三季业绩大幅下滑外，瑞士苏黎世保险还在去年 9 月 21 日宣布，放弃以 56 亿英镑（约合人民币 553 亿元）收购英国皇家太阳联合保险集团的计划。原因是苏黎世保险预测中国天津港发生爆炸事故将使其一般保险业务遭受 2 亿美元经营亏损。

除了工作上的压力,作为知名企业的 CEO,可能也会面临常人无法理解的人事上的压力。

据了解,塞恩已经是近年来瑞士知名企业第三位自杀的高管。2013 年 8 月,苏黎世保险 CFO 沃蒂耶与瑞士电信 CEO 斯洛特先后自杀。

在沃蒂耶留下的遗书中,对欧洲商界一位重量级人物,也就是苏黎世保险董事会主席及德银前 CEO 阿克曼进行了无情控诉,沃蒂耶认为董事会主席傲慢霸道的作风让他绝望。

瑞士电信 CEO 斯洛特自杀的原因中,也有与瑞士电信高层的个性冲突令斯洛特难以忍受的因素。

(资料来源:和讯网)

(四) 利润损失保险

利润损失保险又称为营业中断保险,是以企业因停产、停业或经营受影响而面临的预期利润损失及必要的费用支出为保险标的的财产保险。它赔偿企业遭受灾害事故并导致正常生产或营业中断造成的利润损失,在国际保险市场上,既有使用单独保险单承保的利润损失保险,又有作为火灾保险的附属保险单承保的利润损失保险。我国保险人一般将利润损失保险作为财产保险的一项附加险承保。

1. 保险责任

利润损失保险以附加险种形式出现,只有保险标的损失的原因与基本险种的承保风险一致时,保险公司才负责赔偿因此引起的营业中断损失。

利润损失保险主要承保保险责任事故引起的利润损失及营业中断期间仍需支付的必要费用等间接损失,从而打破了财产保险只承保直接损失责任的传统做法。其保险责任可以扩展到因其他相关单位(如供应商、销售商等)遭受风险使被保险人停业、停产造成的利润损失。

2. 保险赔偿期限

在利润损失保险经营实务中,保险人应当充分注意其保险赔偿期限与保险期限的区别。保险期限是指保险单的起讫期限,保险人负责承保保险有效期内发生的灾害事故;保险赔偿期限则是指在保险期限内发生了灾害事故后到恢复正常生产经营的一段时期。利润损失保险只负责保险赔偿期内所遭受的损失,即由保险双方当事人事先估计企业财产受损后到恢复原有的生产经营状况所需要的时间(如从财产受灾之日起 3 个月、半年或 1 年等),商定赔偿期限。

3. 保险金额

利润损失保险的保险金额一般按本年度预期毛利润额确定,即根据企业上年度账册中的销售或营业额、本年度业务发展趋势及通货膨胀因素等估计得出。如果赔偿期限为 1 年以内,保额为本年度预期毛利润额;若赔偿期在 1 年以上,则保额按比例增加。

4. 保险赔偿

利润损失保险既赔偿毛利润损失,又承担营业中断期间支付的必要费用。其计算公式如下:

营业额减少所形成的毛利润损失 ＝（标准营业额 － 实际赔偿期内的营业额）× 毛利润率

其中,标准营业额是指上年度同期的可比营业额;实际赔偿期内的营业额是指从损失发生之日起到安全恢复生产经营为止的营业额,实际赔偿期以保险赔偿期限为限;毛利润率是指上年度的毛利润额与营业额之比。

保险人赔偿毛利润损失时,一般按以上公式计算,并可以根据本年度的业务趋势和通货膨胀因素适当调整营业额和毛利润额。营业中断期间支付的必要费用,主要是指企业为减少营业中断损失而支付的合理费用,如商场遭火灾后继续营业而租用他人房屋的租金;为加快修建被焚毁的厂房,要求建筑工人加班而支付的加班费。但营业费用的增加额不能超过若不支出该费用而造成的毛利润损失额。

（五）企业财产保险的附加险

为适应投保人的某些特殊需要,保险人还可以在企业财产保险基本险种(如财产保险基本险、财产保险综合险)的基础上增加特约承保各种附加险,如"盗抢险""露堆财产保险""矿下财产保险""橱窗玻璃意外保险"等。

1. 盗抢险

在企业财产保险中,盗抢风险一般不属于承保责任范围,盗抢险也不能单独承保,而只能以企业财产保险主险附加盗抢险的形式存在。投保了附加盗抢险后,凡是值班保卫制度健全的单位存放在保险地址室内的保险标的,因遭受外来的、明显的盗抢行为所致的损失,并报公安机关立案的,保险人均承担赔偿责任,但监守自盗属于险外责任。

2. 露堆财产保险

对符合仓储规定的露堆财产,投保人要求保险人特约承保时,可以在企业财产保险主险的基础上增加保费后以附加险形式投保。经特别约定后,承保的露堆财产因遭受暴风、暴雨所致的损失,保险人负责赔偿。被保险人对其露堆财产的存放,必须符合仓储及有关部门的规定并采取相应的防护安全措施,否则,保险人有权拒赔。

3. 矿下财产保险

对矿井、矿坑内的设备和物资,经保险双方特别约定,可以在保险单上以加贴"矿下财产保险特约条款"的方式承保。保险人对保险单上列明的自然灾害、意外事故以及因瓦斯爆炸、冒顶塌方、提升脱钩和地下水穿孔等原因导致矿下财产的损失,承担赔偿责任。

4. 橱窗玻璃意外保险

商业企业的橱窗玻璃在企业财产保险的基础上,以附加的形式特约承保意外破碎责任。凡是承保的橱窗玻璃(包括大门玻璃、柜台玻璃、样品橱窗玻璃等),因碰撞、外来恶意行为所致的玻璃破碎以及因玻璃破碎而引起的橱窗内陈列商品的非盗窃损失,保险公司负责赔偿。

除以上附加险外,堤堰、水闸、涵洞保险,地震保险,水暖管爆裂保险,油田保险,等等,都可以在企业财产保险主险的基础上以附加险的形式特约承保。

四、典型案例分析

[**案例 2-1**] 某事业单位向 A 保险公司投保财产综合险,承包房屋建筑及附属机器设

备等设施。保险期间,被保险人向保险公司报案,表示投保设备中因一部电梯线路起火造成配电柜起火,使两部进口电梯受损,索赔金额超过 100 万元。接报案后,保险公司对事故现场进行查勘。该单位独立在某大厦办公,办公大楼使用 1 年左右,到现场查勘时已看不到火灾的情景,只是在空气中有较重的胶皮气味,对损失标的检查后发现线路有烧焦痕迹,电梯配电柜多处有熏黑的痕迹,经检测该配电柜多处受损,需重新更换。案件发生后,被保险人认为属火灾责任,提出索赔,保险公司根据察看情况,并咨询电梯的重置价,经认真展开案件分析、讨论后认为:该案件属意外发生的事故,有燃烧的现象,但没有形成火灾责任,同时受损的真正原因也不在综合险承保责任范围内,应予拒赔。

案情分析:保险理赔过程中首先要考虑出险原因,在此基础上确定保险责任是否成立。火灾的构成有三个条件:一是有燃烧现象,即发光、发热、有火焰;二是偶然、意外发生的燃烧;三是燃烧失去控制并有蔓延扩大的趋势。从本案事故看,本案发生是偶然的、意外的,也有燃烧的现象,所以本期事故责任认定的关键是要确认燃烧是否失去控制并有蔓延扩大的趋势。由于燃烧仅仅造成电梯本身损毁,没有蔓延,燃烧没有失去控制,也没有蔓延扩大的趋势,所以判断本次事故不满足火灾成立的第三个条件,火灾责任没有形成。

同时,为严谨起见,保险公司对事故发生的原因做了进一步的调查和推证。经查实,该单位有严格的管理制度,电梯平常运转正常,有专门的维修商做日常维护,但是在调查最后一次维修记录时发现恰好是出险当日。最终查明事故是由于维修人员工作失误,造成设备短路,致使设备因电气原因损坏,但被保险人并未投保机器损坏险。因此,保险公司拒赔。

本案启迪:目前,保险市场正处在高速发展时期,市场竞争激烈,市场行为有待进一步规范,保险理赔工作对保险人品牌形象的树立很重要。在保险理赔过程中,既要大胆设想,更要严密推证。保险理赔工作的开展要以诚信为原则,以事实为依据,以技术与逻辑分析为手段。

[案例 2-2] 2008 年 4 月,某机械厂向当地一家保险公司投保,保险金额达 600 万元。同年 8 月,该厂投保的保险标的危险程度增加,保险公司要求该厂增加一定的保险费。该厂不同意增加保险费,要求退保。保险公司不愿失去这笔业务,答应以后再协商是否要增交保险费,但双方后来一直未就此事进行商谈。同年 9 月中旬,该厂仓库发生火灾,损失金额达 50 万元,于是该厂向保险公司提出索赔,但保险公司以该厂未增交保险费为由,不予赔付。

案情分析:此案实际上涉及的是如何处理财产保险中关于"保险标的危险程度增加"的问题,这也是发生这些保险纠纷的源头所在。

《保险法》第五十二条规定:"在合同有效期内,保险标的的危险程度显著增加的,被保险人应当按照合同约定及时通知保险人,保险人可以按照合同约定增加保险费或者解除合同。""保险标的危险程度增加"是指保险责任范围内的灾害事故发生的可能性增加,主要是由以下三方面原因所致:①投保人或被保险人变更保险标的用途所致;②保险标的的自身发生意外引起物理、化学反应;③保险标的周围客观环境发生变化。在本案中,因为投保人变更了保险标的的用途,将原来储存钢铁材料的仓库改为储存火灾发生可能性更高的塑料泡沫及其他非金属材料,因而投保人应及时履行危险程度增加的告知义务。

根据保险合同的公平原则,对于保险标的的危险程度增加,保险人有权要求增加保险费或者解除合同,这一点在《保险法》第五十二条中做出了明确的规定。在财产保险合同中,危险程度增加对保险公司具有重大影响,因为保险人收取的保险费是根据保险标的的特定情况下的危险程度,按照费率表核定的。保险标的的危险程度增加,致使保险公司承担的风险责任增加,根据保险合同的公平原则,保险公司有权要求根据费率表增加保险费。如果投保人拒绝增加保险费,保险公司有权解除保险合同。此规定的目的在于保障保险人的合法利益。

若被保险人在保险标的的危险程度增加时,履行了通知义务,而保险公司未作任何意思表示,则可视为默认,根据不可抗辩原则,保险公司事后不得再主张增加保险费或解除合同。在此案中,该机械厂履行了危险程度增加的公告义务,保险公司要求增加保险费,被拒绝后,保险公司理应解除保险合同,并通知投保人,但保险公司怕失去这笔业务,心存侥幸,拖而不决,应视为保险合同继续有效。当发生火灾事故时,保险公司却因投保人未增交保险费为由拒赔,显然违背了保险合同的最大诚信原则,损害了投保人的利益,因而其拒绝赔付的理由是站不住脚的。

综上分析,投保人履行了危险程度增加的告知义务后,保险公司未正式解除保险合同,合同有效,故保险公司应履行赔付义务,不得拒赔。

第四节　家庭财产保险

一、家庭财产保险的基本特征

家庭财产保险简称家财险,是以个人所有/占有或负有保管义务的位于指定地点的财产及其有关利益为保险标的的财产保险。家庭财产保险的基本特征有以下几点。

(一)保险标的分散

家庭财产保险以城乡居民的家庭财产为保险标的,而城乡居民尤其是农村居民居住十分分散,除少数城镇居民可以通过其所在单位统一投保家庭财产保险外,绝大多数居民都是各自分散地向保险公司投保此险种。因此,家财险的保险标的的具有分散性的特征。

(二)盗窃是保险标的面临的主要风险之一

家庭财产保险的保险标的,既面临着火灾及其他各种自然灾害、意外事故,又面临着盗窃风险。盗窃是家庭财产面临的除火灾以外的又一大主要风险,转移盗窃风险是城乡居民对家财险的基本需求。然而,由于盗窃风险是严重的社会风险,保险人承保后,盗窃责任所致赔款普遍偏高,影响保险人的稳定经营。因此,在我国的保险实践中,对盗窃风险,既有作为家财险的主险责任予以承保的业务,又有作为家财险的附加险种责任特约承保的业务。

(三)保险金额普遍较低

随着我国国民经济的持续发展和人民生活水平的不断提高,城乡居民的家庭财富日益增加,但是与企业财产保险相比,居民家庭的财产总是有限的,而且家庭财产保险通常未将汽车这一高档消费品作为保险标的,家财险的保险金额也就较为低下,一般少则几千元,多则几万元,几十万元的较为少见。因此,保险金额普遍偏低是家财险的基本特征。

(四)保险赔偿普遍采用第一危险责任赔偿方式

我国家财险在赔偿时采用第一危险责任赔偿方式,而其他的财产保险则一般采用比例责任赔偿方式。在发生家财险赔案时,无论是否足额投保,在采用第一危险责任赔偿方式下,在保险金额以内的保险标的损失,由保险人全额赔偿。采用第一危险责任赔偿方式较之采用比例责任赔偿方式,显然更有利于被保险人。

专栏 2-2

占比长期不足 1%的家财险为何"长衰不盛"

家财险是我国恢复国内保险业务以来的第一批险种之一,却发展缓慢,而且多数财产险公司对这一业务的经营发展积极性也不足。

由知名法国童话《小王子》改编的电影《小王子》颇受好评,电影中有一个情节:小女孩儿和妈妈刚搬到新家,就遭到了住在隔壁的飞行员试飞古董飞机失败的"波及"——新家的墙壁被炸出一个大窟窿,室内也有一定的损坏。下班回来的妈妈看到新家已然成了事故现场,第一反应就是,"我得给保险公司打电话"。

只此简单的一句话,便能够反映出国外成熟保险市场中家庭财产保险的渗透度以及发展水平。

反观国内,如果用一个词来形容家财险的发展现状,"长衰不盛"似乎很贴切。家财险是我国恢复国内保险业务以来的第一批险种之一,却发展缓慢,目前其在财险业务中的占比不足 1%,多数财产险公司对这一业务的经营发展积极性也不足。家财险产品保障的形式仍仅限于赔付,距离提供服务还有很长的路要走。

投保不到一成 算乐观

家庭财产保险简称家财险,是以城乡居民家庭住宅的有形物质财产为保险对象的一种保险。我国 14 亿人口、3 亿个家庭,给这个险种提供了广阔的市场前景。不过,现实数据与此并不匹配。

天津港 8·12 爆炸事故发生后,人保财险天津分公司的数据显示,10 天内事故涉及家财险报案仅为 50 件左右,相比于爆炸波及的范围和居民区住户数量,投保比例还不到一成。

"一成"或许还算得上家财险偏乐观的一项数据。

尽管家财险逐渐为民众所了解和关注,但其在财险公司的全部业务中占比仍极小,保险费规模远排在车险、企业财产保险、保证保险、责任保险、意外险、货运险等险种之后。

人保财险年度业绩报告甚至未单独列示出家财险业务的数据,其 2014 年年报显示,包含家财险在内的"其他险种"的合计保险费,占全部业务的 2.4%。即便是推出投资型家财险的安邦财险,其 2014 年家财险业务在全部业务中也只占 1.4%。

有研究报告的相关数据显示,1998 年家财险在财险业中的占比为 2.4%,而 10 年后,2009—2011 年,家财险的占比分别降至 0.5%、0.47%、0.48%。目前,家财险在整个财险业务中的占比亦不足 1%。

人保财险精算总监陈东辉对《证券日报》记者称,在国外成熟市场,家财险占比基本在 10% 以上,部分地区市场中的家财险业务规模甚至与商业车险不相上下,渗透率非常高。

畅销产品保额 也很低

一位资深精算师认为,家庭财产保险是个容易忽视的领域,天津爆炸、上海胶州路大火、奉化房屋倒塌等事故都提醒我们,完全可以用很低的保险费购买几百万元甚至上千万元的家庭财产(房屋)保障。

很低的保险费能够对应数百万元的家财险,理由在于财产险的保额与保险费之间的关系并非线性。

比如,据《证券日报》记者对某大型财产险公司官网家财险产品进行的保险费测算,在固定房屋主体保额为 100 万元、房屋装修保额为 5 万元的情况下,室内财产损失的保额从 25 万元增加到 50 万元时,每份的保险费仅从 120 元增加到 170 元;而在房屋保额 100 万元、室内财产保额 2 万元的情况下,房屋装修的保额从 5 万元增加至 100 万元时,保险费仅从 120 元增加至 180 元。

在某第三方网销平台,销量居前的几款家财险产品,较低档保额的保险费在几十元,对发生概率较高的室内财产损失的保额最高为 5 万元,而其中的多数产品对室内财产的保额设定在 1 万元甚至以下,与动辄数万元的室内财产价值并不匹配。

之所以保额万元的家财险最畅销,陈东辉认为,一定程度上与国内普遍的对保险的理解有关,家财险保额买 1 万元的潜台词是说,买多少能赔回来才不会吃亏,民众购买保险的目的还在于补偿,还没有认识到买保险为的是防范自己承担不了的财务风险。

强制性要求 国外有

陈东辉认为,与民众最贵的财产紧密相关的家财险在国内卖不动的原因,主要是因为保险意识以及客观上渠道的不足。

不像国外普遍的独栋房,我国民众居住在楼房单元房的情况更普遍,这就造成一种侥幸心理,大家认为出现风险事故的可能性比较小,或者即使出事故也不会是只有自己一家,所以风险防范的动力不足;另外,国内经济发展水平还没有使得民众认识到需要买保险把风险覆盖掉,国内民众即使买保险也更多考虑如何能够赔付回来,这是保险意识没有到位。不过陈东辉分析,这不是主要原因。

陈东辉称,国外家财险好卖的一个重要原因是有特定的销售渠道,不少国家的银行给民众办理住房按揭贷款时要求其必须给抵押的房产购买家财险,为的是防范房子抵押期间遭遇事故造成损失。国内目前没有这方面的强制性要求,甚至还有不允许银行放贷款时捆绑销售家财险的规定,因此最主要的销售渠道被割断。"如果我们也像国外那样要求,家财险的规模会是现在的五倍甚至十倍不止。"

另外,在家财险保险费规模及利润贡献都有限的情况下,保险公司亦缺乏经营和推广的积极性。

发展家财险业务,陈东辉认为,还是要寻求与银行之间达成合作,培养民众对于家庭财产的保险意识。如果考虑到长期,要深耕细作家财险,推出服务型的产品则是一个方向。比如,当客户有对房屋修补、清洁等需求时,保险公司负责联系相关公司给客户提供对应服务,将相关服务整合进家财险的保障范围。目前,我国家财险的功能更多停留在赔付层面,与客户接触的频率低,客户的感受和体验不足。

(资料来源:资本证券网)

二、家庭财产保险的主要内容

(一) 保险标的

凡是城乡居民家庭或个人的自有财产、代他人保管财产或与他人共有的财产等,都可以作为保险标的投保家庭财产保险。具体而言,家庭财产保险的保险标的主要包括以下项目。

(1) 自有房屋及其附属设备。房屋的附属设备是指固定装置在房屋中的冷暖卫生设备、照明、供水设备等。

(2) 各种生活资料,包括衣服、行李、家具、文化娱乐用品、家用电器、非机动交通工具等。如果投保人有机动交通工具,应当另行投保机动车辆保险及第三者责任保险。

(3) 农村家庭的农具、工具和已经收获入仓的农副产品。

(4) 与他人共有的财产。共有是指所有权主体有两个或两个以上,与他人共有并由其负责的财产可以投保家财险。

(5) 代保管财产,即被保险人受他人委托,代其保管并负有维护其安全责任的财产。但从事生产、经营的个体工商业者,如洗染店、寄售店、修理店、服装加工店、代购代销店、私人旅馆小件寄存等,代他人加工、修理、保管的财产,不在家财险中的代他人保管财产之列,从而不能纳入家财险中承保。

(6) 租用的财产。它是指以付出一定租金为代价而使用的他人财产,如租用房屋、家具、电器等。

(二) 保险责任

家财险主险的责任范围与企业财产保险综合险的保险责任范围相似,主要承保火灾、爆炸、雷击及其他各种自然灾害、意外事故。

对家财险的被保险人为防止灾害蔓延或因采取必要的施救、保护措施所致的保险标的损失及支付的合理费用,保险人也予以负责。

（三）保险金额

家财险的保险金额，一般由被保险人根据其家庭财产的实际价值自行确定。

由于家庭财产一般无账目可查，因而保险金额往往难以准确确定，因此，一般应以购置该财产时的支出作为家庭财产的实际价值，并以此为据确定保险金额。

（四）保险费率

家财险的保险费率主要依据以下因素确定。

1. 房屋建筑结构及其等级

被保险人居住的房屋建筑结构及其等级，直接影响到保险标的的风险状况。例如，木结构的房屋较之砖结构的房屋，遭受火灾致损的可能性更大。因此，房屋建筑结构及其等级是决定家财险费率的主要因素。

2. 家庭财产的构成

家庭财产的构成不同，其风险状况也会不同。例如，家用电器的多寡与火灾、爆炸等风险损失紧密相关。因此，制定费率时应当考虑家庭财产的构成情况。

3. 地理位置及社会环境

一方面，不同的地理位置家庭财产的风险状况不一样。例如，长江沿岸的财产比内陆地区可能遭受的水患严重；另一方面，一个城市或社区的社会治安状况良好，盗窃风险必定较小，保险人因盗窃损失支付的赔款就较少。因此，保险人在制定家财险费率时，应将地理位置及社会环境作为依据。

三、家庭财产保险的主要险种

家庭财产保险一般由若干险种组成。我国的家财险的基本险种有普通家财险、家财两全险和团体家财险等，附加险种有附加盗窃险及其他险种。下面仅对普通家财险、家财两全险、团体家财险及附加盗窃险进行介绍。

（一）普通家财险

普通家财险是保险人为城乡居民开设的一种通用型家财险种。它是家财险险种中的一种主要险种，其他家财险险种基本上都是在普通家财险的基础上发展而来的。普通家财险的保险期限为1年。

（二）家财两全险

家财两全险是适用于城乡居民家庭的兼具财产保险和满期还本两全性质的家财险业务。它是在普通家财险的基础上产生的一种家财险的基本险种，其保险标的、保险责任与普通家财险无异。家财两全险的主要特点有以下几点。

（1）保险金额固定化。与普通家财险不同，家财两全险的保险金额采取固定的方式，一般以1000元为1份，投保份数至少1份，多者不限（只要是在保险标的的实际价值以内），因此，保险金额通常是1000元的倍数。

（2）保险期限多样化。财产保险的保险期限一般是以1年为期；而家财两全险的保险期限既可以1年为期，也可以3年、5年为期，呈现出多样化的特点。

（3）保险人用投保人所交储金的利息作为保险费收入。

（4）保险期满退还保险储金。家财两全险的满期还本性质体现为：投保人交纳保险储金后，无论是否在保险期间发生过保险赔款，保险期满时保险人都要将保险储金全部退还给被保险人。

在家财两全险的基础上，一些地方的保险人又推出了一种长效还本家财险险种，它与家财两全险的主要区别是保险期满时，只要被保险人未主动退保，保险单就自动续保，继续有效。

（三）团体家财险

为适应企事业单位及机关团体为职工办理家庭财产保险的需要，保险人开办了团体家财险业务。凡单位职工的家庭财产都可以参加团体家财险。团体家财险的保险条款与普通家财险基本相同。

团体家财险具有以下几个特点。

1. 投保人与被保险人相分离

在团体家财险中，投保人是单位，被保险人是单位职工，这种投保人与被保险人相分离的情况与其他财产保险中投保人与被保险人往往合二为一的情况相区别，从而成为团体家财险的一个特点。

2. 投保险单位的职工必须全部投保

保险人在承保时，以投保时约定月份发放工资时的职工名册为准，确定被保险人的人数；凡中途调出、调入者，均应办理批改手续或加保手续；投保财产坐落地址，以附列的地址清单上被保险人填报的地址为准，投保财产以被保险人常住住址中的财产为限。对于居住在单位的单身职工和家住农村的职工，均应附列地址和保险金额。

3. 保险金额由投保险单位统一确定

在团体家财险中，所有被保险人的保险金额是一致的；同一家庭有两个或两个以上职工参加团体家财险的，其保险金额可以合并计算。

4. 团体家财险适用优惠费率

单位统一投保能够省去保险人大量的展业承保工作，既满足了投保险单位的需要，又节约了保险人的经营成本，从而为降低费率奠定了基础。保险人对团体家财险的投保，往往在同等条件下给予费率优惠。

（四）附加盗窃险

附加盗窃险，是附加在家财险或家财两全险或团体家财险上的一个附加险种，它虽然不能作为独立业务承保，但因盗窃是家庭财产面临的主要风险，它亦成为多数家庭投保时必然选择的保险，因此，附加盗窃险在家财险中有重要的地位。

保险人在经营附加盗窃险业务时，需要把握如下事项。

（1）盗窃责任是指存放在保险地址室内的被保险财产，因遭受外来的、有明显痕迹的盗窃损失，包括被盗财产和被砸坏的财产等，均由保险人负责。对于顺手牵羊、窗外钩物等造成的损失，保险人不予负责。对于被保险人及其家庭成员、服务人员、寄居人员的盗窃或纵容他人盗窃所致的被保险财产损失,保险人不负责任。

(2)被保险人在遭受保险责任范围内的盗窃损失后,应当保护好现场,及时向当地公安机关报案,并尽快通知保险人。取得公安机关的证明且经过 3 个月等待期仍然未破案,是被保险人索赔的重要条件。

除以上险种外,保险人还可以根据投保人的要求开设一些专项保险业务,如家用煤气及液化气保险、家庭房屋保险、自行车保险、家用电器保险等。

四、典型案例

[**案例 2-3**] 2017 年 12 月 10 日,王某将自己所有的二居室公有房屋及屋内财产投保了家庭财产保险,保险期限为 1 年。保险单中载明:"在保险期限内,保险标的被转卖、转让或赠与他人,或保险标的的危险程度增加时,应在七日之内通知保险公司,并办理批改手续。"王某一直认为自己的居住条件不够好,长期以来关注楼市的动态,终于于 2018年 4 月如愿以偿搬进了一栋三居室新居。在得知已购公有住房可以上市出售的情况后,王某立即向当地政府房地产行政主管部门提出申请,经审核,房地产行政主管部门做出准予其上市出售的书面意见。经朋友介绍,王某将原来的二居室房屋卖给了张某。5 月5 日,张某支付了三分之二的房款并入住,双方商定一星期后去房地产交易管理部门办理交易过户手续。不料,5 月 15 日,因张某家的煤气阀门未关紧而引发火灾,致使房屋遭受严重损失。事发后,张某找到王某,于是王某向保险公司提出索赔,遭拒赔后向法院起诉。

案情分析:本案争论的焦点有两个:一是王某对房屋是否具有保险利益,是否有权索赔;二是"房屋转卖"的真正含义是什么。

王某对房屋是否具有保险利益的关键在于房屋所有权是否已转移。房屋买卖是一种特定物的交易,它除了要求当事人之间合意外,还要求具备特定的法律形式。本案例中,买卖双方既未向房地产交易管理部门申请办理过户手续,缴纳契税,也未向房地产行政主管部门申请办理房屋所有权转移登记手续,因而可以认定房屋的所有权并未转移,买卖合同无效。即王某对该房屋仍具有保险利益,有权向保险公司提出索赔。

保险公司辩称,"房屋转卖"是指房屋转卖的实际行为开始,而不是以转卖手续全部完成为条件。当保险条款中的词语一词多义时,应遵循文义解释、意图解释、专业解释、有利于被保险人和受益人解释等原则并根据保险单词义的解释原则对其进行解释。本案例中,房屋转卖的解释应适用专业解释原则,按照其在所属专业的本来意义进行解释。

本案启迪:保险房屋转卖他人,并且过户登记后,应及时通知保险人并办理批单批改手续。

[**案例 2-4**] 2018 年 5 月 4 日,彭某向保险公司投保了长效还本家庭财产保险,保险金额为 7 000 元,保险期限为 5 年,如果被保险人不提取保险储金,可自动续保。7 月 11 日,彭某家突然起火,当时由于彭某长期患病,在家休养,腿脚不便,无法逃生,不幸被大火烧成重伤,经医院抢救无效,于 7 月 13 日中午死亡。后经公安机关调查后确认事实为:彭某之妻见

彭某长期患病,又无医好之望,恐成为今后自己的累赘,遂动将其杀死的念头。7月11日,彭妻将现场伪装成煤气泄露不慎失火之样,妄图蒙混过关,达到其罪恶目的。事发后,彭妻被公安机关逮捕。彭妻因犯谋杀罪被判处死刑之后,彭某的姐姐从外地赶来处理彭某的后事,其中包括遗产继承问题。彭某的姐姐在清理遗物时发现保险单,便向保险公司提出了退还保险储金的要求。

案情分析:保险公司根据现场查勘和公安机关的认定认为,彭家的保险财产损失为彭某之妻一手造成的,《保险法》有关条款规定,保险财产损失是被保险人的家庭成员的故意行为造成的,属于保险条款中列为的除外责任,保险公司不负赔偿责任。故保险公司不负彭家的赔偿责任。保险条款上规定保险储金应退还被保险人,但被保险人已死亡;其妻被判死刑,剥夺政治权利终身,也丧失了保险储金的继承权,因此,彭某的保险储金不能交给被保险人的姐姐。

《中华人民共和国继承法》第七条规定,故意杀害被保险人,丧失继承权。《保险法》第四十三条规定:"投保人、受益人故意造成被保险人死亡、伤残或者疾病的,保险人不承担给付保险金的责任。投保人已交足二年以上保险费的,保险人应当按照合同约定向其他权利人退还保险单的现金价值。受益人故意造成被保险人死亡、伤残、疾病的,或者故意杀害被保险人未遂的,该受益人丧失受益权。"因此,彭某的财产按继承法的规定应当由其子女或者父母继承,而彭某既无子女又无父母,其财产只能由其姐姐作为第二顺序继承人来继承。故此,彭某的这笔长效还本家庭财产保险金应由其姐姐继承。

本 章 小 结

(1)火灾保险简称火险,是指以存放在固定场所并处于相对静止状态的财产及其有关利益为保险标的,由保险人承担被保险财产遭受保险事故损失的经济赔偿责任的一种财产损失保险。

(2)火灾保险承保的基本风险包括火灾、雷击和爆炸。火灾保险承保的其他风险包括暴风、暴雨、洪水、台风、泥石流、龙卷风、雪灾、雹灾、冰凌、崖崩、突发性滑坡、地面突然塌陷、飞行物体及其他空中运行物体坠落等。

(3)在英国,构成火灾须具备三个条件:点燃并有燃烧现象;属于意外事故;烧了不该烧的东西。

(4)在英国保险实务中,包括特别分摊(又称75%分摊)、通知保险单、统保保险单、"两种条件分摊"条款。

(5)美国在普通法中把火分为"友善之火"和"敌意之火"两种。"友善之火"是指在一定范围内故意燃点的有用之火;而"敌意之火"则是指越出一定的范围,在不该燃烧的地方燃烧。如果"友善之火"越出其正常范围,就会变成"敌意之火"。"敌意之火"所致损失,应属火灾范围。

(6)企业财产保险简称企财险,由于以团体作为投保险单位,又称团体火灾保险,是财产损失保险的重要险种。企业财产保险是以单位或团体所有、占有或负有保管义务的位于指定地点的财产及其有关利益为保险标的的财产保险。

（7）企业财产保险固定资产保险金额的确定方式有按照账面原值确定、按照重置价值确定、按照账面原值加成数确定和按其他方式确定。流动资产保险金额的确定方式有按最近 12 个月的账面平均余额确定和由被保险人自行确定两种。

（8）企业财产保险费率厘定要考虑建筑结构及建筑等级、占用性质、承保风险的种类、地理位置等因素。

（9）企业财产基本险和综合险的差异在于基本险不承保自然灾害。

（10）机器损坏保险是以已安装完毕并投入运行的机器为保险标的的财产保险。机器损坏保险主要承保工厂、矿山等保险客户机器本身的损失，保险人对各类安装完毕并已投入运行的机器设备因人为的、意外的或物理性原因造成的物质损失负责。该险种既可单独投保，也可作为财产保险基本险或综合险的附加险投保。

（11）利润损失保险又称为营业中断保险，是以企业因停产、停业或经营受影响而面临的预期利润损失及必要的费用支出为保险标的的财产保险。它赔偿企业遭受灾害事故并导致正常生产或营业中断造成的利润损失，在国际保险市场上，既有使用单独保险单承保的利润损失保险，又有作为火灾保险附属保险单承保的利润损失保险。我国保险人一般将利润损失保险作为财产保险的一项附加险承保。

（12）家庭财产保险简称家财险，是以个人所有/占有或负有保管义务的位于指定地点的财产及其有关利益为保险标的的财产保险。

关键概念索引

火灾保险　友善之火　敌意之火　75%分摊　通知保险单　统保保险单　两种条件分摊　企业财产保险　基本险　综合险　费率　账面价值　重置价值　账面价值加成　最近十二个月账面平均余额　机器损坏险　利润损失险　第一危险赔偿　还本型家财险

复习思考题

1. 什么是火灾保险？火灾保险有何发展变化？
2. 构成火灾责任必须具备什么条件？
3. 英、美两国的火灾保险对我国有何借鉴意义？
4. 企业财产保险的基本特征是什么？
5. 怎样确定企业财产保险的保险金额？
6. 企业财产保险的费率是怎样确定的？
7. 企业财产保险的赔款如何计算？
8. 家庭财产保险的基本特征是什么？
9. 家财两全险有何特点？

第三章 货物运输保险

 **本章要点**

- 货物运输保险概述
- 海上货物运输保险
- 国内货物运输保险

本章主要介绍货物运输保险的基本信息、特点及具体保险条款。通过本章学习,读者可了解货物运输保险的相关具体险种,理解海上和国内货物运输保险的概念、特点、作用和保险金额的确定,掌握海上货物运输保险和国内货物运输保险的承保范围及理赔实务。

第一节 货物运输保险概述

一、货物运输保险的概念及其分类

(一) 货物运输保险的概念

货物运输保险是以运输过程中的货物为保险标的,承保货物在运输过程中由于自然灾害或意外事故遭受的损失的一种保险。货物运输保险所承保的货物,主要是指具有商品性质的贸易货物,一般不包括个人行李或随运输所耗的各种供应和储备物品。

货物运输就其本质上讲就是通过运输工具实现货物的位移,它是一种十分常见的劳务形式,也是商品实现其价值的必要途径。无论是国内贸易还是国际贸易,一笔交易的货物从卖方到买方,往往都需要经过运输过程,在此过程中,货物可能会因自然灾害或意外事故的发生而造成损失。《中华人民共和国合同法》(以下简称《合同法》)第三百一十一条规定:"承运人对运输过程中货物的毁损、灭失承担损害赔偿责任,但承运人证明货物的毁损、灭失是因不可抗力、货物本身的自然性质或者合理损耗以及托运人、收货人的过错造成的,不承担损害赔偿责任。"由此可见,货物交承运人运输,承运人承担的保障责任是有限的,货物的所有人有通过保险方式转嫁风险的需要。

在现代形式的各类财产保险业务中,海上货物运输保险的历史最为悠久,陆上各种货物运输保险是在海上货物运输保险的基础上发展起来的,是海上货物运输保险的延伸。

(二) 货物运输保险的分类

1. 按运输方式分类

货物运输保险按运输方式不同,可分为以下几类。

(1) 水上货物运输保险。保险货物采取水上运输的方式,其运输工具为各种船舶。

(2) 陆上货物运输保险。保险货物采取陆上运输的方式,其运输工具包括火车、汽车和其他机动车。

(3) 航空货物运输保险。保险货物采取空中运输的方式,其运输工具为飞机。

(4) 邮包保险,包括用水、陆、空各种运输方式运送的邮包保险。

(5) 联合运输保险。保险货物在运输过程中采用两种或两种以上运输方式。

2. 按适用范围分类

货物运输保险按适用范围分为国内货物运输保险和涉外货物运输保险两大类。国内货物运输保险适用于中华人民共和国境内的业务,适用的是中华人民共和国的法律、法规;涉外货物运输保险适用于中华人民共和国境外的业务,经营中除了要遵循国内有关的法律法规外,还要遵循有关的国际公约和惯例。由于海上货物运输保险的发展历史较悠久,是其他货物运输保险发展的基础。因此,本章重点介绍我国海上货物运输保险,在此基础上再对国内货物运输保险业务作一些介绍。

二、货物运输保险的特点

(一) 保险标的具有较大的流动性

一般的财产保险,特别是火灾保险,其保险标的处于相对静止状态;而货物运输保险的保险标的为运输过程中的货物,为了实现货物的位移,必须使用各种运输工具来运输,货物在运输途中经常处于流动状态。由于具有此特点,运输中的货物所面临的风险较多,且由于保险标的的流动性特点,其发生损失时往往不在保险合同签订地,而是在异地,保险人一般要委托出险地的代理人代查勘理赔。

(二) 保险责任范围较广泛

一般的财产保险合同只负责保险单上约定的灾害事故发生而造成的保险标的的直接损失和被保险人为减少保险标的的损失所支出的施救、保护费用。货物运输保险合同除负责灾害事故所造成的保险标的的直接损失和施救、保护费用外,还负责保险货物由于一系列外来原因所造成的保险标的的损失,如偷窃、提货不着、雨淋、短量、混杂污染、渗漏、包装破裂等,特别是海上货物运输保险所包括的附加险有多种,使保险人所承担的保险责任范围较广泛。此外,按照国际惯例,对共同海损和应分摊的共同海损费用,保险人也负责赔偿。

（三）保险期限的确定方式较为特殊

一般的财产保险合同的保险期限为1年，也有短期保险，保险期限都是以时间加上明确的时点来确定；货运险的保险期限以运输途程来确定，保险单上有一项专门确定保险期限的条款，称为"仓至仓"条款。

（四）保险单的可转让性

除货物运输保险合同以外的其他财产保险合同，未经保险人同意，保险单不能随物权的转让而转让；货物运输保险的保险单可随物权的转让而转让。由于运输中的货物一般是交承运人运输，被保险人并未直接控制保险标的，保险标的所有权的转让对货物的风险状况没有实质性的影响，且货物运输保险的期限较短，为了方便商品交易，保险单一般可随物权的转移而转让，无须征得保险人同意。

（五）使用预约保险合同

预约保险合同是用于货物运输保险和再保险中的一种不定期总括保险合同。它用于货物运输保险时保险人自动承保被保险人分批发运的所有货物，通常以保险凭证作为每批货物的保险单。预约保险合同一般无保险期限的规定，而代之以注销条款。合同双方当事人均有权依条款规定，在一定期间（通常为30天）内发出解除合同的注销通知，合同自到期日终止。

（六）合同解除的严格性

货物运输保险属于航次保险，《保险法》《中华人民共和国海商法》规定，货物运输保险从保险责任开始后，合同当事人不得解除合同。

（七）承保价值的定值性

承保货物在各个不同地点可能出现的价格有差异，因此，货物的保险金额可由保险双方按约定的保险价值来确定。一般可按离岸价、到岸价和目的地市价确定保险金额。

第二节　海上货物运输保险

一、国际贸易价格术语

（一）国际货物买卖合同

国际货物买卖合同是指营业地处于不同国家的当事人之间所签订的货物买卖合同。由于合同双方当事人的营业地处于不同国家，货物必须从买方营业地运往卖方营业地，这就产生了许多复杂的问题。例如，卖方在何时何地交货，由何方派遣运输工具并支付相关费用，货物在运输途中的风险由谁承担，何方负责申领进出口许可证和交纳进出口货物的关税。为此，国际货物买卖双方在洽商合同时，一定要明确上述问题。这些问题，国际货物买卖双方可以通过采用某个价格术语的方式获得解决。也就是说，国际贸易中所使用的价格术语正是为了说明上述费用、风险、手续等买卖双方责任的划分。价格术语是在国际贸易的长期实践中形成的，并且已经得到了广泛的应用。

（二）价格术语与运输、保险的关系

明确了价格术语的采用,就明确了由买方或卖方负责运输、保险的事宜。例如,离岸价(FOB)、成本加运费价(C&F)和到岸价(CIF)虽然同属于象征性交货条件,但 FOB 合同规定由买方负责运输和购买国际货物运输保险,而 C&F 合同规定由买方负责购买保险;但若以 CIF 合同成交,运输和保险均则由卖方负责。

二、我国海上货物运输保险的保险责任和责任免除

新中国成立后,为了适应我国对外经济贸易不断发展的需要,中国人民保险公司根据中国保险工作的实际情况,并参照国际保险市场的习惯做法,自 1956 年起陆续制定了各种涉外保险业务条款,总称为"中国保险条款"(China insurance clauses,CIC)。海上货物运输保险条款是它的重要组成部分。

我国现行的海洋运输货物保险条款是中国人民保险公司 2009 年修订的海洋运输货物保险条款。该条款共有六部分内容:责任范围、除外责任、责任起讫、被保险人的义务、赔偿处理和索赔期限。在责任范围部分,规定海上货物运输保险的基本险分为平安险、水渍险和一切险三种。投保人可以根据需要选择其中任何一种险别投保。当被保险货物遭受损失时,保险人按照保险单载明的投保险别所规定的责任范围负责赔偿。平安险、水渍险和一切险的称谓,源自新中国成立之前我国海上保险市场的叫法,其内容是参照伦敦保险人协会 1963 年货物条款制定的,险别的英文名称也来自协会条款。我国海上货物运输保险承保险别分为基本险和附加险。

（一）基本险的保险责任

我国海上货物运输保险承保的基本险包括平安险、水渍险和一切险三种。

1. 平安险

平安险(free from paticular average,FPA)是我国保险行业中长期沿用的习惯称呼,其原意是"不负责单独海损",仅对全部损失和共同海损负赔偿责任。该险种原来的责任范围是对全部损失赔偿,部分损失不赔,但长期以来在实践中经过不断修订补充,平安险的保险责任范围已经超出了全损范围,它包括保险标的因自然灾害造成的全损以及因意外事故造成的损失。

平安险的承保责任包括:①保险货物在运输途中由于恶劣天气、雷电、海啸、地震、洪水等自然灾害造成整批货物的全部损失或推定全损;②由于运输工具遭受搁浅、触礁、沉没、互撞、与流冰或其他物体碰撞以及失火、爆炸等意外事故造成货物的全损或部分损失;③在运输工具已经发生搁浅、触礁、沉没、焚毁等意外事故的情况下,货物在此前后在海上遭受恶劣天气、雷电、海啸等自然灾害所造成货物的部分损失;④在装卸或转运时,由于一件或数件整件货物落海造成的全部或部分损失;⑤被保险人对遭受承保责任内危险的货物采取抢救、防止或减少货损的措施而支付的合理费用,但以不超过该批获救货物的保险金额为限;⑥运输工具遭遇海难后,在避难港由于卸货、存仓以及运送货物所产生的特别费用;⑦共同海损的牺牲、分摊和救助的费用;⑧运输合同订有"船舶互撞责任"条款,根据该条款规定应向货方偿还船方的损失。

2. 水渍险

水渍险(with particular average，WPA)也是我国保险界长期使用的称呼,其原意是"负责赔偿单独海损",也就是平安险不负责的部分,由水渍险予以负责。除包括上列平安险的各项责任外,水渍险还负责保险标的由于恶劣气候、雷电、海啸、地震、洪水等自然灾害所造成的部分损失。

3. 一切险

一切险(all risks，AR)承保的责任范围除包括上述水渍险的各项责任外,还负责保险货物在运输途中由于一般外来原因所致的全部或部分损失。其中,各种外来风险主要是指11种一般附加险。这11种一般附加险包括:①偷窃、提货不着险,主要承保在保险有效期内,保险货物由于偷窃行为以及货物运抵目的地后,整件货物未为收货人提到所造成的损失。②淡水雨淋险,承保货物在运输途中直接遭受雨淋或淡水所造成的损失。雨淋所致损失包括雨水,还有冰雪融化给货物造成的损失。淡水所致损失则包括船上因船舱内水汽凝聚而成的舱汗、船上淡水舱或水管漏水给货物造成的损失。③短量险,承保货物在运输过程中因外包装破裂或散装货物发生数量散失和实际重量短少的损失。④混杂、玷污险,承保货物在运输过程中因混进杂质或被玷污所造成的损失。⑤渗漏险,承保液体、流质类货物由于容器损坏而引起的渗漏损失以及用液体储装的货物因储液渗漏而发生的腐烂、变质的损失。⑥碰损、破碎险,承保货物在运输途中因震动、碰撞、受压造成的破碎、折裂、裂损和发生弯曲、凹瘪、变形等损失。⑦串味险,又叫变味险,承保货物因受其他物品的影响而引起串味、变味的损失。⑧受潮受热险,承保运输途中的货物因在货仓中受潮或高温所造成的损失。导致潮湿或高温的原因,或是由于气温突然变化,或是由于船上通风设备失灵,使得船舱内水汽凝结,引起货物受潮、发热而最终发霉变质。⑨钩损险,承保货物在运输、装卸过程中,因使用吊钩一类工具而本身直接被钩破的损失,或外包装被钩破造成货物外漏的损失。⑩包装破裂险,承保货物因装运或装卸不慎、包装破裂造成短少、玷污、受潮等损失以及旨在保证运输过程中续运的安全需要而对包装进行修补或调换所支付的费用。⑪锈损险,承保货物在运输过程中因生锈而造成的损失。该类货物是指金属或金属制品。凡在装运时未存在,确实是在保险期限内发生的锈损,保险人予以负责。

(二)附加险的保险责任

附加险是附着于基本险之下的险别,不能单独投保,只能在投保基本险以后才能加保附加险。海上货物运输保险的附加险主要承保海上运输过程中的各种外来风险,它分为一般附加险、特别附加险和特殊附加险种。

1. 一般附加险

上面已经提到,一般附加险包括在一切险责任范围内,如果投保一切险,就包括了11种一般附加险。如果只想选择某种或几种一般附加险投保,则必须在投保平安险或水渍险的基础上才能投保。

2. 特别附加险

特别附加险承保一些涉及政治、国家政策法令和行政措施等特殊外来因素所造成的风险损失，一般包括：①交货不到险，承保不论由于什么原因，已装上船的货物不能在预定抵达目的地的日期起6个月内交货的损失，保险人对这一损失按全部损失赔偿，但该货物的全部权利应转移给保险人；②进口关税险，承保已经遭受保险责任范围内的损失的货物，不论该损失是在进口前或进口后发生的，根据进口国的规定仍须按完好价值完税所造成的关税损失；③舱面险，对装载在舱面的货物，除按基本险的条款负责以外，还承保因被抛弃或被风浪冲击所造成的损失；④拒收险，承保货物在进口时，不论何种原因而被进口国政府或有关当局拒绝进口或没收所造成的损失；⑤出口货物到我国香港（包括九龙在内）或澳门存仓火险责任扩展条款，承保我国出口到港、澳地区并在我国驻港、澳银行办理押汇的货物在存放仓库期间因火灾而遭受的损失；⑥黄曲霉素险，承保某些含有黄曲霉素的食物因超过进口国对该毒素的限制标准而被拒绝进口、没收或强制改变用途而遭受的损失。

3. 特殊附加险

特殊附加险与特别附加险一样，所承保的责任都超出一般外来原因所造成的事故损失，不属于一切险的承保范围之内。海上货物运输保险的特殊附加险包括：①战争险，承保货物由于战争、敌对行为、武装冲突或海盗行为以及由此而引起的捕获、拘留、扣押和禁制等所造成的直接损失；②罢工险，承保货物因罢工者、被迫停工工人以及参加工潮、暴动和民众斗争的人员采取行动而造成的直接损失。

（三）责任免除

货物运输保险的基本险（平安险、水渍险和一切险）责任免除事项包括：①被保险人的故意行为或过失行为所造成的货物损失；②属于发货人责任所引起的损失；③在保险责任开始前，保险货物已存在的品质不良或数量短差所造成的损失；④被保险货物的自然损耗、本质缺陷以及市价跌落、运输延迟所引起的损失和费用；⑤属于战争险条款和罢工险条款所规定的责任范围。

三、保险责任的起讫

货物运输保险是一种航程保险，它的保险期限不是按日期计算的，而是按运输途程确定的。一般以"仓至仓"条款作为保险期限的责任起讫。

（一）"仓至仓"条款的含义

"仓至仓"条款是货物运输保险中确定保险期限的条款，海运、陆运、空运货物运输保险的保险责任起讫系采用此条款来规定。它规定保险人对保险货物承担保险责任的空间范围。"仓至仓"条款规定，保险人对被保险货物所负的责任，从保险单载明的起运地（港）——发货人的仓库开始，到保险单载明的目的地（港）——收货人的仓库为止。

（二）我国海上货物运输保险的责任起讫

该保险负"仓至仓"责任，自被保险货物运离保险单所载明的起运地仓库或储存处所开始运输时生效，至该货物到达保险单所载明的目的地仓库或储存处所为止。如未抵达上述仓库或储存处所,则以保险货物在最后卸载港全部卸离海轮后满 60 天为止。如在上述 60 天内保险货物需转运到非保险单所载明目的地时,则以该项货物开始转运时终止。

由于被保险人无法控制的运输延迟、绕道、被迫卸货、重新装载、转载或承运人运用运输契约赋予的权利所作的任何航海上的变更或终止运输合同,致使被保险货物运到非保险单所载明的目的地时,在被保险人及时将所获知的情况通知保险人并在必要时加缴保险费的情况下,本保险仍继续有效,保险责任按下列规定终止。

(1) 保险货物如在非保险单所载明的目的地出售,保险责任至交货时为止,但不论任何情况,均以保险货物在卸载港全部卸离海轮满 60 天为止。

(2) 保险货物如在上述 60 天期限内继续运往保险单所载明原目的地或其他目的地时,保险责任仍按正常情况下所规定的"仓至仓"条款内容办理。

四、我国海上货物运输保险实务

(一) 保险险别的选择

保险人承担的保险责任是以险别为依据的,在不同的险别下,保险人承担的责任范围不同,保险货物在遭受意外损失时可能获得的补偿不同,保险费率也不相同。所以投保时应选择适当的险别,以保证货物获得充分的经济保障,并节省保险费开支。

险别的选择应视保险货物在运输作业中可能遭遇的风险而定,一般须考虑货物的性质和特点、货物的包装、运输路线及港口情况、目的地市场的变动趋势这些因素。

(二) 保险金额的确定

1. 出口货物保险金额的确定

在以 CIF 条件成交的情况下,由出口方投保货运险。出口货物的保险金额一般是以货物的发票价为基础,再予以一定的加成计算,若无特殊情况,加成率一般为 10%。这样,出口货物的保险金额就是其发票金额的 110%。投保加成是保险中的特例,这是对外贸易的特殊性所决定的,因为运输是一种经营活动,货物在一地的价值与另一地的价值可以发生差异。如果仅以 CIF 货价作为保险金额,在货物发生损失时,买方已经支付的经营费用和本来可以获得的预期利润仍然无法从保险人处获得补偿。因此,各国保险法及国际贸易惯例一般都规定进出口货物运输保险的保险金额可在 CIF 价基础上适当加成。

按照国际商会的《贸易术语解释的国际通则》有关规定,加成率一般为 10%,但这并非一成不变,被保险人与保险人可以根据不同货物、不同地区进口价格与当地市价之间的差价所决定的预期利润水平、买方的经营费用等约定不同的加成率,但最高不超过 30%。其保险金额计算公式如下:

$$保险金额 = CIF \times (1 + 加成率)$$

2. 进口货物保险金额的确定

在以 C&F 或 FOB 条件成交的情况下,由进口方投保货运险,并按同保险公司签订的预约保险合同的有关规定办理。

按 C&F 进口时,其保险金额计算公式如下:

$$保险金额 = C\&F \times (1 + 平均保险费率)$$

按 FOB 进口时,其保险金额计算公式如下:

$$保险金额 = FOB \times (1 + 平均运费率 + 平均保险费率)$$

在上述进口货物保险金额的计算公式中,平均运费率和平均保险费率在预约保险合同中均已列明,其目的是为了简化手续,方便计算。

(三) 投保注意事项

保险公司承接保险是根据投保人的申报来确定的,其出立的保险单则是以投保人的填报内容为依据。投保人在填写投保险单时应注意以下事项。

(1) 投保时所申报的情况必须属实,包括货物的名称、装载的工具以及包装的性质等。

(2) 投保的险别、币制与其他条件必须和信用证上所列保险条件的要求相一致。卖方、买方银行在审查出运单证时,对保险单上所列各项内容必须对照信用证核实,如有不符可以拒绝接受保险单,即使卖方银行未发现不符通过了,买方银行在审证时还可以拒绝付款。

(3) 投保的险别和条件要和售货合同上所列的保险条件相符合,以做到重合同、守信用。

(4) 要注意尽可能投保到内陆目的地。

(四) 保险单的转让

保险单的转让是指保险单持有人将保险单所赋予的要求损失赔偿权利以及相应的诉讼权转让给受让人。因而,保险单的转让即保险单权利的转让。这种权利的转让同保险货物本身所有权的转让是两种不同的法律行为。买卖双方交接货物、转移货物所有权,并不能自动转移保险单的权利。

货物运输保险单保障的是运输途中的货物,谁承担运输作业中的风险,理应由谁办理投保,掌握保险单。买卖双方如按 CIF 条件达成交易,按惯例,货物在运输中的风险由买方承担,而办理投保是卖方的义务。卖方在履行完毕交货义务并将货物所有权转移出去之后,对运输作业中的货物就不再拥有可保权益,需将保险单随同运输单和其他单据一起转交给买方,实现保险单权利转让。货物抵港后如发生保险责任范围内的损失,买方作为保险单受让人或合法持有人便可行使被保险人的权利,向保险人要求损失赔偿。

(五) 被保险人的索赔义务

当被保险人保险的货物遭受到损失后,向保险公司的索赔问题就产生了。被保险人获悉货物受损有两种情况:一种是运输工具在途中遭遇意外事故,如船舶搁浅、火车出轨使货物严重遭损,对于这种情况,被保险人往往当时就能知道;另一种是货物抵达目的港(地)以后,被保险人在码头提货或者在自己的仓库、储藏处所发现损失。不论哪一种情况,被保险人都应该按照保险单的规定向保险公司办理索赔手续。同时,还应以收货人的身份向承运方办妥必要的手续,以维护自己的索赔权利。

1. 损失通知

当被保险人获悉或发现保险货物已经遭损时,应该马上通知保险公司。因为一经通知,表示索赔行为已经开始,不再受索赔时效的限制,保险公司在接到损失通知后即能采取相应的措施,如检验损失、提出施救意见、确定保险责任、查核发货人或承运方责任等。出口货物运输保险单上已经写明了保险公司在目的港(地)的检验、理赔代理人名称、地址,被保险人或被保险人的代表可就近通知代理人,并申请对货损进行检验,检验完毕应取得检验报告,作为向保险公司索赔的重要证据。

2. 向承运人等有关方提出索赔

被保险人或其代理人在提货时,如果发现货物的包装有明显的受损痕迹,或者整件短少,或者散装货物已经残损,除按上面所说的向保险公司报损外,还应该立即向承运方、受托人以及海关、港务当局等索取货损货差证明。特别是当这些货损货差涉及承运方、受托方或其他有关方面(如码头、装卸公司)的责任时,应该立即以书面向他们提出索赔,并保留追偿权利。

3. 采取合理的施救、整理措施

保险货物受损后,作为货方的被保险人应该对受损货物采取必要的施救、整理措施,以防止损失的扩大。

4. 备全必要的索赔单证

保险货物的损失经过检验,向承运方等第三者的追偿手续办妥后,就应向保险公司或者其代理人提请赔偿。提请赔偿时应将如下几项有关的单证附上。

(1)保险单或保险凭证正本。这是向保险公司索赔的基本证件,用以证明保险公司承担的保险责任及其范围。

(2)运输契约,包括海运提单、陆空运运单等运输单证。这些单证证明保险货物承运的状况,如承运的件数、运输的路线、交运时货物的状态,以确定受损货物是否为保险人所承保的以及在保险责任开始前的货物情况。

(3)发票。这是计算保险赔款时的数额依据。

(4)装箱单、磅码单。这是证明保险货物装运时件数和重量的细节,是核对损失数量的依据。

(5)向承运人等第三者责任方请求赔偿的函电或其他单证和文件。这些文件中往往应包括第三者责任方的答复文件,这是证明被保险人已经履行了应该办理的追偿手续,即维护了保险公司的追偿权利。

(6)检验报告。这是证明损失原因、损失程度、损失金额、残余物资的价值以及受损货物处理经过的证明,是确定保险责任和应赔金额的主要证明文件。

(7)海事报告摘录或海事申明书。船舶在航行作业中遭遇海事,属于人力不可抗拒性的事故。船长要在海事日志中记录下来,同时,船长还要申明船方不承担因此而造成的损失。这些证明与保险公司确定海事责任直接相关,碰到一些与海难有关的较大损失的案件,保险公司将要求提供此种证明文件。

(8)货损、货差证明。保险货物交给承运人运输时是完好的,由承运人签发清洁提单或者无批注的运单。当货物抵达目的地时发生残损或短少,要由承运人或其代理人签发货损、货差证明,既作为向保险公司索赔的有力证明,又是日后向承运方追偿的根据。特别是整件短少的,更应要求承运方签具短缺证明。

(9)索赔清单。这是被保险人要求保险公司给付赔款的详细清单,主要写明索取赔款金额的计算依据以及有关费用的项目和用途。

5. 等候结案

被保险人在有关索赔手续办妥后,即可等待保险公司最后审定责任,领取赔款。在等待过程中,有时保险公司发现情况不清需要被保险人补充提供的,应及时办理,以免延迟审理的时间。如果向保险公司提供的证明文件已经齐全而未及时得到答复,应该催赔。保险公司不能无故拖延赔案的处理。

(六) 损失的确定与责任的审定

1. 检验报告的审核

保险货物发生损失经检验后就应该填制检验报告,作为审核赔案责任的依据。因为出口货物的损失大部分是发生在异国,需要依靠目的地的检验、理赔代理人来进行检验工作,所以承保公司对赔案责任的审定主要是通过检验报告的各项内容来加以判断。出口货物运输保险损失检验报告的具体内容包括:申请检验人;收货人;申请检验日期;检验的日期和地点;航行情况;转船情况;船舶到达卸载港和卸货完毕日期;转运内陆情况;提货日期;包装情况;承运人签证;海事情况;清洁收据;检验成员;追偿情况;舱面装载;货损情况;原因;性质和程度。

2. 责任的审定

受损货物经过检验,损失原因属于承保风险的,这时赔案就进入审定保险责任的阶段。保险责任是通过保险单上的条款加以明确的,这是理赔工作的依据,对属于责任范围内的赔案,保险公司要及时理赔;对于不属于保险责任的案件,也要将拒赔的理由讲清楚。对于基本险、附加险责任的审定,都应按照其各自险别条款所规定的责任范围来掌握。

(七) 赔款计算与给付

赔案经审定属于保险责任后需要进行具体计算,以确定应赔数额。不同的损失情况有不同的赔款计算方法。

1. 全部损失

进出口货物运输保险通常都是定值保险,保险货物遭受的全部损失(实际全损或推定全损),应以保险单上载明的保险金额为准,全额赔付,如有损余应折归保险公司所有。

2. 部分损失

(1)保险货物遭受数量损失时,其赔款计算公式如下:

$$赔款金额 = 保险金额 \times 损失数量(重量)/保险货物总量$$

(2)保险货物遭受质量损失时,其赔款计算公式如下:

$$赔款金额 = 保险金额 \times (货物完好价值 - 受损后价值)/货物完好价值$$

上述公式中的货物完好价值和受损后价值,一般以货物运抵目的地市场价为准。如果货物受损后在运输途中处理,则以处理地市价为准。

（3）保险货物亏损出口，受损后货物的损余价值超过保额。由于某种原因，有些出口货物是亏损出售的，其出口价低于国内市场价格，这时，在国内处理可能发生货物损余价值高于保额的情况。

赔款金额 ＝ 保险金额 ×（国内货物完好价值 － 国内货物受损后价值）/ 国内货物完好价值

（4）损余价值的确定。保险货物的损余对实际赔偿额有很大的影响。损余价值的确定是否合理，应根据案情，从货物的性质、完好价格、受损状态、供求关系、过去处理同类货物的经验加以比较分析。对国际贸易货物损余的确定，还应进一步考虑国外市场和国内市场的区别。

（5）填制赔款计算书。赔案经计算完毕后，要填制赔款计算书作为给付赔款的依据。

五、典型案例

[案例 3-1] 1996 年 7 月 25 日，湖南省进出口公司与英国 G 公司签订售货合同，湖南省进出口公司向 G 公司出售 60 吨电解金属粉，价格条件为 CIF，付款条件为付款交单（D/P）。8 月 8 日，进出口公司就该批货物的运输向保险公司（原告）投保一切险。货物装上船后，由于水手操纵吊杆失误，导致船舶倾斜，部分集装箱掉进海里，其中包括湖南省进出口公司的一个集装箱，另外两个没有落水的集装箱被运往目的港，G 公司凭提单提取了该两个集装箱，并向湖南省进出口公司支付了两个集装箱的货款。之后，湖南省进出口公司向保险公司索赔落水集装箱所装货物的损失，保险公司向湖南省进出口公司支付了保险金，取得了进出口公司签署的权益转让书，对承运人（被告）提起诉讼，要求其支付保险金损失和利息。被告抗辩。

问题：原告是否有代位求偿权？被告是否应该向原告支付保险金损失和利息？

案情分析：

（1）提单具有货物所有权凭证的法律效力。进出口公司在对提单做了空白背书后交给 G 公司，构成了提单的合法转让，提单项下的货物所有权随之转让给 G 公司，风险也已在货物装上船后转移给 G 公司。因此，只有 G 公司才有权依据提单向被告索赔。

（2）尽管保险公司已向进出口公司实际支付了保险赔偿金，并取得了进出口公司出具的权益转让书，但因进出口公司不具有对承运人的索赔权，因此原告也就没有有效取得代位求偿权。

综上，保险公司无权向承运人提出货损索赔；被告不应向原告支付保险金损失和利息。

[案例 3-2] 某外贸公司与澳大利亚某进口商签订一份布匹合同，价格条件为 CIF，目的地为鹿特丹，向中国人民保险公司投保水渍险。货轮启航后不久突然遇到暴风雨，部分货物因雨淋而受潮，为躲避暴风雨，把受潮布匹隔离，货轮驶进某港进行卸货重装。在此过程中，部分货物丢失，船方还支付了卸货工人的费用。

问题：

（1）部分货物因雨淋而受潮的损失由谁负责？

（2）卸货过程中部分货物丢失由谁负责？

（3）卸货工人的费用由谁负担？

案情分析：

（1）首先要明确雨淋是海水还是淡水。如果是海水造成的,则由水渍险负责;如果是淡水造成的,且没有加保淡水雨淋的一般附加险,则保险人不负责。同时,还要考虑承运人是否存在管货过失的问题。

（2）货物丢失可能是被偷窃,或是目的港收货人提货不着。因此,只有在水渍险的基础上加保了偷窃、提货不着险,保险人才负责,否则保险人不负责赔偿。

（3）货轮驶进某港卸货重装并支付卸货工人的费用,属于平安险承保范围内的"避难港损失和费用"。水渍险的责任范围包括平安险,因此,上述费用可在水渍险下获得赔偿。

 **专栏 3-2**

国际海上保险联盟发布 2015 年全球航运保险统计数据

国际海上保险联盟最新发布的 2015 年全球航运保险统计数据显示:中国在货运险领域继续保持世界第一,2015 年中国货运险保险费收入 143.26 亿元,在全球市场份额中占比达9.0%;中国已成为仅次于劳合社的第二大船舶险市场,2015 年中国船舶险保险费收入达55.1 亿元,占全球船舶险市场份额的 11.9%;中国离岸能源险保险费增幅"一枝独秀",在全球离岸能源险保险费下降 20% 的背景下,中国实现了 27.11% 的保险费增长率;上海已成为亚太主要航运保险中心之一,2015 年上海船舶及货运险保险费收入 38.33 亿元,仅次于新加坡,是香港船货险保险费收入的 1.72 倍。

（资料来源:上海保监局网站）

第三节　国内货物运输保险

国内货物运输保险与海上货物运输保险同为货物运输保险的重要组成部分,由于国内货物运输保险是从海上货物运输保险演变而来的,因而其性质与海上货物运输保险有颇多相似之处。

一、国内水路、陆路货物运输保险的基本内容

国内水陆、陆路货物运输保险承保货物在水路、铁路、公路和联合运输过程中因遭受保险责任范围内的自然灾害或意外事故所造成的损失,分为基本险和综合险两种,不同险别规定了不同的保险责任范围。

（一）基本险的保险责任范围

（1）因火灾、爆炸、雷电、冰雹、暴风、暴雨、洪水、地震、海啸、地陷、岩崩、滑坡、泥石流所造成保险货物的损失。

（2）由于运输工具发生碰撞、搁浅、触礁、倾覆、沉没、出轨或隧道、码头坍塌所造成保险货物的损失。

（3）在装货、卸货或转载时，因遭受不属于包装质量不善或装卸人员违反操作规程所造成的损失。

（4）按国家规定或一般惯例应分摊的共同海损费用。

（5）在发生上述灾害事故时，因纷乱而造成货物的散失以及因施救或保护货物所支付的直接合理的费用。

（二）综合险的保险责任范围

综合险除包括基本险的责任外，保险人还负责赔偿以下情况所致的保险货物损失。

（1）因受震动、碰撞、挤压而造成破碎、弯曲、折断、凹瘪、开裂或包装破裂所致使货物散失的损失。

（2）液体货物因受震动、碰撞或挤压致使所用容器（包括封口）损坏而渗漏的损失，或用液体保藏的货物因液体渗漏而造成保藏货物腐烂变质的损失。

（3）遭受盗窃或整件提货不着的损失。

（4）符合安全运输规定而遭受雨淋所致的损失。

（三）除外责任

由于下列原因造成保险货物的损失，保险人不负赔偿责任。

（1）战争或军事行动。

（2）核事件或核爆炸。

（3）保险货物本身的缺陷或自然损耗以及由于包装不善的原因。

（4）被保险人的故意行为。

（5）全程是公路货物运输的，盗窃或整件提货不着的损失。

（6）其他不属于保险责任范围内的损失。

（四）保险期限

保险责任的起讫是自签发保险凭证和保险货物运离起运地发货人的最后一个仓库或储存处所时起，至该保险凭证上注明收货人在当地的第一个仓库或储存处所时终止。保险货物抵达目的地后，如果收货人未及时提货，则保险责任的终止期最多延长至以收货人接到《到货通知单》后的 15 天为限。

1. 保险责任开始

保险责任开始，必须同时具备"签发保险凭证"（须加盖投保章，并且有托运人签字）和"保险货物运离起运地发货人的最后一个仓库或储存处所"两个要件，缺一不可。例如，由铁路运输部门代办保险业务时，虽然被托运货物在运达车站前已从发货人的最后一个仓库运离，但由于到达车站后铁路部门才签发保险凭证，故保险责任只能从签发保险凭证后开始。

所谓"运离"，是指保险货物在起运地发货人的最后一个仓库或储存处所中被装载至主要运输工具或辅助运输工具。此时，哪件货物被搬动，哪件货物的保险责任即开始。不能认为只有将保险货物搬出仓储处以后或装上运输工具才能称为"运离"。

所谓"起运地发货人的最后一个仓库或储存处所",是指被保险人或其发货人为将起运的保险货物直接装载至运输工具外运或发往铁路、轮船等运输机构交运前的最后一处仓储所(包括属于被保险人或其发货人所自有的、租用的或者寄存性质的仓储处所)。如果不是从该储存处所直接装载运输工具运往目的地,或发往铁路、轮船等运输机构交运,则认为是转仓倒储性质,即使该仓储处所在起运地区域范围内,也不能认为是"起运地发货人的最后一个仓库或储存处所",保险责任也未开始。

由于出厂包装不等于运输包装,故将货物送到"打包站"进行运输包装的,"打包站"才被视为"最后一个仓库或储存处所"。

2. 中转

保险货物自保险责任开始后,凡须中途转运的,在中转地承运部门的仓库或储存处所以及代办托运部门的仓库或储存处所停留候运期间,亦在保险期限内。

3. 保险责任终止

保险责任终止于保险货物运至该保险凭证上注明收货人在当地的第一个或储存处所时,是指保险货物到达收货人在当地的第一个仓库或储存处所(包括收货人自有的、租用的、借用的或者是寄存性质的仓储处所),从运输工具上卸载下来,并经过搬运进入仓库或储存处所(包括露堆)存放后,该件货物的保险责任即行终止。

所谓"当地",一般是指国家行政区划的市、县范围而言,也就是指目的地车站、码头所在地的市、县境范围(市包括市区和近郊范围,县则包括县城和城乡范围)。如果被保险人在当地没有仓库或储存处所,保险责任应从保险货物被运出该行政区域范围时终止。如果被保险人或其收货人在当地虽有仓库或储存处所,但并不立即将保险货物提入该仓库或储存处所,而是就地(目的地的车站、码头等)调拨给其他单位或再转运其他地区的,则保险责任应在保险货物从车站、码头的仓储处所提取出仓时即行终止。

"保险货物运抵目的地后,如果收货人未及时提货,则保险责任的终止期最多延长至以收货人接到《到货通知单》后的15天为限",这一条款是指被保险人或收货人收到《到货通知单》(以邮戳日期为准)后满15天,保险责任即行终止。如果被保险人或收货人已提走一部分货物,保险公司对所留的那部分货物也只负15天的责任。

(五) 保险金额

国内水路、陆路货物运输保险采取定值保险的承保方式。保险金额按货价或货价加上运杂费计算。

"货价"是指货物在起运地的购进价,它可凭购货发票或调拨单上所列价格计算。无单证证明的,可按起运地货物的实际价值由双方商定货价。

"货价加运杂费"是指货物在起运地的购进价加上货物的运输费、包装费、搬运费等。

(六) 保险费率的确定

国内货物运输保险在确定保险费率时考虑了以下几方面的因素。

1. 运输方式

运输方式分为直达运输(水运、铁路、公路等)、联运、集装箱运输等方式。由于货物的运输方式不同,货物在运输中所面临的风险也不同,保险费率就会有差别。联运与直达运输比较,由于增加了货物卸载、装载等中间环节,从而增加了货物装卸过程中的风险,所以联运一般要比直达运输的货物的保险费率高,保险人要按所有运输工具中最高的一种收取,并在此基础上增加一定的比率。集装箱运输货物的风险相对较小,因此,一般在货物运输保险费率表规定的费率基础上减收一定的比率。

2. 运输工具和运输途程

船舶、火车和汽车等运输工具在运输过程中遭遇的风险不同,保险费率也不同。比如,火车运输相对于其他运输工具所面临的风险要小一些,因此保险费率也要低一些。

同一种运输工具,运输的距离不同、区域不同,货物在运输过程中所面临的风险就不同。

3. 货物的性质

货物的性质不同,所面临的风险状况必然不同,如易燃易爆货物、易腐烂货物、易碎货物等在运输过程中就较易损毁。保险实务中,保险人根据货物在运输中面临的风险大小将其分为六大类,以确定不同的保险费率标准。

4. 保险险别

保险险别不同,保险人对货物承担风险责任的大小也不同。比如,国内水路、陆路货物运输保险的综合险保险责任范围大于基本险的保险责任范围,其保险费率也就必然高于基本险的保险费率。

二、国内航空货物运输保险的基本内容

(一) 保险责任

保险货物在保险合同有效期内,无论是在运输或存放过程中,由于下列原因所造成的损失,保险人都负赔偿责任。

(1) 由于飞机遭受碰撞、倾覆、坠落、失踪(在 3 个月以上),在危难中发生卸载以及遭遇恶劣天气或其他危难事故发生抛弃行为所造成的损失。

(2) 保险货物本身因火灾、爆炸、雷电、冰雹、暴风、暴雨、洪水、海啸、地震、地陷、崖崩所造成的损失。

(3) 保险货物因受震动、碰撞或压力而造成破碎、弯曲、凹瘪、折断、开裂等损伤,以及由此引起包装破裂而造成的散失。

(4) 凡属液体、半流体或者需要用液体保藏的保险货物,在运输途因中受震动、碰撞或压力致使容器(包括封口)损坏发生渗漏而造成的损失,或用液体保藏的货物因液体渗漏而致使保藏货物腐烂的损失。

(5) 保险货物因遭受盗窃或者提货不着的损失。

(6) 在装货、卸货时和地面运输过程中,因遭受不可抗力的意外事故及雨淋所造成的保险货物的损失。

(7) 在发生保险责任范围内的灾害事故时,为防止损失扩大采取施救或保护措施而支

付的合理费用,保险人也负赔偿责任,但最高以不超过保险金额为限。

(二) 除外责任

保险货物在保险期限内,无论是在运输或存放过程中,由于下列原因所造成的损失,保险人不负赔偿责任。

(1) 战争或军事行动。

(2) 由于被保险货物本身的缺陷或自然损耗以及由于包装不善或属于托运人不遵守货物运输规则所造成的损失。

(3) 托运人或被保险人的故意行为或过失。

(4) 其他不属于保险责任范围的损失。

(三) 责任起讫

国内航空货物运输保险的保险责任自保险货物经承运人收讫并签发航空货物运输单注明保险时起,至空运抵达目的地收货人在当地的仓库或储存处所时终止。保险货物空运至目的地后,如果收货人未及时提货,则保险责任的终止期最多以承运人向收货人发出到货通知以后的 15 天为限。

飞机在飞行途中,因机件损坏或发生其他故障迫降以及因货物严重积压导致保险货物需用其他运输工具运往目的地时,保险公司仍继续承担保险责任,但被保险人应向保险公司提出办理批改手续的申请;如果保险货物在被迫降落的地点出售或分配,保险责任的终止期以承运人向发货人发出通知以后的 15 天为限。

(四) 保险金额

国内航空货物运输保险采取定值保险承保方式,保险金额可按货价或货价加上运杂费、保险费确定。

(五) 保险费率

民航部门所承运的货物与水陆、陆路运输部门承运的货物相比,具有批量小、单位价值高的特点,再加上空运货物要比水运、陆运货物相对安全一些,所以航空货物运输保险的保险费率的厘定比较简单。按照保险货物的性质,航空货物运输保险将货物分为一般物资、易损物资和特别易损物资三类,并规定了三个不同档次的保险费率。

三、国内货物运输保险的理赔

(一) 国内货物运输保险的货物检验

当保险货物运抵目的地后,收货人发现货损货短的,应向保险人或其当地的代理人提出申请货物检验,并由保险人或其代理人对受损货物进行验收工作,以便查明事故的原因,货物损失的性质、范围及程度,为保险人最终确定损失提供较公正的依据。

货物运输保险条款规定,收货人应在货物运抵保险凭证所载明的收货人在当地的第一个仓库或储存处所时起 10 天内,向当地保险机构申请,并会同检验受损货物。至于具体的检验时间可另行商定,不受上述 10 天时间的限制。

(二) 国内货物运输保险的赔偿处理

1. 索赔申请

被保险人如申请索赔,必须向保险公司提供下列单证。

(1) 保险凭证、运单(货票)、提货单、发票。

(2) 承运部门签发的货运记录、交接验收记录、鉴定书。

(3) 收货单位的入库记录、检验报告、损失清单及受损货物施救所支出的直接费用单据。

保险公司接到上述单证后,审核是否属于赔偿责任范围,并根据现场查勘情况定责、定损。

2. 赔偿计算方式

若保险货物发生保险责任范围内的损失,国内水路、陆路货物运输保险的保险人按以下方式计算赔偿。

(1) 按货价确定保险金额的,视为足额保险。其赔偿的计算原则为:按货价确定保险金额的,保险人根据实际损失按起运地货价计算赔偿;按货价加运杂费确定保险金额的,保险人根据实际损失按起运地货价加运杂费计算赔偿,但最高赔偿金额以保险金额为限。

(2) 当保险金额低于货价时,视为不足额保险。保险人对货物的损失和支付的施救费用,分别要按照保险金额与货价的比例计算赔偿金额。

货物损失的计算公式为:

$$赔偿金额 = 损失金额 \times 保险金额 / 起运地货价$$

或:

$$赔偿金额 = 保险金额 \times 损失程度(\%)$$

施救费用的计算公式为:

$$应赔偿的施救费用 = 施救费用 \times 保险金额 / 起运地货价$$

3. 赔偿处理时应注意的几个问题

(1) 保险人对货物损失的赔偿和施救费用应分别计算,并各以不超过保险金额为限。

(2) 货物发生的保险责任范围内损失,如果根据法律规定或者有关约定,应当由承运人或第三者负责赔偿一部分或全部的,被保险人应首先向承运人或第三者索赔,如被保险人提出要求,保险人也可以先予赔偿,但被保险人应签发权益转让书给保险人,并协助保险人向责任方追偿。

(3) 保险货物遭受损失后的残值应充分利用,经双方协商,可作价折归被保险人,并从赔款中扣除。

(三) 代查勘、代理赔制度

由于货物运输保险的保险标的具有流动性强的特点,业务承保与保险理赔往往发生在不同的地点,为了加快理赔速度,保障被保险人的利益,同时减少承保公司的费用支出,货物运输保险实行在全国范围内各级保险公司之间的代查勘、代理赔制度。

当出险当地的代理赔公司接到被保险人的报案并填写《出险通知书》后,应立案登记,同时迅速派业务人员赶赴现场,对受损货物进行检验。对于代查勘、代理赔案件,经办人员还必须填写《代理赔案件登记簿》。

四、典型案例

[案例3-3]　2009年1月,江西某公司将184吨价值一百多万元的棉浆粕向保险公司投保了国内水陆路货物运输保险,运输工具为"赣南昌货0236"货轮,航线为上海至南昌,保险费为1 177.6元。同年1月13日18时30分,满载货物的"赣南昌货0236"货轮航行至黄浦江106灯浮附近,为避免与他船碰撞,驾驶员采取倒行、右满舵等紧急避让措施,致使船舶打横,绑扎货物的绳索绷断,引起装载于舱面的54.7吨棉浆粕掉入江中漂失。漂失的棉浆粕价值人民币350 080元。事故发生后,货主向保险公司报案并递交了出险通知书,并将54.7吨上述货物损失按保险金额每吨6 400元计350 080元向保险公司索赔,但保险公司以不属于保险责任为由,发出拒赔通知书。

保险公司认为,货主所述的事故不构成保险责任,因为从货物起装地——上海星火开发区港务储运站的调查笔录中,证明了这54.7吨货物装载在舱面上,被保险人未履行告知义务。从事故发生的过程来看,涉案船舶的驾驶员为避免碰撞,防止发生不应发生的事故,所采取的是驾船紧急措施而非施救行为。气象资料也证明,事故发生时当地的气象情况良好,所以原告的货损不属于保险责任范围,被保险人对索赔之货物不具有保险利益。

被保险人则辩称,将184吨棉浆粕向保险公司投保了国内水陆路货物运输保险,并支付了保险费,在运输过程中,因装载货物的船舶避免碰撞,不得已采取紧急避险施救措施,致使船舶发生倾侧,装载在舱面的棉浆粕掉入江中漂失,但避免了更大的事故,并且并不知道承运人将货物装在舱面,不存在告知义务,完全符合保险责任范围内的施救行为,保险公司理应赔偿损失。

案情分析:这里有两个需要认定的问题。首先是被保险人是否未履行告知义务。答案是肯定的,因为在国内水陆路货物运输保险合同中,承运人装载甲板货需经托运人同意,而装载舱面货与甲板货具有同等风险,故承运人装载舱面货亦需征得托运人同意。在货物运输保险合同中,投保人对涉及保险人是否同意承保,或是否应该提高保险费率的重大事项应向保险人履行告知义务。投保人无可告知的,投保人有保证货物正常装载的义务。若投保的货物非正常装载,且诸如装载舱面货属于应告知保险人的重大事项,不论投保人是否明知,由于托运人对货物是否正常装载具有决定权,投保人应该了解货物的装载情况。若不明知,则系其代理或者承运人违约而未予告知,但投保人不能以此对抗其应向保险人履行的告知义务,不能以不明知货物装载情况,即可不履行告知义务为借口。所以,被保险人未履行部分标的装载在舱面的这一告知义务,保险公司不承担赔偿责任,既合乎情理,又具有法律依据。其次,驾驶员拨正航向是否属于施救行为。保险条款中倾覆险的解释是指运输工具在行驶或航行中,车身、船体翻倒或倾侧,失去正常状态,非经施救不能继续行驶或航行。涉案承运船舶在航行条件正常的情况下避让他船,虽大幅度倾斜,但驾驶员迅速拨正航向后,该船即脱险恢复常态。由于驾驶员拨正航向的行为系驾驶船舶的连续行为,而非专门的施救,故从另一方面证实这起水上事故不属国内水陆路货物运输保险倾覆险的保险责任范围,保险公司同样可以拒赔。

本案启迪:保险公司应认真加强验险承保工作,并及时向保户详尽宣传、解释相关保险条款,明确各自的责任和义务,以减少保险纠纷。

本 章 小 结

(1)货物运输保险以运输过程中货物为保险标的,承保货物在运输过程中由于自然灾害或意外事故遭受损失的保险。货物运输保险所承保的货物主要是指具有商品性质的贸易货物,一般不包括个人行李或随运所耗的各种供应和储备物品。

(2)货物运输保险按照运输方式分为水上、陆上、航空、邮包和联合运输保险,按照适用范围分为国内货物运输保险和涉外货物运输保险。

(3)货物运输保险与一般财产保险比较,具有以下特点:保险标的具有较大的流动性;保险责任范围较广泛;保险期限的以运输途程来确定;保险单一般可随物权的转移而转让;使用预约保险合同;合同当事人不得随意解除合同;承保价值的定值性。

(4)我国海上货物运输保险承保的基本险包括平安险、水渍险和一切险三种,平安险仅对全部损失和共同海损负赔偿责任,水渍险承担平安险不承保的单独海损,一切险承保的责任范围除包括水渍险的各项责任外,还负责保险货物在运输途中由于一般外来原因所致的全部或部分损失。

(5)货运险的"仓至仓"责任自被保险货物运离保险单所载明的起运地仓库或储存处所开始运输时生效,至该货物到达保险单所载明收货人的最后一个仓库或储存处所为止。如未抵达上述仓库或储存处所,则以保险货物在最后卸载港全部卸离海轮后满60天为止。

关键概念索引

货物运输保险　承运人　陆上货物运输保险　海上货物运输保险　仓至仓责任
FOB　C&F　CIF　平安险　水渍险　一切险　定值保险　运输方式　责任起讫　货物损失
附加险　责任免除

复习思考题

1. 简述货物运输保险的概念及分类。
2. 请分析货物运输保险的主要特点。
3. 什么叫"仓至仓"责任?
4. 对比平安险、水渍险和一切险的异同。
5. 在不同的贸易条件下,保险金额如何确定?
6. 海上货运险索赔时需要哪些文件?

7. 熟悉海上货运险的赔偿计算?

8. 国内货物运输保险费率厘定时考虑了哪些因素?

9. 提单具有哪些性质?

10. 简述国内货运险的保险责任与除外责任。

11. 物流化背景下,货运险市场的主要变化是什么?

第四章　机动车辆保险

 **本章要点**

- 机动车辆保险概述
- 机动车辆第三者责任强制保险
- 机动车辆商业保险

目前,机动车辆保险已成为我国财产保险业务中最大的险种。本章是全书的重点内容之一,介绍了机动车辆损失保险、机动车辆交通事故责任强制保险、机动车辆商业第三者责任险及各种附加险。在本章学习中,应重点掌握机动车辆保险的基本特征以及车辆损失保险、商业第三者责任保险的保险责任及赔偿计算,同时了解车险费改的内容和互联网车险的发展情况。

第一节　机动车辆保险概述

一、机动车辆保险的定义、分类和发展概况

(一) 机动车辆保险的定义与分类

机动车辆保险是以机动车辆本身及其相关利益为保险标的的一种财产保险。这里的机动车辆是指汽车、电车、电瓶车、摩托车、拖拉机、特种车。在各国的非寿险业务中,机动车辆保险不仅是运输工具保险的主要险种,也是整个非寿险业务的主要来源。我国的机动车辆保险也是财产保险业务中第一大险种。

各国开办的机动车辆保险(国外一般称为汽车保险)品种繁多、千差万别,保险分类也各不相同。一般来说,各国比较通行的分类方法有两种,即按车辆使用性质和责任范围分类,而且往往把两者结合起来同时使用。我国的机动车辆保险在 2006 年 3 月 1 日《机动车

交通事故责任强制保险条例》(以下简称《交强险条例》)出台以前,通常分为基本险(包括机动车辆损失保险和第三者责任保险)和附加险。随着《交强险条例》的实施(2006年7月1日后),由于这一划分方法具有一定的局限性,因此首先,我们将机动车辆保险划分为机动车辆交通事故责任强制保险(简称交强险)和机动车辆商业保险;其次,机动车辆商业保险又可以分为机动车辆损失保险、第三者责任保险、其他基本险和附加险。

(二)国外汽车保险的起源与发展概况

国外汽车保险起源于19世纪中后期。当时,随着汽车在欧洲一些国家的出现与发展,因交通事故而导致的意外伤害和财产损失随之增加。尽管各国都采取了一些管制办法和措施,但汽车的使用仍对人们生命和财产安全构成了严重威胁,因此引起了一些精明的保险人对汽车保险的关注。最早开发汽车保险业务的是英国的法律意外保险有限公司。1898年,该公司率先推出了汽车第三者责任保险,并附加汽车火险。到1901年,保险公司提供的汽车保险单已初步具备了现代综合责任险的条件,保险责任也扩大到了汽车的失窃。

20世纪初期,汽车保险业务在欧美得到了迅速发展。1903年,英国创立了汽车通用保险公司,并逐步发展成为一家大型的专业化汽车保险公司。到1913年,汽车保险已扩大到了20多个国家,汽车保险费率和承保办法也基本实现了标准化。自20世纪50年代以来,随着欧、美、日等国家和地区汽车制造业的迅速扩张,汽车保险也得到了广泛的发展,并成为各国财产保险中重要的业务险种。

机动车辆保险在绝大多数国家均由自愿保险发展到强制保险,从以过失责任为基础转变为以绝对责任或无过失责任为处理交通事故的法律基础。这种改进不仅确保了车辆所有人在肇事后具有相当的偿付力,而且受害人也能及时得到经济补偿。在我国,机动车辆保险已成为财产保险业务中第一大险种,而且随着我国经济和社会的不断发展,人民生活水平的日益提高,汽车市场的扩容以及家庭小汽车的普及成为必然的趋势,因此,机动车辆保险的前景非常广阔。

二、机动车辆保险的特点

机动车辆保险的基本特征,可以概括为以下四点。

(一)保险标的出险概率较高

由于车辆数量的迅速增加,一些地区的交通设施及管理水平跟不上车辆的发展速度,再加上驾驶员的疏忽、过失等人为原因,因此交通事故发生频繁,汽车出险概率较高。

(二)业务量大,投保率高

我国各地机动车辆的存量和增量都很大,而且还会随着社会经济的持续发展而增长,数以千万辆计的机动车辆构成了业务量极大的保险市场,对机动车辆第三者责任的强制性承保使得这一市场能够得到充分的发掘。因此,机动车辆保险的投保与承保率相对于其他财产保险是很高的。

(三)被保险人自负责任与无赔款优待

为了促使被保险人注意维护、养护机动车辆,使其保持安全行驶技术状态,并督促驾驶员注意安全行车,减少事故的发生,机动车辆保险合同上一般规定:根据驾驶员在交通事故中所负责任,车辆损失险和商业第三者责任险在符合赔偿规定的金额内实行绝对免赔率;若保险车辆在上一年保险期限内无赔款,则第二年续保时可以按保险费的一定比例享受无赔款优待。以上两项规定虽然分别是对被保险人的惩罚和优待,但所要达到的目的是一致的。

(四) 机动车辆损失赔偿的特殊性

在机动车辆保险单的保险期限内,无论发生一次或多次保险责任范围内的车辆损失索赔,只要保险人核定的赔偿额在保险单规定的保险金额内,则保险责任继续有效至保险期限结束,以致在一份保险单项下可能出现多次累积赔偿额高于保险单规定保险金额的情况。但是,只要一次事故的赔偿额达到或超过保险金额,则保险责任终止。

第二节　机动车辆第三者责任强制保险

强制保险又称为法定保险,是依据国家的法律规定发生效力或者必须投保的保险。强制保险通常是为了维护社会公众的利益,基于法律的特别规定而开办设立的,投保人有投保的义务,保险人有接受投保的义务。

机动车辆第三者责任强制保险是针对机动车辆第三者责任(这里的"第三者"通常是指保险机动车辆发生意外事故的受害人,但不包括保险机动车本车上人员、被保险人)的基本保障,它有利于保护交通事故中受害者的权益,保证其及时得到应有的经济补偿,又能减轻事故责任者的经济赔偿压力,减少事故双方的矛盾和纠纷,同时也有利于交通安全的综合治理,促进社会安定和公共安全。

我国《交强险条例》第三条规定:"本条例所称机动车交通事故责任强制保险,是指由保险公司对被保险机动车发生道路交通事故造成本车人员、被保险人以外的受害人的人身伤亡、财产损失,在责任限额内予以赔偿的强制性责任保险。"

一、发达国家机动车辆第三者责任强制保险概述

美国是推行强制保险最早的国家。1919 年,马萨诸塞州率先立法规定,汽车所有人必须在汽车注册登记时提供保险单或以债券作为车辆发生意外事故时赔偿能力的担保,该法案被称为《赔偿能力担保法》。1927 年,马萨诸塞州首先采用强制汽车责任保险;1956 年,纽约州也立法实行强制保险;次年,北卡罗来纳州也通过相应法律。从此,机动车辆强制保险开始在美国盛行,并对世界各国的机动车辆强制保险制度产生了深远影响。美国机动车强制保险制度的立法模式包括绝对强制保险和相对强制保险两类。绝对强制保险是指机动车所有人在领取行驶牌照之前,必须投保最低限额的责任保险。美国部分州(如纽约州、北卡罗来纳州)实行绝对强制保险。相对强制保险是指机动车所有人可以自愿选择投保机动车强制保险,但是,《赔偿能力担保法》要求汽车使用人提供赔偿能力的保证,而由该法演变而来的并使其目的更加具体化的《汽车强制责任保险法》则强调,保险是汽车使用人履行赔偿责任的最佳保证。

英国在第一次世界大战后,汽车不断普及,交通事故层出不穷,有些事故中受害的第三者不知道应找哪一方赔偿损失。针对这种情况,英国政府发起了机动车辆第三者强制保险的宣传,并在《1930年公路交通法令》中纳入强制保险条款。在实施机动车辆第三者责任强制保险的过程中,政府又针对实际情况对规定作了许多修改,如颁发保险许可证、取消保险费缓付期限、修改保险合同款式等,以期强制保险业务与法令完全吻合。目前,所有在英国道路上行驶的车辆,必须投保机动车辆法定第三者责任保险,否则将构成刑事犯罪。

法国机动车辆强制保险始自1958年。1958年7月5日,以《巴丹特法》出台为标志,法国对机动车辆第三者责任险开始全面强制施行,并对因交通事故造成第三者身体和物质损失的赔偿范围进行了拓展。法律规定,相对于车辆,交通事故第三方受害人无过错责任是假定和必然的,受害人不必解释事故原因,只需证明伤害本身与该车辆有关,第三者责任险赔偿即可生效。在法国,除火车、警车及其他被证明或认可有偿付能力的机构(如政府部门)拥有的车辆外,其他所有的机动车辆都必须购买第三者责任险。

德国机动车辆强制保险采取的是绝对强制保险的立法模式,没有购买第三者责任险的车辆不能上路行驶。按照法律的规定,所有购买第三者责任险的车辆都会在车前窗贴上一个醒目的标志。在承保范围上,德国机动车辆强制保险的承保范围较宽,包括人身伤害或者死亡、财产损失或灭失、间接后果损失。为了保证对交通事故受害人的赔付,德国成立了第三者责任保险基金,主要负责对肇事车辆未投保、肇事车辆逃逸和驾驶人恶意行为三种情况下受害人的赔付。

日本在1955年通过了《自动车损害赔偿保障法》,以此作为实施机动车辆强制保险的法律依据。日本采取绝对强制的立法模式,未依照法律规定订立保险合同的机动车辆不得在道路上行驶;只有经政府批准的保险公司才能经营强制保险业务。日本强制保险的承保范围较窄,仅对受害人的人身伤亡损失提供最基本的保障。

二、我国机动车辆第三者责任强制保险制度的形成过程

我国责任保险的发展相对起步较晚,在20世纪50年代初期,我国首先开办的就是机动车第三者责任险,这一时期的责任保险不仅业务量小,而且社会舆论对其争议也较大。20世纪50年代以后,我国保险业由于多方面原因整体进入停滞状态。

1979年,保险业恢复正常经营以后,国内首先开展的责任保险业务仍然是机动车第三者责任保险。1984年,中国人民保险公司在给国务院《关于加快我国保险事业发展的报告》中指出,实行第三者责任保险以保障交通事故受害人的利益,国发〔1984〕151号文件批准了该报告,并要求各地遵照执行。从此,我国的机动车第三者责任保险进入了突飞猛进的发展时期。

我国为了规范保险活动,保护保险合同当事人的合法权益,于1995年10月1日施行了《保险法》,《保险法》第六十五条第四款对责任保险作了明确规定:"责任保险是指以被保险人对第三者依法应负赔偿责任为保险标的的保险。"在2004年《中华人民共和国道路交通安全法》(以下简称《交通安全法》)实施以前,我国已经有近23个省、区、市通过地方行政法规

的形式对机动车第三者责任保险进行了强制实施,并作为机动车上牌、审验的条件,以此来保障交通事故受害人的利益。

2003 年 10 月,我国颁布《交通安全法》并于 2004 年 5 月 1 日起实施,于 2007 年和 2011 年两次修订。该法第十七条明确规定:"国家实行机动车第三者责任强制保险制度,设立道路交通事故社会救助基金。具体办法由国务院规定。"在此基础上,2006 年 3 月 21 日,国务院令第 462 号颁布《交强险条例》,并于 2006 年 7 月 1 日实施。《交强险条例》第二条、第四条分别规定:"在中华人民共和国境内道路上行驶的机动车的所有人或者管理人,应当依照《中华人民共和国道路交通安全法》的规定投保机动车交强险。交强险的投保、赔偿和监督管理,适用本条例。""公安机关交通管理部门、农业(农业机械)主管部门(以下统称机动车管理部门)应当依法对机动车参加机动车交通事故责任强制保险的情况实施监督检查。对未参加机动车交通事故责任强制保险的机动车,机动车管理部门不得予以登记,机动车安全技术检验机构不得予以检验。"由此可见,我国的机动车辆强制保险采取的是绝对强制保险的立法模式。此后,2008 年 1 月 11 日,中国保险监督委员会(以下简称保监会)出台了关于调整交强险责任限额的公告,新的责任限额从 2008 年 2 月 1 日零时起实行。

《交强险条例》的实施标志着机动车辆强制保险制度在我国正式建立并全面开展起来,而机动车辆强制保险制度的建立则是在我国经济不断发展以及对外开放程度逐步提高的背景下借鉴国外先进经验的结果,是我国法制化进程的必然趋势,是保险服务经济、保障社会公众利益的价值体现。

三、我国交强险的特点

交强险是我国第一个法定强制保险,它原则上不适用《保险法》的规定;而商业第三者责任险是商业保险,适用《保险法》的有关规定。因此,交强险与商业第三者责任保险有着本质的不同,其区别主要表现在强制性、赔偿原则、产品供给主体、责任限额、保障范围、经营原则以及条款与基础费率等几个方面。

(一)强制性

我国交强险的强制性具体表现在以下三个方面。

(1)具有经营交强险资格的保险公司,不能拒绝承保、不得拖延承保交强险业务,也不能随意解除保险合同(投保人未履行如实告知义务的除外)。

(2)无交强险的机动车不得上路行驶。在中华人民共和国境内道路上行驶的机动车所有人或者管理人应当投保交强险,未投保机动车交强险的机动车不得上道路行驶,否则将由交警依法扣留机动车,通知机动车所有人、管理人依照规定投保,处依照规定投保最低责任限额应缴纳的保险费的两倍罚款。

(3)保险公司必须垫付抢救费用。为了确保交通事故受害人能得到及时有效的救治,对于驾驶人未取得驾驶资格或者醉酒、被保险机动车被盗抢期间以及被保险人故意制造道路交通事故等情况下发生道路交通事故,造成受害人人身伤亡的,由保险公司垫付抢救费用。垫付金额不超过交强险相应的医疗费用赔偿限额,并且垫付金额须为抢救受伤人员所必须支付的相关医疗费用。保险公司有权就垫付的抢救费用向致害人追偿。

（二）赔偿原则

在机动车商业第三者保险中,保险公司赔偿的前提是被保险人的过失造成交通事故的发生,如无过错则可不赔偿。也就是说,保险公司根据被保险人在交通事故中应负的责任来确定赔偿责任。交强险推行的是无过错赔偿原则,即使被保险人对交通事故的发生不负任何责任,只要交通事故给受害人的人身或财产造成了侵害(道路交通事故的损失是由受害人故意造成的除外),保险公司就必须无条件地在交强险责任限额范围内予以赔偿。无过错赔偿原则体现了以人为本的精神,降低了受害人索赔的时间和成本,也符合我们国家创建和谐社会的大局,是一件利国利民的好事。

另外,保险公司可以向被保险人赔偿保险金,也可以直接向受害人赔偿保险金。但是,因抢救受伤人员需要保险公司支付或者垫付抢救费用的,保险公司在接到公安机关交通管理部门通知后,经核对应当及时向医疗机构支付或者垫付抢救费用。

（三）产品供给主体

因交强险具有强制性、政策性的属性,《交强险条例》第五条第一款规定:中资保险公司经保监会批准,可以从事机动车交通事故责任强制保险业务。这一规定意味着,保险公司要经营机动车交通事故责任强制保险业务,必须要取得保监会的行政许可。

（四）责任限额

交强险在全国范围内实行统一的责任限额。同时,交强险实行分项责任限额,具体分为死亡伤残赔偿限额、医疗费用赔偿限额、财产损失赔偿限额以及被保险人在道路交通事故中无责任的赔偿限额。机动车交通事故责任强制保险的责任限额由保监会会同国务院公安部门、国务院卫生主管部门、国务院农业主管部门规定。

保监会于 2008 年 1 月最新公布修改了交强险责任限额调整方案,根据新责任限额内容,被保险机动车在道路交通事故中赔偿限额为:①死亡伤残赔偿限额为 110 000 元人民币;②医疗费用赔偿限额为 10 000 元人民币;③财产损失赔偿限额为 2 000 元人民币;④被保险人无责任时,无责任死亡伤残赔偿限额为 11 000 元人民币,医疗费用赔偿限额为 1 000元人民币,财产损失赔偿限额为 100 元人民币。上述责任限额从 2008 年 2 月 1 日零时起实行。

（五）其他

从投保的目的来看,国家强制要求所有机动车都必须投保交强险,其目的是在保护社会上不特定主体,即交通事故中受害人的利益,而商业第三者责任险着重保护的是投保人和被保险人的利益。

从经营原则来看,商业第三者责任险是以营利为目的,属于商业性保险业务。交强险业务总体上以"不盈利、不亏损"为原则,各公司从事交强险业务实行与其他商业保险业务分开管理、单独核算,无论盈亏,均不参与公司的利益分配。

从保障范围来看,因赔偿原则的不同,交强险保障的范围要大得多,除了《交强险条例》规定的个别事项外,交强险的赔偿范围几乎涵盖了所有道路交通责任风险;而商业第三者责任险中,保险公司不同程度地规定有责任免除事项。

从条款与基础费率拟订来看,交强险施行全国统一的保险条款和基础费率,保监会按照交强险业务总体上"不盈利、不亏损"的原则审批费率。

四、道路交通事故社会救助基金

我国设立道路交通事故社会救助基金(以下简称救助基金)。有下列情形之一时,道路交通事故中受害人人身伤亡的丧葬费用、部分或者全部抢救费用,由救助基金先行垫付,救助基金管理机构有权向道路交通事故责任人追偿:①抢救费用超过机动车交强险责任限额的;②肇事机动车未参加机动车交强险的;③机动车肇事后逃逸的。

救助基金的来源包括:①按照机动车交强险的保险费的一定比例提取的资金;②对未按照规定投保机动车交强险的机动车的所有人、管理人的罚款;③救助基金管理机构依法向道路交通事故责任人追偿的资金;④救助基金孳息;⑤其他资金。

救助基金的具体管理办法,由国务院财政部门会同国务院保险监督管理机构(保监会)、国务院公安部门、国务院卫生主管部门、国务院农业主管部门制定试行。

五、典型案例分析

[案例 4-1]　2009 年 6 月 26 日,张某驾驶摩托车途经一立交桥下,向左转弯时与直行的公交车右后轮发生碰撞,造成张某受伤及摩托车损坏的后果。经肇事地公安交警部门处理,认定张某属酒后无证驾驶无牌照的摩托车并在转弯时未让直行车辆先行,应负此次事故的全部责任,公交车驾驶人李某无责任。经调查,张某的摩托车未参加任何保险,而李某驾驶的公交车在某保险公司投保了交强险,保险期限从 2009 年 4 月 16 至 2010 年 4 月 15 日。事故发生后,张某经住院治疗,现已痊愈。张某通过熟人打听到,像他这样的情况,因为对方驾驶人没有事故责任,对方保险公司将不会进行任何赔偿。为此,张某与李某一同到公交车投保的保险公司就张某能否得到赔付进行咨询。

案情分析:我国《道路交通安全法》第十七条确立了第三者责任强制保险制度,保监会于 2008 年 2 月 1 日起调整了交强险责任限额,根据《机动车交通事故责任强制保险条例》的规定和《机动车交通事故责任强制保险条款》的约定,机动车交强险的责任限额总计为 122 000 元:包括死亡伤残赔偿责任限额 110 000 元,医疗费用赔偿限额 10 000 元,财产损失赔偿限额 2 000 元;但被保险人无责任时,无责任死亡伤残赔偿限额为 11 000 元,无责任医疗费用赔偿限额为 1 000 元,无责任财产损失赔偿限额为 100 元。在商业性质的第三者责任保险条款中,各保险公司均约定保险公司仅依据被保险车辆驾驶人在交通事故中所负的责任比例进行赔偿,即当被保险车辆驾驶人在交通事故中无责任时,保险公司对第三者将不予赔偿。

虽然本案中的公交车驾驶人李某在事故中无责任,但该公交车投保了交强险,根据交强险条款约定,保险公司应当在无责任死亡伤残赔偿限额 11 000 元、无责任医疗费用赔偿限额 1 000 元、无责任财产损失赔偿限额 100 元内,对摩托车驾驶人张某进行赔付。

因为张某的各项损失金额均已超过上述各项最高责任限额,所以保险公司按照最高限额赔付。

[案例4-2]　2007年5月7日,某驾校将自有的10辆桑塔纳教练车向某保险公司投保了机动车交通事故责任强制保险,保险期限为1年。2007年8月30日,教练员刘某脚穿拖鞋在教练场地驾驶教练车,采取紧急刹车制动时,因为拖鞋滑落误踏到油门上,致使车辆撞到同在教练场地的另一辆教练车,造成两辆车损坏。此事故经公安交警部门处理,认定教练员刘某负事故的全部责任。

事故发生后,被保险人向保险公司报案,申请索赔。保险公司经过查勘发现,受损的两台车辆都是同一被保险人的财产,而且被撞的车同时也由被保险人向保险公司报案,该车与肇事车一样,都投保了机动车交通事故责任强制保险。

保险公司收到被保险人索赔申请后,对该事故如何理赔产生两种意见:第一种意见认为,两辆车都办理了机动车交通事故责任强制保险,可以按交强险的保险责任,在财产损失赔偿限额内由这两辆车分别在各自有责任与无责任的赔偿限额内进行赔偿;第二种意见认为,此案两台车辆的损失都不能赔付,因为根据机动车交通事故责任强制保险条款责任免除的规定,被保险人所有的财产遭受的损失不属于保险责任范围。

最终,保险公司按第二种意见处理通知被保险人,报案的两台车不能按交强险的保险责任处理,不属于保险责任,两个案件予以注销。

案情分析:分析此案的实质是同一被保险人的两辆车发生碰撞事故,这两辆车能否构成互为第三者的损失,从而得到保险公司的赔偿。《机动车交通事故责任强制保险条款》第八条规定:"被保险人在使用被保险机动车过程中发生交通事故,致使受害人遭受人身伤亡或财产损失,依法应当由被保险人承担的损害赔偿责任,保险人按照交强险合同的约定对每次事故在下列赔偿限额内负责赔偿。"《机动车交通事故责任强制保险条款》第五条规定:"交强险合同中的受害人是指因被保险机动车发生交通事故遭受人身伤亡或者财产损失的人,但不包括被保险机动车本车上人员、被保险人。"

本案还有一点应该引起注意的是,驾驶员因为脚穿拖鞋开车造成了这起事故。穿拖鞋开车确实是不安全因素,虽然现在的道路交通安全法没有对驾驶员穿什么鞋做限制规定,但是只有按照操作规范安全驾驶、文明驾驶,才能有效预防事故发生。

第三节　机动车辆商业保险

一、机动车辆商业保险概述

机动车辆商业保险按是否可以单独投保分为基本险(也称主险)和附加险,基本险通常包括机动车辆损失保险、机动车辆商业第三者责任保险、车上人员责任险、机动车全车盗抢保险等主险,附加险则包括玻璃单独破碎险、自燃损失险、新增设备损失险、涉水损失险、附加换件特约条款、车载货物掉落责任险、随车携带物品责任险、精神损害抚慰金责任险等险种。

2006年7月1日,随着《机动车交通事故责任强制保险条例》的实施,新的《机动车商业保险行业基本条款》和《机动车商业保险行业基本费率表》同时施行。新的《机动车商业保险行业基本条款》和《机动车商业保险行业基本费率表》是由中国保险行业协会,会同中国人民保险、平安保险、太平洋保险分别制定的,共分A、B、C三款,各家保险公司只能选择一个主款作为自己的经营产品。

另外,我国首家专业车险公司——天平车险保险公司则率先获得中国保监会的批准,可以使用自己研发的条款。此后,2010年8月,广汽集团等6家公司发起筹建的众诚汽车保险股份有限公司已获批准,成为继天平汽车保险公司之后,国内第二家专业车险公司。特别值得一提的是,天平车险设计的"车辆损失一切险"首次采取了与国际接轨的"责任免除列明"的做法,即除了条款中列明的20多种情况造成的损失不负责赔偿外,其他意外事故造成的车辆损失都将从保险公司获得赔偿。

2015年6月1日起,商业车险改革在黑龙江、广西、陕西、山东、重庆以及青岛六个省市展开试点。2016年1月1日起,天津、内蒙古、吉林、安徽、河南、湖北、湖南、广东、四川、青海、宁夏、新疆等十二个保监局所辖省市自治区将纳入商业车险改革试点范围。随着商业车险改革的推进,A、B、C三套车险条款退出历史舞台,主险条款全国统一。

 专栏4-1

2016年1月1日新车险条款12大变动及解读

变动一:保险金额按投保时被保险机动车的实际价值确定。

解读:保险人在旧条款适用时,一般采用保险合同签订地与被保险车辆同类车型的新车价格或折旧后该车的价格两种方式确定保险金额。

将新车价格作为保险金额,被保险车辆推定全损时,各地法院存在两种不同的裁判结果:①从公平、诚信的角度,按保险金额赔付;②从保险利益的角度,按折旧后价值赔付,即"高保低赔"(根据诉讼请求决定退还超出车辆价值部分计收的保险费或另案处理)。

将折旧后的价格作为保险金额,机动车发生部分损失时,保险人通常以被保险人不足额投保,需要按保险金额与保险价值的比例承担保险金责任进行抗辩,以达到减损的目的。部分法院支持保险人所谓的不足额投保的辩解,大部分法院对此不予采信。

新条款适用后,上述争议将不复存在。

变动二:因第三方责任造成的被保险机动车损害,被保险人可直接向自己的保险公司索赔,保险人在保险金额内先行赔付被保险人,并在赔偿金额内代位行使被保险人对第三方请求赔偿的权利。

解读:旧条款适用时,由于第三者对保险标的的损害从而造成保险事故时,实践中有以下两种处理方式。

(1)保险人应被保险人的要求,在保险金额内先行赔付。

（2）保险人拒绝先行赔付，法院判决保险人先行赔付。

关于"先行赔付后代位求偿"的法律依据，自 1995 年 6 月 30 日发布的《中华人民共和国保险法》就已存在，《保险法》虽历经四次修改，但关于"先行赔付后代位求偿"的条文始终未变。

虽然法律已明确"先行赔付后代位求偿"，然而在司法实践中，保险人常常以"比例赔付"（即无责不赔）条款进行抗辩，部分法院并未直接引用保险法关于"先行赔付后代位求偿"的规定，而是依据"比例赔付"属免责条款，应列入免责条款项下并尽相应的告知义务而判决保险人先行赔付后代位求偿。正因为如此，《最高人民法院关于适用〈中华人民共和国保险法〉若干问题的解释（二）》将先行赔付后的代位求偿再一次明确，以求达到彻底解决司法实践中的法律认识差异。

新条款将法条原意予以明确载入尚属首次。在新条款施行以后，保险人拒绝先行赔付的现象将会大量减少。

变动三：将"本车所载货物、车上人员意外撞击"造成的损失纳入保险责任范围。

解读：旧条款将"本车所载货物的撞击"而造成的本车损失作为免责条款。新条款施行后，本车内撞击属于保险责任。新条款实际是吸收了旧条款适用时的附加险——车载货物碰撞险。

变动四：将免责条款中"发生保险事故时无公安机关交通管理部门核发的合法有效的行驶证、号牌，或临时号牌或临时移动证"改为"发生保险事故时被保险机动车行驶证、号牌被注销的"。

解读：旧条款适用时，只要符合无号牌或无行驶证、无临时移动证、无临时号牌之一，保险人即可免责。新条款适用时，若以上条件均不具备（如购买新车尚未办理上述手续时），保险人不可免责。新条款适用时，行驶证、号牌被注销才能构成保险人的免责前提。

变动五：将免责条款中"利用保险车辆从事犯罪活动"改为"被保险人或其允许的驾驶人故意或重大过失，导致被保险机动车被利用从事犯罪行为"。

解读：旧条款适用时，只要被保险车辆从事犯罪活动，即构成保险人的免责条件。新条款适用以后，保险人欲免责需同时具备以下三个条件。

（1）被保险人或其允许的驾驶人有故意或重大过失。

（2）被保险机动车被利用从事犯罪行为。

（3）前两个条件具有因果关系。在司法实践中，驾驶人是否具有故意或重大过失，因属主观认识层面而缺乏客观标准，将会成为案件的争议焦点。

变动六：增加"非营运企业或机关车辆的自燃"免责条款。

解读：旧条款中"非营运企业或机关车辆的自燃"属于保险责任，而新条款将其划入责任免除范围。相应地，附加险——自燃损失险也进行了范围的调整。

变动七：删除"倒车镜单独损坏，车灯单独损坏"免责条款。

解读：新条款实际是吸收了旧条款适用情形下的附加险——车灯、倒车镜单独损坏险。

变动八：删除"驾驶证有效期届满，驾驶证未审验"免责条款。

解读：按新条款规定"驾驶证有效期届满，驾驶证未审验"，可获赔偿。但以上情况一旦落入"超过机动车驾驶证有效期一年以上未换证"等情况时，即同时属于机动车驾驶证注销的情形,保险人仍可依据"驾驶证被注销期间"而免责。

变动九:增加"被保险机动车被改装、加装或改变使用性质等,被保险人未及时通知保险人,且因改装、加装或改变使用性质等导致被保险机动车危险程度显著增加"免责条款。

解读:旧条款仅有保险车辆"转让"他人,未通知保险人,因转让导致保险车辆危险程度显著增加而发生保险事故的免责条款,新条款增加了"改装、加装、改变使用性质"的原因。要规避新条款的免责,做到以下两点中的任意一点即可。

(1)及时通知保险人。

(2)加装、改装或改变使用性质不导致被保险机动车危险程度显著增加。

变动十:将免责条款中"事故发生后,保险人或驾驶人在未依法采取措施的情况下驾驶保险车辆或者遗弃保险车辆逃离事故现场"改为"事故发生后,……离开事故现场"。

解读:此处改动虽一字之差,但实践操作迥异。新条款施行后,只要满足出现事故后未采取措施离开(不问原因)现场的情况,则保险人一拒律赔;而在旧条款中,只要道路交通事故认定书中未认定"逃离",保险人几乎不可能完成拒赔。

变动十一:增加"吸食或注射毒品"免责条款。

解读:适用新条款后,吸食或注射毒品情形下造成被保险机动车的任何损失和费用,保险人均不负责赔偿。

变动十二:将"在交通事故中,保险车辆驾驶人负全部责任的,事故责任免赔率为15%;负主要责任的,事故责任免赔率为10%;负同等责任的,事故责任免赔率为8%;负次要责任的,事故责任免赔率为5%"改为"被保险机动车一方负次要事故责任的,实行5%的事故责任免赔率;负同等事故责任的,实行10%的事故责任免赔率;负主要事故责任的,实行15%的事故责任免赔率;负全部事故责任的,实行20%的事故责任免赔率"。

解读:新的其他主险(盗抢险除外)条款的免赔率与新条款一致,保险条款的整体调整,有利于被保险人对各主险条款的理解与记忆。

作为我国近3亿车主需要购买的机动车损失保险,其条款如此变动,于机动车所有人、管理人而言,理赔更顺利;于保险人而言,降低了因内部认识差异而带来的沟通成本;于法院而言,同案不同判的尴尬得以消除。

从社会总体层面考虑,随着保险人和被保险人的矛盾得以有效缓解,影响社会和谐的这一因素渐渐弱化,社会公众将重新审视保险行业,保险行业亦逐步跨入健康发展的轨道。

(资料来源:个人图书馆网站)

二、机动车辆商业保险基本险

目前,我国机动车辆商业保险基本险包括机动车辆损失险、机动车辆商业第三者责任险、车上人员责任险、机动车全车盗抢险。

(一)机动车辆商业保险基本险的构成

机动车辆损失保险(以下简称车辆损失险)是以机动车辆本身为保险标的的一种保险,

主要承保因意外事故或自然灾害给机动车辆造成的损失以及被保险人支出的施救和保护费用。被保险机动车辆是指在中华人民共和国境内(不含港、澳、台地区)行驶,以动力装置驱动或者牵引上路行驶并供人员乘用或者用于运送物品以及进行专项作业的轮式车辆(含挂车)、履带式车辆和其他运载工具,但不包括摩托车、拖拉机和特种车。

机动车辆商业第三者责任保险(以下简称商业第三者责任险)是以被保险人依法对第三人应承担的民事赔偿责任为标的的一种保险,主要承保被保险人或其允许的合格驾驶员在使用被保险车辆过程中发生意外事故,致使第三人遭受人身伤亡或财产的直接损毁,依法应由被保险人对于超过交强险各分项赔偿限额以上负责赔偿的部分。第三者是指由于被保险机动车辆发生意外事故遭受人身伤亡或者财产损失的人,但不包括投保人、被保险人、保险人和保险事故发生时被保险机动车本车上的人员。

车上人员责任保险是以被保险人依法对被保险机动车辆车上人员应承担的民事赔偿责任为标的的一种保险,主要承保被保险机动车辆在被保险人或其允许的合法驾驶人使用过程中发生意外事故,致使车上人员遭受人身伤害,依法应由被保险人对于超过交强险赔偿限额以上负责赔偿的部分。车上人员是指发生意外事故的瞬间在被保险机动车辆车体内或车体上的人员,包括正在上下车的人员。

机动车全车盗抢险的保险责任通常包括:①保险车辆(含投保的挂车)全车被盗窃、被抢劫、被抢夺,经县级以上公安刑侦部门立案证实,满 60 天未查明下落;②保险机动车辆全车被盗窃、被抢劫、被抢夺后受到损坏,或因此造成车上零部件、附属设备丢失需要修复的合理费用。

(二)车辆损失险承保的危险事故

1. 意外事故

机动车辆可能遭遇的意外事故主要包括碰撞、倾覆、火灾、爆炸、外界物体倒塌、空中运行物体坠落、行驶中平行坠落等。其中,由碰撞所致保险车辆损失是车辆损失险的主要保险责任。

(1)碰撞,即保险车辆的车身与外界静止或运动中物体的意外撞击。它包括两种情况:一是保险车辆与外界物体的直接意外撞击;二是保险车辆本身或拖挂的挂车本身与外界物体的意外撞击以及保险车辆装载的物体与外界物体的意外撞击。

(2)倾覆,即保险车辆因遭受自然灾害或意外事故或驾驶员操作失误,造成车身倾斜、翻倒、触地、四轮朝天,车辆的技术性能下降并失去行驶能力,非经施救而不能恢复正常行驶的一种状态。

(3)火灾,机动车辆保险的火灾责任主要是指外界火源以及其他保险事故引起火灾所致保险车辆的损失。

(4)爆炸,这里仅指化学性爆炸,车上货物爆炸、车外爆炸所致的机动车辆损毁,由保险人负责赔偿;因发动机内部原因引起爆炸、轮胎爆炸等所致的损失,则不属于保险责任的范围。

(5)外界物体倒塌,即保险车辆自身以外由物质构成并占有一定空间的个体倒下或陷下,造成保险车辆的损毁。例如,地上或地下建筑物坍塌、树木倾倒,致使保险车辆受损等。

(6) 空中运行物体坠落,即陨石或飞行器等物体从空中掉落造成机动车辆的损毁,由保险人承担赔偿责任。吊车的吊物脱落以及吊钩或吊臂的断落等所致保险车辆的损失,也属于保险责任范围内的损失,但吊车本身在操作时由于吊钩、吊臂上下起落砸坏保险车辆的损失除外。

(7) 行驶中平行坠落,即保险车辆在行驶过程中,由于发生意外事故而平行掉落在路基下或整车腾空(包括翻滚 360°以上)后,仍然四轮着地的一种状态。

(8) 受到被保险机动车所载货物、车上人员意外撞击。

2. 自然灾害

机动车辆可能遭遇的自然灾害包括雷击、暴风、雹灾、洪水、海啸、地陷、冰陷、崖崩、雪崩、泥石流、滑坡等。载运保险车辆的渡船遭受自然灾害造成的损失由保险公司承担赔偿责任,但需有驾驶员随车照料。

3. 施救和保护费用

保险车辆在遭受保险事故时,被保险人或其驾驶员为了减少损失,采取施救、保护措施所支出的合理费用,应由保险人在保额限度内计算赔偿。此项费用与车辆修复费用分别理算,也就是说车损赔付最多可赔偿一个保额,施救、保护费用最高可再赔付一个保额。这样做的目的是为了鼓励被保险人积极施救和保护受损的保险车辆。

(三) 商业第三者责任险承保的危险事故

商业第三者责任险承保的危险事故主要是被保险人或其允许的合格驾驶人员在使用保险车辆过程中产生的对第三人的损害赔偿责任。要理解这一承保危险事故的含义,需要明确以下几个问题。

1. 被保险人的范围

由于对保险车辆的使用可能是被保险人本人,也可能是被保险人以外的其他人。所以机动车辆第三者责任险中所承保的被保险人,除了被保险人本人外,还包括被保险人允许的合格驾驶人员,如被保险人的配偶及其直系亲属、被保险人的雇员、被保险人借用的驾驶员、与被保险人之间具有营业性租赁关系的驾驶员等。无论是被保险人本人,还是被保险人以外的其他人在使用保险车辆时,都必须持有有效驾驶执照,并且所驾驶车辆与驾驶执照规定的准驾车型相符。此外,被保险人以外的其他人使用保险车辆的,还必须经过被保险人的允许。如果保险车辆被私自开走,未经被保险人同意,或者驾驶人员私自许诺他人将车开走等,均不属于被保险人允许的合格驾驶人员开车。对此种情况下发生的任何损失,保险人不负责赔偿。

2. 责任事故的发生

商业第三者责任险中责任事故的发生是在保险车辆被使用的过程中,使用保险车辆的过程是保险车辆作为一种工具被使用的整个过程,包括保险车辆的运动和静止两种状态,即行驶和停放。

3. 第三人的损害

第三人，即保险人、被保险人、投保人和保险事故发生时被保险机动车本车上人员以外的人。其因保险车辆的意外事故而遭受的损害包括两部分：人身伤亡和财产损毁。其中，财产损毁主要是指保险车辆发生意外事故，直接造成事故现场他人现有财产的实际损毁。

（四）车辆损失险与商业第三者责任险的责任免除

1. 车辆损失险的责任免除

车辆损失险的责任免除条款主要有以下几项。

（1）事故发生后，被保险人或其允许的驾驶人故意破坏、伪造现场、毁灭证据。

（2）驾驶人有下列情形之一者：①事故发生后，在未依法采取措施的情况下驾驶被保险机动车或者遗弃被保险机动车离开事故现场；②饮酒、吸食或注射毒品、服用国家管制的精神药品或者麻醉药品；③无驾驶证，驾驶证被依法扣留、暂扣、吊销、注销期间；④驾驶与驾驶证载明的准驾车型不相符合的机动车；⑤实习期内驾驶公共汽车、营运客车或者执行任务的警车、载有危险物品的机动车或牵引挂车的机动车；⑥驾驶出租机动车或营业性机动车无交通运输管理部门核发的许可证书或其他必备证书；⑦学习驾驶时无合法教练员随车指导；⑧非被保险人允许的驾驶人。

（3）被保险机动车有下列情形之一者：①发生保险事故时被保险机动车行驶证、号牌被注销的，或未按规定检验或检验不合格；②被扣押、收缴、没收、政府征用期间；③在竞赛、测试期间，在营业性场所维修、保养、改装期间；④被保险人或其允许的驾驶人故意或重大过失，导致被保险机动车被利用从事犯罪行为。

（4）下列原因导致的被保险机动车的损失和费用：①地震及其次生灾害；②战争、军事冲突、恐怖活动、暴乱、污染（含放射性污染）、核反应、核辐射；③人工直接供油、高温烘烤、自燃、不明原因火灾；④违反安全装载规定；⑤被保险机动车被转让、改装、加装或改变使用性质等，被保险人、受让人未及时通知保险人，且因转让、改装、加装或改变使用性质等导致被保险机动车危险程度显著增加；⑥被保险人或其允许的驾驶人的故意行为。

（5）下列损失和费用：①因市场价格变动造成的贬值、修理后因价值降低引起的减值损失；②自然磨损、朽蚀、腐蚀、故障、本身质量缺陷；③遭受保险责任范围内的损失后，未经必要修理并检验合格继续使用，致使损失扩大的部分；④投保人、被保险人或其允许的驾驶人知道保险事故发生后，故意或者因重大过失未及时通知，致使保险事故的性质、原因、损失程度等难以确定的，保险人对无法确定的部分，不承担赔偿责任，但保险人通过其他途径已经及时知道或者应当及时知道保险事故发生的除外；⑤因指定驾驶人信息不全，导致无法确定的损失；⑥被保险机动车全车被盗窃、被抢劫、被抢夺、下落不明，以及在此期间受到的损坏，或被盗窃、被抢劫、被抢夺未遂受到的损坏，或车上零部件、附属设备丢失；⑦车轮单独损坏，玻璃单独破碎，无明显碰撞痕迹的车身划痕，以及新增设备的损失；⑧发动机进水后导致的发动机损坏。

2. 商业第三者责任险的责任免除

商业第三者责任险的责任免除条款主要有以下几项。

（1）事故发生后，被保险人或其允许的驾驶人故意破坏、伪造现场、毁灭证据。

（2）驾驶人有下列情形之一者：①事故发生后，在未依法采取措施的情况下驾驶被保险机动车或者遗弃被保险机动车离开事故现场；②饮酒、吸食或注射毒品、服用国家管制的精神药品或者麻醉药品；③无驾驶证，驾驶证被依法扣留、暂扣、吊销、注销期间；④驾驶与驾驶证载明的准驾车型不相符合的机动车；⑤实习期内驾驶公共汽车、营运客车或者执行任务的警车、载有危险物品的机动车或牵引挂车的机动车；⑥驾驶出租机动车或营业性机动车无交通运输管理部门核发的许可证书或其他必备证书；⑦学习驾驶时无合法教练员随车指导；⑧非被保险人允许的驾驶人。

（3）被保险机动车有下列情形之一者：①发生保险事故时被保险机动车行驶证、号牌被注销的，或未按规定检验或检验不合格；②被扣押、收缴、没收、政府征用期间；③在竞赛、测试期间，在营业性场所维修、保养、改装期间；④全车被盗窃、被抢劫、被抢夺、下落不明期间。

（4）下列原因导致的人身伤亡、财产损失和费用：①地震及其次生灾害、战争、军事冲突、恐怖活动、暴乱、污染（含放射性污染）、核反应、核辐射；②第三者、被保险人或其允许的驾驶人的故意行为、犯罪行为，第三者与被保险人或其他致害人恶意串通的行为；③被保险机动车被转让、改装、加装或改变使用性质等，被保险人、受让人未及时通知保险人，且因转让、改装、加装或改变使用性质等导致被保险机动车危险程度显著增加。

（5）下列人身伤亡、财产损失和费用：①被保险机动车发生意外事故，致使任何单位或个人停业、停驶、停电、停水、停气、停产、通讯或网络中断、电压变化、数据丢失造成的损失以及其他各种间接损失；②第三者财产因市场价格变动造成的贬值，修理后因价值降低引起的减值损失；③被保险人及其家庭成员、被保险人允许的驾驶人及其家庭成员所有、承租、使用、管理、运输或代管的财产的损失，以及本车上财产的损失；④被保险人、被保险人允许的驾驶人、本车车上人员的人身伤亡；⑤停车费、保管费、扣车费、罚款、罚金或惩罚性赔款；⑥超出《道路交通事故受伤人员临床诊疗指南》和国家基本医疗保险同类医疗费用标准的费用部分；⑦律师费，未经保险人事先书面同意的诉讼费、仲裁费；⑧投保人、被保险人或其允许的驾驶人知道保险事故发生后，故意或者因重大过失未及时通知，致使保险事故的性质、原因、损失程度等难以确定的，保险人对无法确定的部分，不承担赔偿责任，但保险人通过其他途径已经及时知道或者应当及时知道保险事故发生的除外；⑨因被保险人违反本条款第三十四条约定，导致无法确定的损失；⑩精神损害抚慰金；⑪应当由机动车交通事故责任强制保险赔偿的损失和费用；⑫保险事故发生时，被保险机动车未投保机动车交通事故责任强制保险或机动车交通事故责任强制保险合同已经失效的，对于机动车交通事故责任强制保险责任限额以内的损失和费用，保险人不负责赔偿。

（五）车辆损失险与商业第三者责任险的其他相关问题

1. 保险金额

车辆损失险的保险金额按投保时被保险机动车的实际价值确定。投保时被保险机动车的实际价值由投保人与保险人根据投保时的新车购置价减去折旧金额后的价格协商确定或其他市场公允价值协商确定。

2. 赔偿限额

商业第三者责任险的赔偿限额是保险人计算保险费的依据,同时也是保险人承担商业第三者责任险赔偿金额的最高限额。需要特别注意的是,商业第三者责任险仅负责超过交强险各分项赔偿限额以上的部分。

每次事故的责任限额,由投保人和保险人在签订本保险合同时协商确定。

主车和挂车连接使用时视为一体,发生保险事故时,由主车保险人和挂车保险人按照保险单上载明的机动车第三者责任保险责任限额的比例,在各自的责任限额内承担赔偿责任,但赔偿金额总和以主车的责任限额为限。

3. 保险期限

机动车辆保险的保险期限通常为1年,以保险单载明的起讫时间为准。保险期间不足1年的按短期费率表计收保险费;保险期间不足1个月的按1个月计算。短期月费率表如表4-1所示。

表4-1 短期月费率表

保险期间(月)	1	2	3	4	5	6	7	8	9	10	11	12
短期月费率	10%	20%	30%	40%	50%	60%	70%	80%	85%	90%	95%	100%

4. 赔偿处理

1) 车辆损失险的赔偿

在机动车辆保险合同有效期内遭受的损失或费用支出,保险人按以下规定赔偿。

(1) 全部损失。车辆全部损失是指保险标的整体损毁,或保险标的受损失去修复价值,保险人推定全损。

保险车辆发生全部损失后,当保险金额等于或低于实际价值时,按保险金额计算赔偿。其计算公式如下:

$$赔款 = \left(\begin{array}{c}保险\\金额\end{array} - \begin{array}{c}被保险人已从第三\\方获得的赔偿金额\end{array}\right) \times \left(1 - \begin{array}{c}事故责任\\免赔率\end{array}\right) \times \left(1 - \begin{array}{c}绝对免赔\\率之和\end{array}\right) - \begin{array}{c}绝对\\免赔额\end{array}$$

(2) 部分损失。部分损失是指保险车辆受损后,未达到"整体损毁"或"推定全损"程度的局部损失。其计算公式如下:

$$赔款 = \left(\begin{array}{c}实际修\\复费用\end{array} - \begin{array}{c}被保险人已从第三\\方获得的赔偿金额\end{array}\right) \times \left(1 - \begin{array}{c}事故责任\\免赔率\end{array}\right) \times \left(1 - \begin{array}{c}绝对免赔\\率之和\end{array}\right) - \begin{array}{c}绝对\\免赔额\end{array}$$

车辆损失赔偿及施救费用分别以不超过保险金额为限。如果保险车辆部分损失一次赔款金额与免赔金额之和等于保险金额时,车辆损失险的保险责任即行终止。保险车辆在保险期限内,不论发生一次或多次保险责任范围内的损失或费用支出,只要每次赔款加免赔金额之和未达到保险金额,其保险责任仍然有效。

2) 商业第三者责任险的赔偿

当依合同约定核定的第三者损失金额减法机动车交通事故责任强制保险的分项赔偿

限额,其差额再乘以事故责任比例,如果该值等于或高于每次事故赔偿限额,其赔款金额为:

$$赔款 = 每次事故赔偿限额 \times (1 - 事故责任免赔率) \times (1 - 绝对免赔率之和)$$

当依合同约定核定的第三者损失金额减去机动车交通事故责任强制保险的分项赔偿限额,其差额再乘以事故责任比例,如果该值低于每次事故赔偿限额,其赔款金额为:

$$赔款 = \left(\begin{array}{c} 依合同约定核定的 \\ 第三者损失金额 \end{array} - \begin{array}{c} 机动车交通事故责任强制 \\ 保险的分项赔偿限额 \end{array}\right) \times \begin{array}{c} 事故责 \\ 任比例 \end{array} \times \left(1 - \begin{array}{c} 事故责任 \\ 免赔率 \end{array}\right) \times \left(1 - \begin{array}{c} 绝对免赔 \\ 率之和 \end{array}\right)$$

5. 免赔率和无赔款优待

1) 免赔率

根据保险车辆驾驶员在事故中所负责任,车辆损失险和商业第三者责任险在符合赔偿规定的金额内实行绝对免赔率。在交通事故中,保险车辆驾驶人负全部责任的,承担事故责任比例为100%,事故责任免赔率为20%;保险车辆驾驶人负主要责任的,承担事故责任比例为70%,事故责任免赔率为15%;保险车辆驾驶人负同等责任的,承担事故责任比例为50%,事故责任免赔率为10%;保险车辆驾驶人负次要责任的,承担事故责任比例为30%,事故责任免赔率为5%;保险车辆驾驶人违反安全装载规定的,实行10%的绝对免赔率。被保险机动车的损失应当由第三方负责赔偿,无法找到第三方的,实行30%的绝对免赔率。

2) 无赔款优待

为了鼓励被保险人及其驾驶员严格遵守交通规则,安全行车,保险人实行"无赔款优待"办法。

(1) 优待条件:保险期限必须满1年;保险车辆在上一年保险期内无赔款;保险期满前办理续保。满足以上条件,续保时可享受无赔款优待。

(2) 优待金额为本年度续保险种应交保险费的10%。被保险人投保车辆不止一辆的,无赔款优待分别按辆计算。上年度投保的交强险、车辆损失险、商业第三者责任险、附加险等投保险种中任何一项发生赔款,续保时均不能享受无赔款优待。

(六) 车上人员责任险

保险期间内,被保险人或其允许的驾驶人在使用被保险机动车过程中发生意外事故,致使车上人员遭受人身伤亡,且不属于免除保险人责任的范围,依法应当对车上人员承担的损害赔偿责任,保险人依照保险合同的约定负责赔偿。保险人依据被保险机动车一方在事故中所负的事故责任比例,承担相应的赔偿责任。

保险责任和除外责任与车辆损失险和商业第三者责任险基本相同。

驾驶人每次事故责任限额和乘客每次事故每人责任限额由投保人和保险人在投保时协商确定。投保乘客座位数按照被保险机动车的核定载客数(驾驶人座位除外)确定。

车上人员责任险的赔款计算有以下三种情况。

(1) 每座受害人的人身伤亡损失额减去应由交强险赔偿的金额,其差额再乘以相应的事故责任比例,如果该值高于或等于每次事故每座赔偿限额,其赔款金额为:

$$赔款 = 每次事故每座赔偿限额 \times (1 - 事故责任免赔率)$$

（2）每座受害人的人身伤亡损失额减去应由交强险赔偿的金额，其差额再乘以相应的事故责任比例，如果该值低于每次事故每座赔偿限额，其赔偿金额为：

$$赔款 = \left(\begin{matrix} 依合同约定核定的每座车上 \\ 人员人身伤亡损失金额 \end{matrix} - \begin{matrix} 应由交强险 \\ 赔偿的金额 \end{matrix} \right) \times \begin{matrix} 事故责 \\ 任比例 \end{matrix} \times \left(1 - \begin{matrix} 事故责任 \\ 免赔率 \end{matrix} \right)$$

（3）保险人按照《道路交通事故受伤人员临床诊疗指南》和国家基本医疗保险的同类医疗费用标准核定医疗费用的赔偿金额。未经保险人书面同意，被保险人自行承诺或支付的赔偿金额，保险人有权重新核定。因被保险人原因导致损失金额无法确定的，保险人有权拒绝赔偿。

（七）机动车全车盗抢险

1. 保险责任

（1）被保险机动车被盗窃、抢劫、抢夺，经出险当地县级以上公安刑侦部门立案证明，满60天未查明下落的全车损失。

（2）被保险机动车全车被盗窃、抢劫、抢夺后，受到损坏或车上零部件、附属设备丢失需要修复的合理费用。

（3）被保险机动车在被抢劫、抢夺过程中，受到损坏需要修复的合理费用。

2. 除外责任

（1）被保险人索赔时未能提供出险当地县级以上公安刑侦部门出具的盗抢立案证明。

（2）驾驶人、被保险人、投保人故意破坏现场、伪造现场、毁灭证据。

（3）被保险机动车被扣押、罚没、查封、政府征用期间。

（4）被保险机动车在竞赛、测试期间，在营业性场所维修、保养、改装期间，被运输期间。

（5）地震及其次生灾害导致的损失和费用。

（6）战争、军事冲突、恐怖活动、暴乱导致的损失和费用。

（7）因诈骗引起的任何损失；因投保人、被保险人与他人的民事、经济纠纷导致的任何损失。

（8）被保险人或其允许的驾驶人的故意行为、犯罪行为导致的损失和费用。

（9）非全车遭盗窃，仅车上零部件或附属设备被盗窃或损坏。

（10）新增设备的损失。

（11）遭受保险责任范围内的损失后，未经必要修理并检验合格继续使用，致使损失扩大的部分。

（12）被保险机动车被转让、改装、加装或改变使用性质等，被保险人、受让人未及时通知保险人，且因转让、改装、加装或改变使用性质等导致被保险机动车危险程度显著增加而发生保险事故。

（13）投保人、被保险人或其允许的驾驶人知道保险事故发生后，故意或者因重大过失未及时通知，致使保险事故的性质、原因、损失程度等难以确定的，保险人对无法确定的部分，不承担赔偿责任，但保险人通过其他途径已经及时知道或者应当及时知道保险事故发生的除外。

（14）保险事故损坏的被保险机动车，应当尽量修复。修理前被保险人应当会同保险人检验，协商确定修理项目、方式和费用。对未协商确定的，保险人可以重新核定。因被保险人违反上述约定，导致无法确定的损失。

机动车全车盗抢险的其他保险责任与除外责任与车辆损失险基本相同。

3. 保险赔偿

$$赔款 = 保险金额 \times (1 - 绝对免赔率之和)$$

三、常见的机动车辆保险附加险

常见的机动车辆保险附加险有以下 10 项，其中，1～8 项附加险须在投保了机动车辆损失保险的基础上才能投保，而 9～10 项附加险则须在投保了机动车辆商业第三者责任险的基础上才能投保。

1. 玻璃单独破碎险

机动车辆在使用过程中，发生本车玻璃（仅指保险车辆的门窗玻璃、前后挡风玻璃）单独破碎，保险人按照保险合同约定在实际损失金额内计算赔偿。

2. 自燃损失险

投保了该附加险的机动车在使用过程中，因下列原因造成保险机动车燃烧导致的保险机动车自身的损失，保险人按照保险合同约定负责赔偿：①本车电器、线路、供油系统发生故障；②运载货物自身原因起火燃烧；③保险机动车运转摩擦起火。

3. 新增设备损失险

投保了本附加险的机动车在使用过程中，发生机动车损失保险责任范围内的事故，造成本车上新增设备的直接损毁，保险人按照保险合同约定在保险单该项目所载明的保险金额内，按实际损失计算赔偿。

发生本附加险保险责任范围内的事故时，被保险人或其代表为防止或者减少保险机动车损失而采取施救、保护措施所支出的必要合理的费用，保险人负责赔偿。本项费用的最高赔偿金额以本附加险的保险金额为限。

4. 涉水损失险

被保险人或其允许的合格驾驶人在使用保险机动车过程中，因下列原因造成保险机动车的发动机损坏，保险人按照保险合同约定负责赔偿：①受暴雨、洪水的当时，保险机动车被水淹及排气筒或进气管，驾驶人继续启动机动车或利用惯性启动机动车；②遭受暴雨、洪水后，未经必要处理而启动机动车。

发生本附加险保险责任范围内的事故时，被保险人或其代表为防止或者减少保险机动车损失而采取施救、保护措施所支出的必要合理的费用，保险人负责赔偿。本项费用的最高赔偿金额以机动车损失保险保险金额为限。

5. 零部件、附属设备被盗窃险

被保险人或其允许的合格驾驶员在使用保险机动车过程中，保险机动车车上零部件、附属设备被盗窃,经县级以上公安刑侦部门立案证实,且满 30 天未查明下落的,保险人负责赔偿。

6. 附加换件特约条款

因发生车辆损失保险的保险事故造成保险车辆的损坏而需要修复时,对受损零部件维修费用达到该部件更换费用 20% 的,保险人按照保险合同的约定对应予修理的配件给予更换。同时,受损零部件应按最小可分解件进行更换,且被更换的零部件归保险人所有,而车身的漆面损伤不做换件处理。

7. 车载货物掉落责任险

机动车辆在使用过程中,所载货物从车上掉下致使第三者遭受人身伤亡或财产的直接损毁,依法应由被保险人承担的经济赔偿责任,保险人在保险单所载明的保险赔偿限额内计算赔偿。

8. 随车携带物品责任险

被保险人允许的合格驾驶人在使用保险机动车的过程中,发生机动车损失保险责任范围内的事故,致使本车车上人员随车携带的物品同时损毁的,保险人应在保险单载明的赔偿限额内,依照本保险合同的约定给予赔偿。

9. 精神损害抚慰金责任险

被保险人或其允许的合格驾驶人在使用保险机动车的过程中,发生投保的基本险约定的保险责任内的事故,造成第三者或车上人员的人身伤亡,受害人据此提出精神损害赔偿请求,保险人应依据人民法院判决及保险合同约定,对应由被保险人或保险机动车驾驶人支付的精神损害抚慰金费用,在扣除机动车交强险应当支付的赔款后,在本保险赔偿限额内负责赔偿。

四、典型案例分析

[案例 4-3] 2010 年 6 月 21 日,沈阳某货物运输有限公司向某保险公司投保解放牌半挂牵引车,分别投保了车辆损失险(保险金额 20 万元)、第三者责任险(保险限额 30 万元)、车上人员责任险 3 人(每人保险金额 5 万元),并同时投保了所挂车辆的车辆损失险和第三者责任险。

2010 年 11 月 20 日,司机赵某驾驶解放牌半挂牵引车,行驶至环城高速公路匝道处时,因未按操作规范安全驾驶,在弯道减速时紧急制动刹车,致使车厢内钢筋向前涌出,砸到驾驶室后方,造成车辆损坏,司机赵某和随车人员薛某当场死亡。经交警处理,认定赵某负事故的全部责任。

被保险人沈阳某货物运输有限公司向保险公司提出索赔申请,要求赔偿车辆损失和车上人员责任险。保险公司就被保险人的索赔有两种意见:第一种意见认为,被保险车辆的这次事故属于保险的碰撞责任,保险公司应该赔偿车辆损失和车上人员伤亡损失;第二种意见认为,车载货物撞击造成的本车损失不属于保险责任,保险公司不应该赔偿车辆损失,可以赔偿车上人员伤亡损失。

保险公司经过仔细分析案情认为,被保险车辆因车载货物的撞击造成的损失不属于保险责任,保险公司不予赔偿,被保险车辆发生车载货物撞击造成车上人员伤亡是一种意外事故,因此车上人员伤亡属于保险责任,保险公司按照车上人员责任险保险金额,每人赔偿5万元。

案情分析:此案涉及被保险车辆损失和车上人员伤亡损失,适用的保险条款包括营业用汽车损失保险条款和机动车辆第三者责任保险条款。

营业用汽车损失保险条款规定:保险车辆所载货物坠落、倒塌、撞击、泄漏造成的损失,保险人不负责赔偿。车上人员责任保险条款规定:发生意外事故,造成被保险车辆上人员的伤亡,依法应由被保险人承担的经济赔偿责任,保险人负责赔偿。

通过对保险条款的分析可以看出,汽车损失保险责任中的碰撞责任在保险术语中有特定的意义,并且保险术语的解释属于保险条款的内容。车辆装载货物以后,车辆和货物即成为一体,车载货物撞击本车辆造成的损失不属于保险碰撞责任。

通过对保险条款的分析还可以看出,第三者责任保险及附加车上人员责任险中的保险责任是意外事故造成的损失,依法应由被保险人承担的经济赔偿责任。因此,车上人员人身伤亡的损失是属于保险责任的。

[案例 4-4]　某市轮胎厂为其解放牌轻型货车投保了车辆损失险(5万元)、第三者责任险(20万元)、车上人员责任险(三个座位各2万元),并附加不计免赔率特约条款,保险期限为 2007 年 9 月 3 日至 2008 年 9 月 2 日。

2008 年 8 月 17 日,张某驾驶该货车行驶到一处盘山道的弯路时,路人黄某看到车速放缓,便扒上车偷盗车上所载轮胎,张某从后视镜发现黄某后,一时分神,将货车驶入反道,与对面驶来的丰田牌轿车迎面碰撞。事故造成两车严重受损,张某重伤致残,黄某死亡,丰田牌轿车驾驶员刘某重伤的后果。经过交警现场查勘,认定冯某遇紧急情况采取措施不当,应负事故的全部责任。

事故发生后,某市轮胎厂向保险公司索赔如下:货车损失 13 000 元、货车驾驶员张某医药费和伤残补偿费 54 000 元、丰田牌轿车损失 23 600 元、轿车驾驶员刘某医药费 28 000 元、黄某家属提出的死亡赔偿金 150 000 万元,共计 268 600 元。保险公司同意赔付两车损失和车上人员损失共 84 600 元,其中,对货车驾驶员张某赔付 20 000 元,对黄某家属不予赔偿。

由于索赔金额与赔付金额差距较大,协商未果,某市轮胎厂和黄某家属将保险公司诉至法庭。

某市轮胎厂认为,货车已投保了三个座位的车上人员责任险,并及时足额缴付了保险费,保险公司应当在事故发生后给予足额赔偿。黄某家属认为,事故的发生是导致黄某死亡的直接原因,所以向轮胎厂提出赔偿要求,而轮胎厂只能向保险公司转嫁风险。

经过法庭调查和听取双方当事人辩护,参阅当时签订的保险单和相关保险条款,法院最后判定保险公司胜诉,保险公司赔偿货车和丰田牌轿车两车损失及双方车上人员损失共计 84 600 元,其中,对货车驾驶员张某只赔付 20 000 元。黄某的损失不在保险责任范围内,不予赔偿。法院的判定依据有以下三点。

（1）保险合同中的车上人员和第三者有本质区别：第三者是指因被保险机动车发生意外事故遭受人身伤亡或者财产损失的人，但不包括被保险机动车本车上人员、投保人、被保险人和保险人。车上人员是指保险事故发生时在被保险机动车上的自然人。

（2）丰田牌轿车上的受伤人员为本案中货车的第三者，按保险合同应得到足额赔偿。货车驾驶员张某是保险标的车上的司机，按所签订的保险合同应属于车上人员责任险范围，只能得到每人最高赔偿限额 20 000 元的赔偿，保险公司对此做出赔付，履行了保险合同义务，不存在违约和欺诈行为。

（3）偷盗者黄某不能被认定为车上人员，保险公司车上人员责任保险条款第五条已做出明示，违法、违章搭乘人员的伤亡，不论在法律上是否应当由被保险人承担赔偿责任，保险人均不负责赔偿。黄某的情况应属违法搭乘，所以不能得到保险公司的赔偿。

案情分析：本保险案例最突出的问题是车上人员责任保险和第三者责任险有本质的区别，不能相互替代，被保险人投保时不要混淆其概念。

车上人员是指保险事故发生时在被保险机动车上的自然人。车上人员责任保险的保险责任是：保险期间内，被保险人或其允许的合法驾驶人在使用被保险机动车过程中发生意外事故，致使车上人员遭受人身伤亡，依法应当由被保险人承担的损害赔偿责任，保险人依照保险合同的约定负责赔偿。

第三者是指因被保险机动车发生意外事故遭受人身伤亡或财产损失的人，但不包括被保险机动车本车上人员、投保人、被保险人和保险人。第三者责任保险的保险责任是：保险期间内，被保险人或其允许的合法驾驶人在使用被保险机动车过程中发生意外事故，致使第三者遭受人身伤亡或财产直接损毁，依法应当由被保险人承担的损害赔偿责任，保险人依照合同约定，对于超过机动车交通事故责任强制保险各分项赔偿限额以上的部分负责赔偿。

专栏 4-2

互联网车险结束负增长　科技创新有望推动行业增长

互联网保险不仅仅是简单地通过互联网将线下活动转移到线上，而是通过大数据、人工智能、区块链、移动互联网、物联网、AR/VR 等前沿技术赋能保险行业的发展，展现了互联网保险的核心价值，通过打造完整的服务闭环，提升服务效率，解决用户痛点。

近日，中国保险行业协会发布的《2018 年上半年互联网财产保险业务数据通报》显示，2018 年上半年，互联网财险业务实现累计保险费收入 326.40 亿元，同比增长 37.29%，较产险公司所有渠道业务同期增长率高出 23.11 个百分点。从整体情况来看，互联网财险终于结束持续两年负增长的状态，发展势头回暖。

车险业务扭转负增长　加快新场景模式布局

数据显示，2018 年上半年，保险费规模位居前三位的保险产品为平安产险、众安保险和人保财险，累计保险费收入为 167.51 亿元，占互联网保险保险费 51.32%，较 2017 年同期提高 0.44 个百分点,互联网财险市场行业集中度趋于稳定。

从行业宏观层面来看,财产险盈利模式以长期业务为主,利润由剩余边际逐年释放;从综合费用率的角度来看,小公司固定成本无法得到有效摊薄,使得大公司占有了市场上大部分营业利润;而在监管逐渐趋严的环境下,规模化优势将会使大公司受到的影响变小,同时,规模大的公司品牌效应也十分明显。

随着保险科技作用的日益突出,进而推动保险业发生深刻的改变。借助技术和模式上的创新,优质的互联网财险公司正在努力为每一个保险消费者带来更方便、快捷和舒适的服务体验及更加优化的保险产品,这也是平安产险、众安保险和人保财险等互联网财险公司能够占据一半以上市场份额的重要原因。

上半年,互联网车险累计保险费收入 180.35 亿元,同期增长 15.38%,保持连续 6 个月的正增长,扭转 2016 年至 2017 年的持续负增长状态,且保持基本平稳。

近年来,平安车险始终在互联网方面倾注巨大投入,并起到了表率的作用。中保协数据显示,平安 1 至 5 月互联网车险保险费 53.3 亿元,同比增长 5.0%,市场份额为 35.5%。平安保险汽车服务生态圈作为其"金融＋生态"的五大要素之一,已上升为发展战略。平安车险提供车保养、车保险、车生活等服务,形成了覆盖选车、买车、用车、养车、修车、换车等全交易流程的汽车生态闭环。

在市场机遇和政策鼓励的双重驱动下,其他车险公司正加快互联网科技的深度产业链布局,有望共同推动行业实现破局。其中,众安平安联合车险——保骉车险,依托构建的汽车生态和互联网销售、运营、创新及服务能力,总保险费自 2017 年四季度起发生了爆发式增长。截至今年 6 月 30 日,6 个月的汽车生态总保险费约为人民币 4.629 亿元,向约 26.6 万名客户提供服务,总保险费复合月增长率高达 25%。

同时,更多专注用户体验感的车险企业已经开始联合汽车生态的全链条进行长远和全面布局,用创新科技赋能车险。以众安为例,其加大与瓜子及毛豆等汽车新零售平台的深度合作,并与灿谷、趣店大白及易鑫等汽车金融公司打通汽车生态链条,且与长安及比亚迪等主机厂家打造和共建创新场景,通过科技赋能、数据支持、场景共建和定制化服务巩固与合作伙伴的协同,并为新模式提前布局。

非车险意外健康险增长　加快科技创新解决行业痛点

今年上半年,在互联网非车险市场中,保险费规模位居前三位的众安保险、国泰产险和人保财险三家公司累计保险费收入 71.84 亿元,市场占有率为 49.19%。

具体来看,众安保险上半年累计互联网非车险保险费收入为 46.75 亿元,占整体互联网非车险业务的 32.00%;人保财险上半年累计互联网非车险保险费收入为 12.01 亿元,占整体互联网非车险业务的 8.24%。其中,意外健康险、退货运费险销售量较大,意外健康和信用保证保险增长最快。中国保协 7 月发布的《2018 年互联网财产保险用户调研报告》显示,有超过 97% 的保险用户购买过新型保险产品,中高端医疗险在保险用户中的渗透率达 49.4%。

数据显示,今年前 5 个月,人保财险的意外健康险保险费收入约为 244.6 亿元,占行业之比达 50.3%。人保财险深入推广手机销售系统,丰富了传统业务的投保方式,在推动机动车驾乘意外险等新兴业务快速发展的同时,法人集团意外险、学幼险等传统业务均保持稳健增长。

值得注意的是,上半年意外健康险业务快速发展,得益于部分财险公司在健康险经营、金融科技上的大胆创新。其中,众安保险旗下众安科技正基于自身科技优势积极打通医疗机构到商业医疗保险公司的信息通道,以及利用大数据和人工智能技术,优化销售和保全流程。例如,尊享e生系列于2017年推出的智能核保,通过简单人机对话完成用户身体状况判断,在短短1到2分钟内帮助用户获得定制版的医疗保障。具体来看,依托尊享e生系列、步步保等创新产品,众安健康生态在今年上半年实现总保险费收入15.572亿元,同比大涨255.9%,覆盖被保用户1 150万。

互联网保险不仅仅是简单地通过互联网将线下活动转移到线上,而是通过大数据、人工智能、区块链、移动互联网、物联网、AR/VR等前沿技术赋能保险行业的发展,展现了互联网保险的核心价值,通过打造完整的服务闭环,提升服务效率,解决用户痛点。

可以预见,"三足鼎立"的平安产险、众安保险和人保财险将依靠自身实力,在综合成本控制能力、抗风险能力、创新能力和品牌建设等方面扩大马太效应,"保险+科技"是共同的主旋律,互联网保险的爆发式增长或将到来。

(资料来源:2018年9月12日《金融时报》)

本 章 小 结

(1) 机动车辆保险是以机动车辆本身及其相关利益为保险标的的一种财产保险。这里的机动车辆是指汽车、电车、电瓶车、摩托车、拖拉机、特种车。在各国非寿险业务中,机动车辆保险不仅是运输工具保险的主要险种,也是整个非寿险业务的主要来源。我国机动车辆保险也是财产保险业务的第一大险种。

(2) 机动车辆保险的特点包括:保险标的出险概率较高;业务量大,投保率高;被保险人自负责任与无赔款优待;机动车辆损失赔偿的特殊性。

(3) 机动车辆第三者责任强制险是针对机动车辆第三者责任的基本保障,它有利于保护交通事故中受害者的权益,保证其及时得到应有的经济补偿,又能减轻事故责任者的经济赔偿压力,减少事故双方的矛盾和纠纷,同时也有利于交通安全的综合治理,促进社会安定和公共安全。

(4) 交强险的特点包括:强制性;无过错赔偿原则;在全国范围内实行统一的责任限额;"不盈利、不亏损"原则。

(5) 我国设立道路交通事故社会救助基金。有下列情形之一时,道路交通事故中受害人人身伤亡的丧葬费用以及部分或者全部抢救费用,由救助基金先行垫付,救助基金管理机构有权向道路交通事故责任人追偿:①抢救费用超过机动车交强险责任限额的;②肇事机动车未参加机动车交强险的;③机动车肇事后逃逸的。

(6) 机动车辆商业保险按是否可以单独投保分为基本险(也称主险)和附加险,基本险通常包括机动车辆损失保险、机动车辆商业第三者责任保险、车上人员责任险、机动车全车盗抢保险等主险,附加险则包括玻璃单独破碎险、自燃损失险、新增设备损失险、涉水损失险、附加换件特约条款、车载货物掉落责任险、随车携带物品责任险、精神损害抚慰金责任险等险种。

关键概念索引

机动车辆保险　机动车辆第三者责任强制保险　责任限额　救助基金　机动车辆商业险　机动车交通事故责任强制保险条例　机动车辆损失险　机动车辆商业第三者责任保险　车上人员责任保险　全车盗抢险　事故责任免赔率　主责　次责　自燃损失险　玻璃单独破碎险　涉水损失险

复习思考题

1. 机动车辆保险有何特点?
2. 简述我国机动车辆商业保险的险种结构。
3. 简述车辆损失险的保险金额确定方式与赔偿计算方式。
4. 简述我国交强险的特点。
5. 比较交强险与商业第三者责任险的异同。
6. 机动车辆保险的附加险有哪些主要险种?
7. 简述互联网车险发展动因及其特点。

第五章　船　舶　保　险

 **本章要点**

- 船舶保险概述
- 远洋船舶保险
- 沿海内河船舶保险
- 船舶战争、罢工保险

本章通过对船舶保险的一般特征,不同标准下船舶保险的不同分类,以及远洋船舶保险、国内船舶保险和船舶战争险等具体险种进行介绍,要求学生全面系统地了解船舶保险的基本内容,重点掌握国内船舶保险的条款。

第一节　船舶保险概述

一、船舶保险的概念

(一)船舶保险的含义和外延

船舶保险是指以各种类型船舶,包括其船壳、救生艇、机器、设备、仪器、索具、燃料、物料等,作为保险标的,承保其在海上航行或者在港内停泊期间因自然灾害或者意外事故所造成的全部或部分损失、费用支出及对第三者责任提供赔偿的财产保险。船舶保险的种类主要有国内船舶保险和远洋船舶保险两大类,其承保的船舶以民用船舶为主。

(二)船舶保险的注意事项

各种类型的船舶是船舶保险的主要标的,在船舶保险中必须注意如下几点。

1. 各种水上装置也可以纳入到船舶保险的范畴并按照船舶保险的相应条件承保

一般来说,船舶保险的实际内容比其名称要大一些。例如,海上石油开发中的钻井平台虽然不是船舶,也可以投保船舶保险(也可以单独列入石油开发保险)。

2. 建造或拆除中的船舶一般不纳入船舶保险的范畴

在船舶保险实务中,一般只承保建成并投入使用即航行的各种船舶及海上装置。建造中的船舶与拆除中的船舶因其处于建造或拆除之中,其价值未最后确定,尤其是船舶建造与船舶拆除中的风险与船舶航行中的风险存在着很大的差异,因此,保险人通常不把建造或拆除中的船舶纳入普通船舶保险范畴。在有关规定中,将建造、拆除中的船舶纳入建筑安装工程保险范畴。

3. 根据船舶运行的水域,通常划分为境内船舶保险与远洋船舶保险

在保险业发展史上,船舶保险具有独特的地位,最初的海上保险业务主要以船舶所遇到的海上风险为保险责任。由于船舶航行在海上,遭遇各种自然灾害和意外事故的可能性比陆地运输工具更大,且危险比较集中,很多情况下非人力所能够控制。因此,船舶所有人对航行中的风险保障需求更加迫切,从而使得以船舶为主要标的的保险业务成为商业保险业发展史上的重要内容。

二、船舶保险的基本特征

(一)承保船舶在保险期间所有的风险

船舶保险主要承保船舶在航行或停泊期间因意外事故或者水上灾难造成的船舶损失。因此,船舶保险承保的是整个承保期间所有的风险,其中既有水上风险,也有港口风险、碰撞风险等。

(二)承保保险责任范围广

船舶保险可以同时承保被保险人的船舶本身损失、碰撞责任(即第三者责任)和有关费用三类保障。在财产损失方面,船舶保险承担着对船舶本身及其附属设备、燃料、供给等的保险。在法律责任方面,船舶保险单中承担着碰撞责任保险,有时还承保油污费用责任以及运输合同中规定的承运人责任等。在费用方面,船舶保险不仅承担着施救费用与独有的救助费用责任,而且还可以承担或附加承担运费、租金、船员工资、营运费用、保险费等保险责任。因此,船舶保险承保和理赔的涉及面广而复杂,技术难度大。

(三)风险控制较为复杂

船舶航行于水上或海上,它不仅具有机动车辆的流动性特点,而且具有发生海损事故后无法保留现场痕迹的特点。一方面,保险人无法随时掌握被保险船舶的运行状态;另一方面,当保险事故发生以后,保险人很难积极介入,主要靠港航监督机构或港务监督机构等来处理。

(四)船舶保险属于定值保险

船舶保险价值的确定基于船舶的实际价值,但由于受到很多因素的影响,船舶的市场价值通常波动较大,使得船舶的实际价值很难确定。因此,投保船舶保险时需要保险双方根据买船价格和市场价格来确定保险金额。当保险事故发生后,不论被保险船舶在损失时的实际价值如何,损失赔偿都以保险单上约定的保险金额为依据。

三、船舶保险的分类

（一）根据船舶的状态分类

根据船舶的状态，船舶保险可以分为营运船舶保险、停泊船舶保险、船舶建造保险和拆船保险等。

（二）根据保险标的分类

根据保险标的，船舶保险可以分为运输船舶保险、渔船保险、工程船舶保险、集装箱保险等。它们的经营原理与原则相同，但具体条款会有差异。

（三）根据保险责任期限分类

根据保险期限责任，船舶保险可以分为定期船舶险、航次船舶险。前者为 1 年期保险，最短不能少于 3 个月。后者则以一个航次为一个保险责任期限，最多不得超过 30 天，在任何情况下的最长保险期限不得超过 90 天。

（四）根据保险责任范围分类

根据保险责任范围，船舶保险可以分为全损险、一切险、战争罢工保险、油污及其他保赔责任险。在船舶保险中，由于基本保险单承担的责任范围广泛，也有一些附加险以供被保险人选择投保。

第二节　远洋船舶保险

一、适用范围

根据我国保监会审定的国内船舶保险条款规定，凡属企事业单位、个人所有以及与他人共有或租用的在国内内河或沿海从事客货运输的机动或非机动船舶都可投保，但对于投保的船舶有如下限制：①投保船舶须有港监部门签发的适航证明和按规定配备持有职务证书的船员；②营运船舶须有营业执照；③建造或修理中的船舶、试航船舶、石油钻探船、从事捕捞作业的渔船，均不属于本保险范围；④不具有适航条件或船龄在 30 年以上的船舶一般不能投保。

二、保险标的

船舶保险的标的是船舶本身，包括船壳、机器和航行中必备的设备、供具和属具。其中，供具包括燃料、物料、给养；属具包括通讯系统、导航装置以及船上一切设备、用具、舢板、锚链、航海图、航海日志、家具物品、救生用具等。保险标的是保险合同双方当事人要求或提供保险保障的目标或对象。被保险人对于保险标的必须具有保险利益。投保人可以根据实际的利害关系确定投保范围。

三、保险责任范围

在经营实务中，远洋船舶保险一般分为全损险与一切险。全损险是指保险船舶遭受承保风险受损时,只有全部损失或推定全损,保险人才承担赔偿责任;对部分损失,保险人则不负任何责任。一切险是指保险船舶遭受承保风险受损时,不论全部损失还是部分损失,保险人都承担赔偿责任。此外,一切险还负责承担碰撞责任、共同海损和救助报酬等引起的损失和费用。

(一) 船舶全损险的保险责任

本保险承保由下列原因所造成的被保险船舶的全损。

1. 自然灾害

自然灾害包括八级及八级以上的大风、洪水、海啸、地震、崖崩、滑坡、泥石流、冰凌、雷击。其中,对于风力的确定应以当地有关气象部门测定提供的资料为依据。

2. 火灾、爆炸

火灾是指因意外原因导致物体表面温度持续达到或超过其燃点温度形成氧化反应,并发生在时间或空间上失去控制的燃烧所造成船舶的损失。爆炸分为物理性爆炸和化学性爆炸。

3. 碰撞、触碰

《中华人民共和国海商法》(以下简称《海商法》)第一百六十五条第一款规定:"船舶碰撞,是指船舶在海上或者与海相通的可航水域发生接触造成损害的事故。"最高人民法院《关于审理船舶碰撞和触碰案件财产损害赔偿的规定》规定:"'船舶碰撞'是指在海上或者与海相通的可航水域,两艘或者两艘以上的船舶之间发生接触或者没有直接接触,造成财产损害的事故。'船舶触碰'是指船舶与设施或者障碍物发生接触并造成财产损害的事故。"

4. 搁浅、触礁

搁浅是指船舶航行或停泊中遭遇意外使船舶底部与河床、海底紧密接触,失去继续航行能力,并造成停航 12 小时以上或致船舶损坏。船舶遭遇危难时,为避免全船沉没或防止扩大事故损失而有意冲滩搁置所致的损失也可视为搁浅处理。它不包括"共同海损"行为所致的抢滩搁浅。触礁是指船舶在航行中船底或船身触碰或搁置在礁石上并由此造成被保险船舶的损失,船底触碰到水下沉船、木桩等水下障碍物也视同触礁。

5. 倾覆、沉没

倾覆是指船舶遭受自然灾害或意外事故致使船身倾侧翻倒,失去正常状态,非经施救或救助不能恢复正常状态和继续航行。沉没是指船舶在正常状态下浮于水面的部分沉入水下,不能发挥其原有性能,致使船舶失去浮力而沉入水下。根据交通部门规定,船舱内进水失去浮力,致使货船、驳船的干舷甲板、机动船舶的最高一层连续浸泡 1/2 以上者,即构成沉没。

6. 船舶失踪

《海商法》第二百四十八条规定:"船舶在合理时间内未从被获知最后消息的地点抵达目的地,除合同另有约定外,满两个月后仍没有获知其消息的,为船舶失踪。船舶失踪视为实际全损。"但是在实务中,保险人认定船舶失踪是指船舶在起航后下落不明,超过 6 个月以上仍未得到其行踪消息。若船舶不在航行中,而是在码头、港口、岸边停泊中丢失,不属于失踪责任。

7. 来自船外的暴力盗窃或海盗行为

此类海上风险过去被列为战争险的责任范围。随着海上航运的发展和船舶保险提供保险保障的需要,现在国际上各船舶保险条款均把其列入承保范围,并扩大了风险范围。只要是来自船外的暴力盗窃,不论是否属于海盗行为引起的损失,保险人均予赔偿。

8. 抛弃货物

抛弃货物是指在被保险船舶遭遇海上危险时,为了保证船舶以及所载货物的利益和安全而采取的一种行为。例如,因抛弃货物使船舶失去稳定性而倾覆沉没,并构成实际全损或推定全损。

9. 核装置或核反应堆发生的故障或事故

在现代海上航运中,核动力的应用日益广泛,由此发生故障或事故致使被保险船舶全损的危险必然存在,故其已成为船舶保险的保险责任的组成部分。

(二) 船舶一切险的保险责任

船舶一切险除承保船舶全损险的全部保险责任外,还承担部分损失、共同海损分摊、救助费用和施救费用。

1. 部分损失

全损险所承担的风险责任均是在船舶发生全部损失的情况下的保险责任,而当船舶仅发生部分损失,需要修理换置时,由船舶一切险承担。

2. 共同海损分摊

共同海损是指在内河、沿海运输中,船舶及其所载货物遭遇灾害事故发生共同危险时,为维护船方、货方、运输方的共同安全,或为保证继续完成航程,船长有意识地、合理地采取抛弃货物,减轻船舶负荷等措施所产生的特殊牺牲和特殊费用,这些牺牲和费用由船货各方按获救价值比例分摊的过程。构成共同海损的条件包括:①船、货及运费处于共同危险中,采取的措施为各方的共同利益,危险必须真实存在,不可预测或不可避免;②损失是有意识做出的特殊牺牲或引起的额外费用;③措施合理而有效。保险人负责赔偿被保险船舶应分摊的部分。如果被保险船舶发生共同海损牺牲的,保险人赔偿全部损失,而无须被保险人先行向其他各方索取分摊额。

3. 救助费用

救助费用是保险船舶由于承保风险遭遇海损事故,依靠本船的力量无法摆脱困境,只好委请第三方给予救助,由此而发生的费用属于救助费用(这个第三方可以是姐妹船、过路船或专业救助公司的船舶)。构成海难救助须具备的要件包括:①具有实际的救助对象;②救助对象须处于实际的危险之中;③救助是由遇难船舶意外的外来力量进行的。上述这些救助费用由保险人负责赔偿。

4. 施救费用

施救费用指保险标的在遭遇保险责任范围内的灾害事故时,被保险人为避免或减少损失,采取必要合理的措施进行施救所支付的费用,保险人予以赔偿。而且,保险人对此承担的赔偿责任是在船舶保险其他条款规定的赔偿责任之外,但不得超过船舶的保险金额。

上述共同海损分摊费用、施救费用及救助费用之和的累计最高赔偿额以不超过船舶损失险的保额为限。

（三）除外责任

保险船舶由于下列情况所造成的损失、责任及费用，保险人不负责赔偿。

（1）船舶不适航，包括人员配备不当、装备或装载不妥，但以被保险人在船舶开航时，知道或应该知道此种不适航为限。不适航有两个含义：一是船舶本身的不适航，包括船舶的机械性能、结构、设备等技术状态不符合船级的规范要求，以及船舶航运时应具备的技术要求；二是保险特定要求规定的不适航。

（2）被保险人及其代表的疏忽或故意行为，例如丢弃船舶、纵火焚烧、凿破船底、有意触礁与碰撞等，保险人均不能负责赔偿。

（3）被保险人恪尽职责应予发现的正常磨损、锈蚀、腐烂、保养不周或材料缺陷，包括不良状态部件的更换和修理。

（4）超载、浪损、搁浅引起的事故损失。其中，超载是指船舶实际装载量超过该船按吨位丈量规范计算核定的载重量吨位；浪损是指风力小于八级风形成的浪，或船舶航行时掀起的余浪造成船舶损失；搁浅是指船舶在浅水区停泊因潮汐变化使水深小于船舶吃水而自然坐落在河床或水底上。

（5）清除障碍物、残骸及清除航道费用。

（6）列明的不负责任赔偿的财产。

 专栏 5-1

航运保险迎来发展春天

近日，国家海洋局工作人员在"桑吉"轮沉船点周边海域继续开展现场监测，共采集了17个站位的水样。监测结果显示：海水中的石油类物质浓度均符合第一类标准。"桑吉"轮清污工作正在紧张有序推进，人们对"桑吉"轮事故关注重心开始从事件本身向外发散，航运业面临的高风险再次摆在世人面前，航运保险再次成为了人们关注的焦点。

目前，我国航运经济发展迅猛，但作为航运"安全闸"的航运保险却一直处于"大而不强"的现状。近年来，我国航运保险运营机构普遍亏损，大部分航运保险机构在面临盈利压力的同时，还需要应对自保公司拦路"抢饭碗"的情况，航运保险占比始终很低。随着"一带一路""水上交通强国"建设的深入推进，"走出去"的航运业对风险保障的需求急速上涨，航运保险发展迎来了春天。

行业需整体快速破茧而出

航运业是高风险的投资产业，航运保险作为航运业的一种保障、补偿和风险管理机制，在航运中起着不容忽视的作用。

现阶段，我国 90% 以上的原油、铁矿石、粮食、集装箱等进出口货物都是通过海运完成的，航运安全对于我国经济和世界经济都有十分重要的影响。航运保险是航运安全重要保障和航运金融重要支撑的同时,也是推动国际金融和国际航运发展的重要动力。

由于起步晚、发展慢,我国航运保险市场还不够成熟,2016 年,居于航运险首位的人保财险海上保险保险费规模占其总体保险费规模比例不足 3%。随着亚太地区港口、航运的快速发展,我国航运保险市场也开始进入发展快车道。

2016 年前后,全球航运保险发展形势就出现了区域差异化现象,航运保险市场存在向亚太地区转移的趋势,已是全球第一大船舶险市场以及全球第二大货运险市场的中国,是航运保险中心东移的主要"目的地"。

受累于全球航运贸易形势的恶化和大宗商品市场的剧烈震荡,过去十几年,全球船舶险费率已下降了约 32%,国际航运业持续处于冰点,全球航运保险需求持续疲弱。与国际市场的低落形成鲜明对比,亚太地区航运保险的市场却是连续多年快速上升,份额已超过全球的 1/4。

2016 年,在南中国海、越南、中南半岛、菲律宾、日本、朝鲜半岛等水域,共损失 34 艘船舶,占全球总损失额的近 40%。安联集团旗下安联全球企业及特殊风险发布的《2017 年安全和航运报告》也指出,东亚或东南亚海域是全球海损事故的高发地之一。航运保险在亚太地区有很大的市场发展空间。其中,航运保险中心东移的主要"目的地"——中国,对航运保险的需求更是迫切,航运保险发展刻不容缓。

据交通运输部公开消息,截至 2017 年 6 月 30 日,我国仅国内沿海省际运输油船、化学品船、液化气船载重已分别高达 994.73 万吨、105.93 万吨、22.03 万吨,航运保险市场潜力巨大。但是由于行业体系不够成熟,航运保险目前仍然面临不少"短板"。

公共信息平台缺少、航运专业人才不足、境内保险条款落后导致国际话语权缺乏等问题依然限制着我国航运保险的市场服务能力,我国市场期待着一个发展质量更高、竞争实力更强的航运保险业快速"破茧而出"。

区块链或造就市场新格局

互联网技术已成为航运保险寻求突破创新的法宝,而区块链技术无疑是其中最受行业关注、期待的技术之一。目前,已有多家机构在航运保险领域试水区块链技术,希望通过区块链技术降低经营成本,提升行业效率。

2017 年 9 月,全球最大的集装箱承运公司马士基集团,联合全球四大会计师事务所之一的安永会计师事务所、区块链公司 Guardtime 以及三家保险机构,共同宣布创建全球首个航运保险区块链平台,并计划于 2018 年开始正式投入使用。一时间,区块链将改变航运保险市场格局的消息在业界广为流传。

区块链究竟有何魔力,何以受到业界如此追捧?记者了解到,目前,航运保险的生态链较为复杂,往往涉及跨国业务。参与方众多往往导致信息传输需时较久、各类文件和复印件繁多、交易量大、对账困难,进而形成数据透明度低,合规与精准风险敞口管理难的现象。区块链技术在可以很好解决数据传播中的隐私保护及商业信息安全问题的前提下,其可溯源性和共享机制能在源头上进一步保障交易可信度的同时,使保险服务流程更透明。应用了区块链技术的平台能通过连接不同的数据和流程,减少手动数据输入,进而减少因信息不一致、不对称而带来的风险。

以马士基等集团共同开发的区块链平台为例,该区块链平台是基于微软 Azura 全球云技术,经过 20 周的概念验证而打造,能够连接客户、代理商、保险商以及第三方来建立共有账本。该账本上记录了身份、风险和承担的数据,并将这些信息与保险合同融合起来。此外,该平台还具有将数据与政策合同相结合、接收并处理影响定价或商务程序变化的信息、获取和验证更新的通知或损失数据等功能。

"航运保险区块链平台以云计算技术为基础,结合区块链技术,将航运保险各方联系起来,大幅提高资本的效率性,提升透明度,减少行政管理成本和人工数据录入等工作。"安永会计师事务所亚太区保险业主管合伙人赵晓京接受媒体采访时表示。

值得注意的是,区块链技术亦存在不容忽视的短板问题。要想让区块链在航运保险、航运业中"遍地开花",更好地服务航运保险,区块链社会公信力不足、统一标准缺乏等问题亟待解决,其中,区块链技术公信力的尽快建立又是重中之重。

在数据就是生产力、信任就是驱动力的现代,要想让信息保守性较高的航运保险业普遍接受区块链技术,通过集体约束、监督促进行业信息化发展,政府政策扶持、龙头企业带动、中小企业跟进、社会各界支持缺一不可。航运保险在这一领域的革新征程还有较长的一段路要走。

尽管目前区块链技术还有待发展,在航运保险业的应用也还处于试水初期,但是业界对区块链普遍看好。

"利用技术将我们与保险市场的互动进行优化和自动化,对我们来说是头等大事。"马士基集团风险与保险的负责人 Lars Henneberg 在接受媒体采访时表示:"目前的保险交易太过繁琐和麻烦。风险与资本之间的距离简直太远了。区块链技术有能力加速这些早该进行的改革。"

新时代航运保险的发展,需要用新思维迎接挑战

作为全球货物吞吐量最大的港口,上海航运保险的发展却低于世界平均水平。显然,自贸区建设给航运保险的快速发展鼓足了"东风"。上海自贸区成立后,对金融、航运、商贸、专业、文化及社会服务六大领域实行开放政策,为企业提供便利的服务以及各项优惠政策,从而吸引了大批国内外企业在自贸区成立公司,其中就包括较多的航运和物流企业。

互联网影响下,贸易方式发生着革命性的变化,贸易主体由大型贸易商越来越多地转变为中小商户和个人,传统的保险运营模式及产品已无法满足电商模式下跨境贸易的需求,如何针对互联网贸易特点,开发出方便快捷、透明保权的险种,已是航运保险企业不容忽视、刻不容缓的机遇和挑战。

据媒体报道,2016 年,中国进出口跨境电商(含零售及 B2B)整体交易规模达到 6.3 万亿元,同比增长 23.5%,2017 年,中国进出口跨境电商整体交易规模预计将达到 7.5 万亿元,至 2018 年,中国进出口跨境电商整体交易额预计可达 8.8 万亿元。

令人可喜的是,已经有航运保险企业开始转变思维,主动走出去。华泰财险航运保险中心总经理何江海接受媒体采访时说:"2016 年,华泰财险为'一带一路'工程项目提供了 300 多亿元人民币的风险保障,涉及 7 个项目的货物运输保险。2017 年,华泰共参与'一带

一路'项目达43个,承保保额达1156亿元人民币,其中为一项'中巴经济走廊'的重点合作项目提供了达13亿美元的风险保障,保障范围包括货物运输险及其项下延迟完工险、工程险及项下延迟完工险。在承保前和承保后都为企业提供了很多帮助。"

面对航运保险新挑战,何江海说:"随着航运经济的复苏、'一带一路'国家倡议深入推进、互联网创新领域的快速发展等,航运保险市场释放出的保险需求将进一步扩大,市场需求也会倒逼企业创新险种,航运保险原有格局将被打破,进而逐渐展现出一番新景象。"

"一带一路"倡议提供新契机

近些年来,中国的航运业发展迅速,继2012年成为世界第一造船大国后,2013年中国又成为世界第一货物贸易大国。2017年,全球港口货物吞吐量前十名单中,中国占据了7席。强大起来的航运经济很大程度上带动了航运保险的发展,与此同时航运经济也需要一个强大的航运保险市场作后盾、夯基础。

自"一带一路"倡议提出至今,"一带一路"建设为航运保险加速发展提供了前所未有的重大机遇,它为中国企业"走出去"提供了新引擎,为国际经贸、投资往来提供了新动力,亦为航运业发展带来历史性的新契机。

同时,"海上丝绸之路"的顺利推进需要航运保险在产品、服务、技术等方面的积极创新。航运保险应为"一带一路"各合作机构提供更实际、更便利、更高效的风险保障和服务支持,进而为我国与"一带一路"沿线国家的双边和多边经贸活动提供更高层次、更多类型、更广范围的保险服务。

"航运保险业需要不断提高自身发展站位,不断提升自身国际竞争力,在深化'一带一路'建设的伟大事业中,承担更大责任,发挥更大作用。"上海保监局党委书记、局长裴光在2017上海航运保险国际论坛上说道。

中国保监会原党委副书记、副主席周延礼也曾公开表示,我国正进入经济社会发展转型的关键时期,航运保险业要直面国内外经济形势的严峻挑战,牢牢抓住"十三五"建设的战略机遇期,通过不断创新谋求行业持续健康发展,打造具有全球资源整合能力的现代航运保险市场,建设具有强大话语权的现代航运保险监管体系,进一步提升与航运业现代化相适应的现代航运保险服务能力,实现航运业和保险业的发展共赢。

百年未有的大变局,是大机遇,更是大挑战! 由大到强的航运保险新发展时代,是新方位,更是新长征。无论现在还是未来,无论国家、企业还是个人,保险业都将在其运行轨迹中有深刻的影响,这是时代发展的必然,亦是其光荣的使命。

(资料来源:中国水运网)

四、保险期限

船舶保险分定期保险和航次保险,定期保险是以时间为承保起止期限;航次保险是以船舶起驶港到目的港为保险承保起止期限。

（一）定期保险

定期保险的期限最长为 1 年，起止时间以保险单上注明的日期为准。保险到期时，如被保险船舶尚在航行中或处于危险中或在避难港、中途港停靠，经被保险人事先通知保险人并按日比例加付保险费后，船舶保险继续负责到船舶抵达目的港为止。保险船舶在延长时间内发生全损的，需另缴 6 个月保险费。

（二）航次保险

航次保险按保险单订明的航次为准，起止时间按下列规定办理。

1. 不载货船舶

自起运港解缆或起锚时开始至目的港抛锚或系缆完毕时终止。

2. 载货船舶

自起运港装货时开始至目的港卸货完毕时终止，但自船舶抵达目的港当日午夜零点起最多不得超过 30 天。

五、保险金额的确定

船舶保险保险金额的确定依据有以下三种。

1. 新船按出厂价确定

除新船以外，使用年限不久（指符合规定的，如钢质船舶使用 5 年以内，木质船舶使用 3 年以内等）的船舶也视为新船，按出厂价格确定保险金额。新船的保险价值按重置价值确定，重置价值是指市场新船购置价。

2. 旧船按实际价值或由保险双方协商或按船东会计账面净值确定

旧船的保险价值按实际价值确定，保险金额按保险价值确定，也可以由保险双方协商确定，但保险金额不得超过保险价值。实际价值是指船舶市场价或出险时的市场价。

3. 个体船舶按实际价值的成数确定，最高不超过 70%

除此之外，船舶保险金额的确定还应考虑船舶的使用年限、新旧程度、船体结构及船舶用途等因素。

六、保险费率

船舶保险费率采用类别级差费率。保险人一般根据航行水域的风险大小将其划分为平流、半急流、急流三大类别，同时再根据不同种类船舶的风险因素综合考虑，然后才制定出级差费率。

在制定船舶保险的级差费率时，必须考虑如下因素：船舶种类结构、吨位大小、新旧程度、航行区域、使用性质等；损失记录和赔付率情况；国际船舶保险市场的费率标准。

由于船舶保险只有一个保险金额，附加险也不发达，使得船舶保险的保险费计算较其他运输工具保险及火灾保险等要相对简单一些。其保险费是根据保险金额乘以适当费率的方式计收。

七、索赔和赔偿

被保险事故或损失发生后,被保险人需提供保险单、港监签证、航海(行)日志等列明的索赔单证。被保险人在两年内未向保险人提供有关索赔单证时,保险人不予赔偿。

(一)实际全损和推定全损

(1)被保险船舶发生完全毁损或者严重损坏不能恢复原状,或者被保险人不可避免地丧失该船舶的,视为实际全损,按保险金额赔偿。

(2)保险船舶在预计到达目的港日期超过两个月尚未得到其行踪消息的,视为实际全损,按保险金额赔偿。

(3)保险船舶实际全损似已不能避免,以及恢复、修理、救助的费用或者这些费用的总和超过保险价值时,在向保险人发出委付通知后,可视为推定全损,不论保险人是否接受委付,按保险金额赔偿。保险人接受了委付,本保险标的属保险人所有。保险人拒绝接受委付时,不影响其对推定全损的赔偿义务。保险人接受委付时,船舶所有权及附带的义务和责任将转移给保险人。

(二)部分损失

(1)对船舶保险项下海损的索赔,以新换旧均不扣减。

(2)保险人对船底的除锈或喷漆的索赔不予负责,除非与海损修理直接有关。

(3)船东为使船舶适航做必要的修理或通常进入干船坞时,被保险船舶也需就所承保的损坏进坞修理,进出船坞和船坞的使用时间费用应平均分摊。如船舶仅为保险人所承保的损坏必须进坞修理时,被保险人于船舶在坞期间进行检验或其他修理工作,只要被保险人的修理工作不曾延长被保险船舶在坞时间或增加任何其他船舶的使用费用,保险人不得扣减其应支付的船坞使用费用。

(4)被保险人为获取和提供资料及文件所花费的时间和劳务,以及被保险人委派以其名义行事的任何经理、代理人、管理或代理公司等的佣金或费用,保险人均不给予补偿,除非经保险人同意。

(5)凡保险金额低于约定价值或低于共同海损或救助费用的分摊金额时,保险人对本保险承保损失和费用的赔偿,按保险金额在约定价值或分摊金额所占的比例计算。

(6)被保险船舶与同一船东所有,或由同一管理机构经营的船舶之间发生碰撞或接受救助,应视为第三方船舶,保险人予以负责。

八、典型案例

[**案例5-1**] 某年10月,原告F将其所有的A轮向保险公司投保渔船保险,条款约定航行区域为二类,保险期限为1年。次年4月30日,该轮从大连甘井子港装载486吨润滑油驶往山东烟台龙口港,航行至老铁山水道时,由二副W担任值班驾驶员(W持有Z省港监签发的200~1 600总吨近岸航区船长证书,即C类船员适航证书)。因海上有雾,能见度差,该轮在渤海湾水域被一不明国籍的横越大轮碰撞右舷致船体破裂进水沉没,船舶和船

载润滑油均全损,船员被救脱险。事故发生后,原告向船舶保险人报案,要求保险人按全损予以赔付。

保险公司以事故航次的值班驾驶员 W 虽持有 C 类船员适航证书但不能胜任该渤海湾航次的二副职务,属船员配备不适航,船舶强度与结构上的不适航,被保险人违反保险合同的诚实信用原则,故意不履行如实告知义务(船舶建造年月)为由,不予赔偿。原告遂向有管辖权的海事法院提起诉讼,要求被告赔偿 A 轮的船舶保险款 120 万元及利息损失。

案情分析:双方诉争的焦点集中在两方面:①投保人以船舶改建日期作为船舶建造日是否违反告知义务。如果违反该义务,保险人是否应承担保险责任。②持有 C 类船员适航证书的船员可否在渤海湾海域航行。如果二副 W 在渤海湾航行构成不适航,保险公司可以拒赔;如果不构成不适航,则保险公司拒赔理由将难以成立。

对于第二个问题,海事法院向主管部门——中华人民共和国交通部港务监督局提交书面请示报告,该局的答复是:"北起大连港、南至威海港的海域内,未满 1 600 总吨的船舶航行于沿岸各港间可由持有 C 类海船船员适任证书者担任相应的职务。"

据此,海事法院一审认为,原告、被告之间的船舶保险合同依法成立,对双方均有约束力。原告投保的 A 轮在本航次中,主要职务船员配备齐全合格,二副 W 担任值班驾驶员履行其职责,符合中华人民共和国交通部港务监督局的有关规定,该船本航次职务船员配备是适航的。原告主张该起海损事故属于保险人赔偿责任范围应予以赔付及支付逾期付款利息的诉讼请求,理由正当,予以支持。

被告保险公司不服一审判决,以"事故航次 A 轮船员配备不适航,船舶强度与结构上不适航,被保险人故意不履行如实告知义务而具有欺诈性,一审法院适用法律有失公正"等为由向高级人民法院提起上诉。

二审期间,高级人民法院就渤海湾船员配置问题向交通部请示。交通部认为,北起大连港、南至威海港的海域内,未满 1 600 总吨的船舶航行于沿岸各港间受"距岸不超过 50 海里、距船籍港不超过 400 海里"的限制,其他地区船舶可不受"距岸不超过 50 海里、距船籍港不超过 400 海里"航区限制。

二审法院遂认为,被保险人 F 依据船舶检验证书填写保险单的有关内容不存在欺诈行为,其与保险人订立的船舶保险合同,应认定有效。但被保险人所属的 A 轮的二副 W 挂有 z 省港航监督局签发的 200～1 600 总吨近岸航区适任证书,其在本案事故发生地渤海湾海域航行,违反了国家交通部的有关规定,属超区航行,故 A 轮在事故发生当时船员配备不适航。对于因船舶碰撞造成的损失,保险人提出的"事故航次 A 轮船员配备不适航,其不应承担赔偿责任"的上诉理由成立,应予支持。遂判决:撤销一审判决,并驳回被上诉人 F 的诉讼请求。

本案启迪:本案涉及海上保险合同的如实告知义务、船舶适航等法律问题。

(1)被保险人的如实告知义务。在保险合同订立过程中,被保险人对保险人负有告知义务。根据《保险法》第十六条的规定,投保人承担有限告知义务,即投保人仅就保险人对保险标的有关情况的询问作如实告知。根据《海商法》第二百二十二条的规定,被保险人负有无限告知义务,即知道或应当知道影响保险人确定是否接受承保以及据以确定保险费率的重要情况,被保险人须如实告知。《保险法》和《海商法》均规定,被保险人(或投保人)非故意违反告知义务,保险人虽有解除合同的选择权,但没有溯及力,对解除合同前的事故仍负有赔偿责任;但被保险人故意不告知,保险人有权对解约前保险事故造成的损失不负赔偿责任。本案重点是被保险人是否如实告知保险标的——船舶的建造日期。该轮于20世纪70年代中期建造,90年代中期改建完毕后,经船舶检验部门检验,检验站在检验证书的建造年月填写为1994年某月,投保人填写的建造日为1994年。笔者认为,船舶改建事实上足以影响船舶的结构和强度,营运20年后再改建的船舶,其后来改建日不能作为船舶建造日。船舶改建完全影响到船舶的结构强度,对保险人是否接受承保以及据以确定保险费率有重要影响,其构成必须告知的重要情况,被保险人应当告知保险人。本案被保险人未告知此重大情况,其未尽到如实告知义务。

(2)船舶适航。《海商法》意义上的船舶适航并无明确定义,1906年的《海上保险法》将适航规定为无需写明的默示保证,并区分了航次保险、定期保险、航次各阶段等具体情形下的适航要求。其基本含义是船舶应在各方面合理装备以抵御被保险航程中通常出现的风险。通常认为,船舶适航包括船体、船舶设备、燃料供给、船舶证书资料配备、船员配备和货物适装性各方面的适航性。沿海、内河船舶保险单中也相应地明确予以规定构成不适航的因素。本案涉及船体和船员配备是否达到适航标准的实体问题。船员配备合法与否,认定的标准是配备相关技术规范所要求的适任船员。

第三节 沿海内河船舶保险

沿海内河船舶保险与远洋船舶保险相比较,两者在承保范围、保险责任、除外责任、保险金额的确定和赔偿方面均存在不同。

一、保险标的

(一)航行区域

远洋船舶的航区为一类航区,沿海船舶限制在二、三类航区航行,内河船舶则在A、B、C、J航区及湖泊、水库内航行。

(二)标的范围

我国境内合法登记注册从事沿海、内河航行的船舶,包括船体、机器、设备、仪器和索具,但船上配备的燃料、物料、给养、淡水等财产和渔船不属于保险标的范围。

二、保险责任

(一)全损险的保险责任

全损险是指因列明的洪水、地震等18项自然灾害和意外事故造成的船舶的全损,由保险人负责赔偿的一种保险。由于下列原因直接造成保险船舶的全损属于保险责任范围。

（1）八级以上（含八级）大风、洪水、地震、海啸、雷击、崖崩、滑坡、泥石流、冰凌。

（2）火灾、爆炸。

（3）碰撞、触碰。

（4）搁浅、触礁。

（5）由于上述（1）至（4）款灾害或事故引起的倾覆、沉没。

（6）船舶失踪，指船舶在航行期间内，从未被获知最后消息的地点抵达目的地，满6个月后仍没有获知其消息。船舶失踪视为实际全损，但必须具备下列条件：①船舶必须在航行中失踪（停泊在港口期间失踪不算）；②船舶与船员同时失踪；③失踪时间必须在6个月以上。

（二）一切险的保险责任

一切险在全损险的基础上，有条件地扩大了保险责任范围。一切险在保险赔偿责任方面，将全损险对船舶发生全损时才赔偿的责任扩大为船舶发生全损或部分损失时均予负责赔偿；在承保的风险方面，增加了被保险船舶碰撞他船或触碰他物而产生的对第三者依法承担的赔偿责任和被保险船舶发生的共同海损、救助及费用损失的风险等。

1. 碰撞、触碰责任

沿海内河船舶保险碰撞、触碰责任规定如下：对象为对方船舶、对方船载货物、码头、港口设施及航标；碰撞、触碰造成的直接损失和费用，依法应当由被保险人承担的赔偿责任；最多承担3/4碰撞、触碰责任；发生多次碰撞或触碰损失，责任赔偿要累计，不得超过船舶保险金额；承保非机动船在承保拖船拖带时，发生碰撞、触碰责任。

2. 共同海损、救助和施救费用

沿海内河船舶保险对三种费用的赔偿，累计最高赔偿额以不超过保险金额为限。

三、除外责任

除外责任是指本保险条款中列明的保险人不负赔偿的责任，包括以下几个方面。

（1）船舶不适航、不适拖。

（2）船舶正常的维修、油漆，船体自然磨损、锈蚀、腐烂及机器本身发生的故障等。

（3）浪损、搁浅。

（4）被保险人及其代表（包括船长）的故意行为或违法犯罪行为。

（5）清理航道、污染和防止或清除污染的责任和费用，水产养殖及设施、捕捞设施、水下设施、桥梁的损失和费用。

（6）因保险事故引起被保险船舶及第三者的间接损失和费用，以及人员伤亡或由此引起的责任和费用。

（7）战争、军事行动、扣押、骚乱、罢工、哄抢和政府征用、没收。

（8）其他不属于保险责任范围内的损失。

四、保险金额

（一）保险价值与船龄相关

船龄在 3 年（含 3 年）以内的船舶视为新船，新船的保险价值按重置价值确定。船龄在 3 年以上的船舶视为旧船，旧船的保险价值按实际价值确定。重置价值是指市场新船购置价，实际价值是指船舶市场价格或出险时的市场价格。

（二）保险金额与保险价值相关

保险金额可按保险价值确定，也可以由保险双方协商确定，但保险金额不得超过保险价值。船舶保险金额的确定还应考虑船舶的使用年限、新旧程度、船体结构及船舶用途等因素。

五、索赔与赔偿

发生保险索赔时，被保险人需提供保险单、港监签证、航海（行）日志等列明的索赔单证。由于沿海内河船舶保险是不定值保险，保险赔款的确定与远洋船舶保险不同，总的原则是被保险人不能通过保险获得额外的收益。

（一）全部损失

船舶全损按照保险金额赔偿，保险金额高于实际价值时，以不超过出险当时的实际价值计算赔偿。

（二）部分损失

（1）新船按实际发生的损失、费用赔偿，但当保险金额低于保险价值时，按保险金额与该保险价值的比例计算赔偿。

（2）旧船按保险金额与投保时或出险时的新船重置价的比例计算赔偿，两者以价高的为准；部分损失的赔偿金额以不超过保险金额或实际价值为限，两者以低的为准。但无论一次或多次累计的赔款等于保险金额的全数时（含免赔额），则保险责任即行终止。

（三）碰撞、触碰责任

船舶保险碰撞、触碰责任的赔偿累计不得超过船舶保险金额。

（四）共同海损、施救及救助

沿海内河船舶保险对三种费用的赔偿，累计最高赔偿额以不超过保险金额为限。

六、其他规定

（1）保险船舶发生保险事故的损失时，被保险人必须与保险人商定后方可进行修理或支付费用，否则保险人有权重新核定或拒绝赔偿。

（2）船舶失踪的，保险人自船舶在合理时间内从获知最后消息的地点到达目的地时起 6 个月后立案受理。

（3）保险人对每次赔款均按保险单中的约定扣除免赔额（全损、碰撞、触碰责任除外）。

（4）保险船舶遭受全损或部分损失后的残余部分应协商作价折归被保险人，并在赔款中扣除。

七、附加险

沿海内河船舶保险主要有以下九种附加险。

（1）船主对旅客责任保险。

（2）船东对船员责任保险。

（3）1/4 碰撞、触碰责任险。

（4）3/4 碰撞、触碰责任险、共同海损、施救及救助保险。

（5）螺旋桨、舵、锚、锚链及子船单独损失保险。

（6）拖轮拖带责任保险。

（7）附加油污责任保险。

（8）附加承运货物责任保险。

（9）附加第三者人身伤亡责任保险（港澳航线）。

八、典型案例

[**案例 5-2**]　某年 9 月 13 日，山东省烟台市某海运公司与某保险公司就"新世纪"轮船承保，通过传真相互传递了投保单和保险单，保险险别为国内船舶险；保险金额为 2 600 万元；保险费为 15.6 万元；航行范围为烟台；船籍港为烟台；保险期限为 12 个月。

同年 11 月 1 日，某保险公司根据原被保险人与上海船务公司的申请变更被保险人，另行出具了一份新保险单，除了保险金额、保险费不变之外，被保险人改为上海某船务公司；船籍港改为上海；航行范围变为上海至舟山、普陀山；保险期限由 12 个月改为从同年 11 月 1 日零时起至次年 10 月 31 日 24 时止；承保险别改为"沿海内河船舶保险一切险"。

同年 11 月 21 日，被保险人申请将第一受益人改为上海浦东发展银行某支行，其注明的保险单号为新保险单号，但保险险别注为"船舶"；同日，某保险公司签发批单，同意该申请，在保险险别一栏也注明为船舶险。

次年 2 月 13 日，"新世纪"轮船在航途中因吸入芦苇、绳索等物，致机舱右喷水叶轮内绞入漂浮物，导致右主机第三缸 B 排组活塞咬缸、活塞头与活塞裙的连接螺栓拉断，使连杆伸出缸套，撞击机架和油底壳，洞穿机架、油底壳及滑油冷却器，使曲轴变形，连杆断裂，缸套及 A 排活塞、缸套连杆损坏。被保险人以船舶航行途中触碰漂浮物引起主机爆炸，请求保险人赔偿，保险人认为不属保险责任，因而拒赔，引起诉讼。

案情分析：一审法院判决认为，鉴于目前尚无法证实国内船舶保险条款明确将本案中"新世纪"轮船发生的事故排除在碰撞之外，故根据《保险法》第三十一条的规定，对于保险合同的条款，保险人与投保人、被保险人或者受益人有争议时，人民法院或者仲裁机关应当作有利于被保险人和受益人的解释。被告应当依约就"新世纪"轮船遭受的保险责任事故向原告做出相应的赔偿。一审法院将芦苇等漂浮物视同浮动物体；将机器吸收芦苇的事故视同船舶触碰；进而视为船舶碰撞，实际上是对保险条款作了连续三次扩张解释后判决保险人承担赔偿责任。经二审法院主持调解，最后以当事双方各承担 50% 损失结案。本案虽已结案,但案中的争议问题却很值得深入探讨。

船舶碰撞属于船舶保险责任范围,所谓碰撞,是指船舶与船舶之间发生猛烈的直接撞击。船舶与本身以外的固定物体和浮动物体或与他船的锚及锚链发生猛烈的直接接触也被视为碰撞责任。

船舶保险第三者责任是指由于保险的机动船舶或其拖带的保险船舶在行驶过程中与他船、他物发生直接碰撞责任事故,致使被碰撞的船舶及所载货物或者被碰撞的码头、港口设备、航标、桥墩、固定建筑物遭受的经济损失。

基本险中提的"固定物体和浮动物体"是指特定物体还是包罗万象的无限概念,船舶责任险对此做出了限定,即"码头、港口设备、航标、桥墩、固定建筑物"。同属触碰,在同一保险条款中却有两种范围完全不同的结果。然而,依照保险法的基本原理,基本险承保的风险范围不可能大于附加责任险承保的风险范围;而且基本险的风险范围原则上应是可预测的,有明确范围的。因此,基本险中的船舶触碰风险范围应当小于在附加责任险中的范围。因为前者的保险费率是固定的,后者则是浮动的。本案保险单条款中"碰撞"是基本险;"碰撞责任"属责任险,本质上属于特别附加险。法院对保险条款的扩张解释,实际上是扩大了保险责任范围。保险范围与保险费率成正比,任何险种的保险责任都是有一定范围的,而绝不可能是无限范围的。

"固定物体和浮动物体"这种抽象概念使得保险人承保的风险大为增加,如果不对此问题加以明确规定、解释,将来保险人很可能面临巨大风险却并不能据此收取应得的附加保险费,实际上是在保险费不变的情况下扩大了保险责任范围,长此下去将会影响保险公司的持续经营。

本案启迪:保险责任是保险人所承担的具体的风险项目,责任免除是保险人不予承担的风险项目。保险人在设计保险条款时,必须认真制定保险责任和责任免除的具体内容,合同条款的规定必须明确,没有歧义,从而避免承担无限制的风险责任,最终影响保险经营的稳定性。本案中保险合同条款不严谨,给保险公司带来了巨大损失,因此,保险人应当考虑修改船舶保险合同中有关船舶触碰固定物及浮动物术语,将这些术语用明确具体的概念取代,并将船舶触碰固定物与浮动物的风险作为特别附加责任险另行投保,另行确定此种险别的附加保险费,以平衡保险当事人双方的权利和义务。

第四节　船舶战争、罢工保险

一、概述

船舶战争、罢工保险,简称船舶战争险,包括战争风险和罢工风险两方面的风险。该险种主要承保由于战争敌对行为或武装冲突造成的损失,或者由于上述原因引起的捕获、拘留、扣留、禁制、扣押造成的损失,以及各种常规武器造成的损失。此外,战争结束后,一些海域留下来的炸弹、水雷虽经扫海仍未引爆,后来船舶通过时不幸触碰,发生爆炸,也属此险范围。

　　船舶战争险是一种附加险,在船舶保险条款中列入除外责任。如果投保人为了避免因战争等行为而发生的损失,可以在投保全损险或一切险后,再加保船舶战争险。经保险公司同意,并加付一定保险费后,保险公司在保险单上注明"加保战争险"字样,这一附加险即生效。

　　船舶战争险承保的是和平时期的战争风险,而不是战争时期的风险。我们根据战争的范围、规模等将船舶战争险中的战争分为三种情况:一是强国之间的冲突很可能导致世界大战;二是强国之间处于和平时期,世界相对和平;三是强国之间处于和平时期,但在世界的局部地区爆发战争,或者存在武力袭击或干涉商船的情形。船舶战争险保险人只承保第二种和第三种情况下的战争风险,即和平时期的战争风险。

二、责任范围

　　本保险承保由于下述原因造成被保险船舶的损失、碰撞责任、共同海损和救助或施救费用。

　　(1) 战争、内战、革命、叛乱、内乱等敌对行为。

　　(2) 扣留、扣押、没收或封锁,从发生之日起 6 个月才受理索赔。扣留和扣押均指在战争或敌对状态下限制船舶使用的行为,一般民事纠纷引起的司法上的船舶扣押不在此列。没收是指在战时国家对战时违禁品或企图运往封锁区的供应品所采取的强制剥夺的行为。封锁是指有关的敌对国家以武力阻挡对方国家的船舶进入某一区域的行为。由于在扣留、扣押、没收、封锁的情况下,被保险船舶的命运常常需要经过一段期间才能得到肯定的答案,因此,对于此类赔案,保险单规定应在赔案发生起满 6 个月才予以受理。

　　(3) 常规武器导致的损失。常规武器是指除了核武器、生物武器、化学武器等大规模毁伤性武器以外的各种武器的总称。

　　(4) 罢工、被迫停工等类似事件。罢工是指是工人为了表示抗议,而集体拒绝工作的行为。罢工人员的过激行为会损害海上财产,所以保险人对此损害负责赔偿。

　　(5) 民变、暴动或其他类似事件。民变是民众进行各种形式的聚众反抗斗争。暴动为反抗当时的统治制度、社会秩序而采取的集体武装行动。

　　(6) 任何人怀有政治动机的恶意行为。与前面五大范围较明确相比,这种怀有政治动机的恶意行为比较复杂。

三、除外责任

　　由于下列原因引起被保险船舶的损失、责任或费用,本保险不负赔偿责任。

　　(1) 原子弹、氢弹或核武器的爆炸。原子弹、氢弹或核武器等非常规武器对世界安全的影响极大,这类武器可能产生的赔偿责任也将是巨大的,已经超出了保险人所能承受的范围,因此保险人不予赔偿。

　　(2) 由被保险船舶的船籍国或登记国的政府或地方当局所采取或命令的捕获、扣押、扣留、羁押或没收。本国政府的扣留或没收一般均有一定的法律依据,是一种战时的法律行为。对于保险中的可保利益要求必须是一种合法的利益,扣留或没收通常是由于违反本国法律产生的结果,因此不能得到保险人的赔偿。

(3) 被征用或被征购。征用实际上是国家对船舶强行雇用的一种行为,即被保险人的国家依其目的对被保险船舶的营运进行控制的行为。船舶在征用期间一般能得到政府的经营损失补偿,因此不应再通过保险人取得补偿。征购是政府通过行政命令对被保险船舶进行的强行购买行为。

(4) 联合国安理会常任理事国之间爆发的战争(不论宣战与否)。联合国安理会常任理事国包括中国、法国、俄罗斯、英国、美国。这五个国家不论在政治影响上,还是在军事力量上对世界和平与稳定都起着举足轻重的作用。如果五个理事国之间或其中两个国家间爆发战争,其波及面和损害程度无法估计,所以保险人对此风险不予负责。

(四) 船舶战争险的终止

(1) 保险人有权在任何时候向被保险人发出注销本保险的通知,在发出通知后7天期满时生效。

(2) 不论是否已发出通知,本保险在下列情况下应自动终止:任何原子、氢弹或核武器的敌对性爆炸发生;联合国安理会常任理事国之间爆发的战争(不论宣战与否);船舶被征用或出售。

本　章　小　结

(1) 船舶保险是指以各种类型船舶,包括其船壳、救生艇、机器、设备、仪器、索具、燃料、物料等,作为保险标的,承保其在海上航行或者在港内停泊期间因自然灾害或者意外事故所造成的全部或部分损失、费用支出及第三者责任提供赔偿的财产保险。

(2) 船舶保险的特征包括:承保船舶在保险期间所有的风险;承保保险责任范围广;风险控制较为复杂;船舶保险属于定值保险。

(3) 远洋船舶保险一般分为全损险与一切险。全损险是指保险船舶遭受承保风险受损时,保险人只对全部损失或推定全损才承担赔偿责任,对部分损失则不负任何责任。一切险是指保险船舶遭受承保风险受损时,不论全部损失还是部分损失,保险人都承担赔偿责任。此外,一切险还负责承保碰撞责任、共同海损和救助报酬等引起的损失和费用。

(4) 船舶保险的定期保险是以时间为承保起止期限;航次保险是以船舶起驶港到目的港为保险承保起止期限。

(5) 船舶保险的保险金额有三种:新船按出厂价确定;旧船按实际价值或由保险双方协商或按船东会计账面净值确定;个体船舶按实际价值的成数确定,最高不超过70%。

(6) 沿海和内河运输保险也分为全损险和一切险。全损险承保由列明的洪水、地震等18项自然灾害和意外事故造成的船舶的全损。一切险将全损险对船舶发生全损时才赔偿的责任扩大为船舶发生全损或部分损失时均予负责赔偿;在承保的风险方面,一切险增加了被保险船舶碰撞他船或触碰他物而产生的对第三者依法承担的赔偿责任和被保险船舶发生的共同海损、救助及费用损失的风险等。

(6) 船舶战争、罢工险 简称船舶战争险,包括战争风险和罢工风险两方面的风险。该险种主要承保由于战争敌对行为或武装冲突造成的损失,或者由于上述原因引起的捕获、拘留、扣留、禁制、扣押造成的损失,以及各种常规武器造成的损失。

关键概念索引

船舶保险　除外责任　碰撞责任　救助　实际责任　远洋船舶保险　沿海内河船舶保险　船舶战争、罢工险

复习思考题

1. 名词解释:船舶保险;碰撞责任;保险价值;搁浅;触礁;共同海损;救助费用。
2. 船舶保险有哪些特征?
3. 试比较远洋船舶保险与沿海内河船舶保险的责任范围。
4. 沿海内河船舶保险对全损险、一切险、碰撞责任的赔偿有哪些规定?
5. 远洋船舶保险的承保险别可分为哪几种?

案例分析题

被保险人向保险公司投保沿海内河船舶保险,签订日期为 1996 年 11 月 1 日,保险期限为 1 年。保险价值为 200 万元,保险金额为 150 万元。保险船舶 H 轮为集装箱船,1984 年在日本造,总吨位为 559 吨,净吨位为 313 吨,航行范围为国内沿海,满载排水量为 1 366.73 吨,空载排水量为 703.7 吨。

1997 年 8 月 31 日,H 轮在自湛江至海口航次中,载运 34 个集装箱,货物重量为 570 吨,因触碰不明物体,造成船底漏水,抢救不及而沉没。事故发生后,船东根据海事局"此轮沉于航道,必须打捞"的指示,迅速以 64 万元向各打捞公司报价,顺德市某水运有限公司报价为 65 万元,考虑后者的船舶打捞实力,船东委托该水运有限公司进行打捞。该水运有限公司先对船体扶正,吊出水面补漏,然后将船舱水抽干至自浮,历时 13 天终于将沉船打捞后交被保险人。

修理报价中,某渔船修理厂报价为 135 万元,另一船舶修理厂报价为 147 万元。为确定损坏程度、修理费用、残值、市价,保险人委托专门海事工程检验公司进行检验,根据检验鉴定结果,确认损坏原因是该轮触碰水下不明硬物导致船舱大量进水而致沉没,海损修理费为 124 万元,残值估价为 52 万元,事故当时市场价值为 163 万元。

经查勘,该轮在本航次中无超载,船员配置符合安全规定,证书皆有效,船舶处于适航状态,因触碰水下不明物体而沉没。

请问保险人应该如何处理该案件?

第六章　工程保险

 **本章要点**

- 工程保险概述
- 建筑工程保险
- 安装工程保险

　　本章阐述了工程保险的特点、发展历程和运作,重点介绍了工程保险的两大险种:建筑工程保险和安装工程保险,对每一个险种的概念、投保人、被保险人、保险责任及除外责任、保险费和保险金额的计算等进行了详细说明。

第一节　工程保险概述

一、工程保险的概念和分类

　　工程保险是针对工程项目在建设过程中可能出现的自然灾害和意外事故而造成的物质损失和依法应对第三者人身伤亡和财产损失承担的经济赔偿责任提供保障的一种综合性保险。

　　工程保险是从财产保险中派生出来的一个险种,主要以各类民用、工业用和公共事业用工程为承保对象,目前已经发展成为产品体系较为完善、具有较强专业特征且相对独立的一个保险领域。

　　按照承保标的,可以将工程保险分为:建筑工程保险(一切险)、安装工程保险(一切险)、施工机具保险、机器损坏保险、预期利益损失保险。

　　国际工程保险人协会将工程保险业务分为四大类:①建筑安装工程保险及其工程保证保险;②机器损坏保险、锅炉爆炸保险和其他;③电气设备保险;④利润损失保险。通常将这四大类称为广义工程保险,而将其中的建筑、安装工程保险及其工程保证保险称为狭义工程保险,本章所指的工程保险均为狭义工程保险范畴。本章研究的主要对象是建筑工程一切险和安装工程一切险。

二、工程保险的保险标的

工程保险的保险标的范围很广,从各种财产、机器设备到费用及第三者责任,但概括起来可分为物质财产本身和第三者责任两类。

(一)物质财产本身

物质财产包括建筑、安装工程;机器及附属设备、工具;工程所有人提供的物料;工地内的现成建筑物和场地清理费等。

(二)第三者责任

第三者责任是指在保险有效期内,因在工地发生意外事故造成工地及邻近地区的第三者人身伤亡或财产损失,依法应由被保险人承担的民事赔偿责任和因此而支付的诉讼费及其他经保险人书面同意的费用。

三、工程保险的特点

从建筑安装工程保险的投保方式以及承保方式看,建筑安装工程保险与其他保险险种相比具有以下几方面特点。

(一)保险金额的确定具有特殊性

保险标的的价值随工程的进展逐渐增加,因此在投保时难以准确确定保险金额,这就需要一个与其他保险不同的确定保险金额的方法。

(二)承保的保险标的风险大

保险标的物不是处于完成状态,而是处于施工状态。建筑安装工程保险通常从投保工程动工之日或被保险项目被卸至建筑安装工程工地时起开始,至工程竣工验收或实际投入使用时保险责任终止,所以保险期内的大部分时间保险标的是处于未完成或逐渐接近完成的状态。与处于完成状态的保险标的相比,建筑物的强度差,危险度高。

虽然建筑安装工程在设计时就已经考虑了其支撑强度,对耐火灾、风雨、地震等自然灾害的性能也都有考虑,但这些能力要待工程完成后其作用才能发挥。因此,即使是应具有耐震、耐火性能的建筑物,在施工中可以说等于处于无防备状态,对其抵御各种风险的能力一般都较脆弱。

(三)受人为因素影响大

工程是由人设计、制造、安装、施工的,存在着作业中的过失、错误等人为因素较强的潜在风险。同时,风险的大小还为施工人员的技巧、熟练程度等技术水平所支配。因此,在施工、作业状态中,人为因素对工程的风险影响也很大。

(四)有试车风险

诸如机械、钢结构物的安装作业这种工程,为了检查完工工程往往要进行试车,因此会遇到由于第一次开动从未启动的机器所带来的各种风险,即试车风险。这种风险从工程安装作业开始就已经存在,工程标的物在设计、施工、材质或制造中的缺陷,由于没有开动而显露不出来,有许多工程的标的物在试车阶段发生事故,瞬间即可决定接近完成状态的施工项目的命运,所以试车风险很大。

(五)被保险人的多方性

建筑安装工程保险的目的在于通过将随着工程的进行而发生的大部分风险作为保险对象,减轻这些风险可能给工程有关各方造成的损失负担和围绕这种损失所发生的纠纷,清除工程进行中的某些障碍,以保证工程的顺利完成。由此,保险标的的所有人和保险标的发生损失时对损失承担修复义务的单位或承担风险的有关各方都可以成为被保险人。

(六)保险期限确定的特殊性

建筑安装工程保险的保险责任期限,不是按年计算,而是根据预定的工程施工工期天数来确定的,自工程动工之日起或建筑安装项目的材料、设备卸至工地时开始,至工程竣工验收或实际投入使用时止。保险期限的长短一般由投保人根据需要与保险人协商确定。

 专栏 6-1

基建风险警钟长鸣 投保工程险太重要

有风险的地方就有保障。在平常的生活中,大家都知道人身类保障产品五花八门,挑得让人眼花缭乱。在财产保险领域,除了车险恐怕很多人并不了解其他细分险种。2016年11月,江西丰城造成74人罹难的"11·24发电厂事故",暴露出基础设施建设环境下潜藏的巨大风险,但让人欣慰的是,工程方事前向保险公司投保了工程险。工程险实际上包含三大类保障,其保障标的和保障责任都不尽相同,工程的雇员能够享受到直接或间接的保障;而针对工程人员的人身损伤,除了工程团意险之外的普通意外险以及常规寿险产品,也能够起到较好的保障作用,但这两类保障都需要自费投保。

工程一切险承保较广,涉及三类险种

作为财险范畴下的大类险种,工程险虽然大家接触较少,但一直在各类工程建设中充当着重要的角色。时值年底,我国发力大基建,11月中旬披露的数据显示,近一个月国家层面披露的基建项目投资额就超过3 500亿元。

那么,针对一般的建筑工程项目,保险公司设计出了哪些保险产品呢?按照保险监管部门披露的信息,在丰城发电厂事故中,工程方向保险公司投保了建筑工程一切险、建筑施工企业雇主责任以及建筑施工人员团体意外伤害保险,这三类险种都可以归结为工程险,而且也是较为常见的工程类细分保障产品。

"建筑工程一切险承保较为广泛,其主要采用除外列明的方式承保建筑、安装工程中,因自然灾害或意外事故造成的物质损坏或灭失及相关费用,以及被保险人造成第三方伤亡或财产损失应承担的赔偿费用,涵盖了部分技术风险和人为风险。"保险专家介绍,该险种的被保险人主要以工程项目的业主、投资者和承包商为主,也包括分承包人、技术顾问、设

备供应商等其他关系方。

此外,工程一切险一般不保障因被保险人故意或重大过失带来的损失以及工程停工带来的损失。据悉,工程一切险保险费计算方式与一般财产险不同,其通常采用工期费率,而不是年度费率。

投保雇主责任险,可转嫁企业主责任

事实上,一家公司只要有雇员,员工发生各类工伤事故或者患上职业病的风险往往不可避免。因此,企业主们确实有必要通过选择合适的保险来化解风险,其中,雇主责任险就是值得购买的一款产品。在前述事故中,人保财险河北省分公司就承保了建筑施工企业雇主责任保险。

据了解,雇主责任险可以赔偿死亡(伤残)保障金、误工费用等,产品一般由企业主来购买,这也算得上是额外的员工福利。例如,某雇主责任险条款规定,除了主体的因公伤残和职业病保障之外,还可以附加承保两项责任,一是附加医疗保险,即承保雇员因患病等支付的医疗费;另一个是附加第三者责任保险,即雇员在工作中因意外或疏忽,造成第三者人身伤亡或财产损失的赔偿。

保险专家介绍,前述险种的保险期限一般为1年,期满后企业主可以续保。在赔偿限额上,通常以雇员的工资收入为依据,由保险双方当事人在签订保险合同时确定(以雇员的工种、月均工资收入及伤害程度为依据)。据悉,为了保险劳动者的利益,目前很多国家已经立法规定企业必须购买雇主责任险,但我国尚未立法强制实施该险种。

保险专家指出,与其他险种相比,雇主责任险具有更强的社会属性,其不但能有效降低企业主在遭遇员工工伤事故时所需担负的责任风险,还可维护政府、企业和个人之间正常、有序的社会关系。

针对意外类风险,工程团意险最直接

无论是建筑工程一切险,还是建筑施工企业雇主责任险,实际上都涉及工程负责方的责任,换句话说,它们的保障标的为"企业主或雇主的赔偿责任",雇员或员工只是间接受益。与这两类保险不同,建筑工程团意险是以被保险人(员工)的人身作为保障标的,一旦其因意外受伤,保险公司直接按约定赔偿。

"现在一些大的建筑企业都会为工人投保建筑工程保险,保障意外身故和伤残。"某险企负责团险业务的人士表示,有法律明确规定,建筑施工企业应当依法为职工参加工伤保险、缴纳工伤保险费。鼓励企业为从事危险作业的职工办理意外伤害保险,支付保险费。这也意味着,施工单位有义务为建筑工人投保一份建筑工程保险,而且投保人数必须占投保时在册人员的75%以上,且投保人数不低于8人。

以某公司的一款安全建筑工程团体意外伤害保险为例,其条款中指明,如果保障对象在施工过程中,并在施工现场或施工期限指定的生活区域内遭受意外(非人为)伤害,保险公司将按照约定给付身故保险金和残疾保险金。在费率方面,这款工程团意险最高身故保额50万元,最高医疗保额10万元,保障期为1年。如果被保险人数量选定为8人,对应的保险费为6 000元左右。

"雇主责任险和工程团意险各有所长,仅选择团意险的企业可能面临员工再次要求赔付的风险。因为发生风险后员工既可得到险企的赔款,还可向企业要求赔付,最好两者都选择。"保险专家如是说。

寿险类产品也保,以生命为保障标的

在前述事故中,除了涉事财险公司积极参与理赔之外,包括中国人寿、新华人寿等在内的多家寿险公司也纷纷启动应急处理预案,以应对可能存在的理赔责任。那么,为什么寿险公司也会参与到事故的查勘理赔当中呢?据悉,施工方往往会为工人投保相关责任险产品,另外,部分受害人可能也自行投保了寿险产品。

据相关寿险业内人士介绍,寿险产品是以人的生命作为保障标的,以某款寿险产品为例,如果被保险人在 100 岁以前身故或全残,保险公司将给付相应的保险金。值得强调的是,前面提到的身故或全残,其理赔前提是发生疾病或意外事故。具体而言,若被保险人因意外伤害事故,或于保险单生效日起 1 年后因疾病身故,保险公司会按当年度的保险金额给付身故保险金,保险责任也随之终止。

该寿险产品的条款信息还显示,如果被保险人自残或自伤,或者是合同成立之日起两年内自杀,就不属于赔偿范畴。当然,如果投保人对被保险人故意杀害(或伤害),这种情形也不能赔偿。

值得注意的是,由于身故后涉及受益权,保险专家建议,投保寿险最好指定保险金受益人,最好确定受益人的顺序和份额。针对未确定份额的,各受益人按照相等份额享有受益权。

(资料来源:网易新闻网站)

四、工程保险的发展

工程保险起源于英国工业革命后,因英国曼彻斯特纺织业所需要而发展的锅炉保险。该保险主要对锅炉提供保险保障,后来扩大到包括蒸汽机、机器、马达等动力设备的保险。工程保险的真正发展是在第二次世界大战之后,当时,在英、法、西德等欧洲各国饱受战争的创伤,到处是一片疮痍。为了恢复生产,重建家园,各种公路、港口、发电厂、学校、住宅等工程的建设发展很快。此后,经济的高速发展又带动了这一基础行业的持续发展。大量工程的兴建、扩建,为工程保险的发展提供了外部环境条件。尤其是这个时期在完善工程承包合同的时候,在承包合同中加入了投保工程保险的义务,这对工程保险的发展无疑起到了关键作用。

我国的建筑工程保险是在改革开放以后逐步发展起来的。20 世纪 80 年代,建筑工程保险的展业重点主要是地方集资、企业自筹资金的建设项目以及外商独资、中外合资和世界银行贷款的项目,主要发展涉外领域的建筑安装工程一切险。国家拨款的基建项目不参加保险,工程概算中也没有保险费的内容。进入 20 世纪 90 年代,由于国家加大了对于基础建设投资的力度,同时,放宽了外资和民营资本进入基础项目领域的条件,引发了高速公路、桥梁、隧道、电站、机场、地铁等项目的建设热潮,客观上形成了对工程保险旺盛的市场需求,使国内建筑工程保险得到了较大的发展。特别是近10年来,工程保险发展迅速,成为保障工程建设转移风险和顺利进行的重要机制。从工程保险的保险费收入来看,2016年较上年增长13%,2017年较上年增长20%,增长速度非常快,和固定资产投资的年均增长率17%相当。

我国工程保险的发展属于经济增长而被快速拉动式的发展,我国建筑工程保险总体发展水平较低。虽然工程保险保险费收入占整个财产保险保险费收入的比例从12‰增长到了16‰,但占财产保险保险费收入比例仍然很低,远低于发达国家5%的水平,工程保险及责任险保险费占全社会固定资产投资额的比例更低,仅为2%左右。我国投保此险种的项目主要是一些利用外资和合资的工程建设项目以及部分国家重点工程,而大量的中小型项目的投保比例较低。目前,国内工程项目的投保率不足30%,而在欧美国家,该险种的投保率超过了98%。更为严重的是,由于恶性竞争,我国工程保险的费率已低于国际市场,这导致在安排国际再保险时出现了贴费现象。同时,由于缺乏必要的技术手段控制承保风险,工程保险的赔付率呈上升趋势,工程保险经营效益问题令人担忧。

制约我国工程保险发展的主要原因包括:①人们对工程保险认识不足的因素,把保险当成额外的负担,而没有认识到保险的作用;②体制方面的因素,投资体制改革缓慢,许多建设工程仍由政府直接出面投资,致使建设工程项目的利益主体和风险主体不够明确;③保险主体的因素,保险公司对该险种技术准备不足,宣传力度不够;④配套法律法规不完善,在基本建设工程投保方面缺乏应有的强制措施,只在《中华人民共和国建筑法》中有"建筑施工企业必须为从事危险工作的职工办理意外伤害保险"的强制规定,而对其他方面无强制保险规定。在欧美国家,其工程保险多数都实行强制保险。

从长远看,随着我国国民经济的持续发展,固定资产的投资将维持在一定规模上,将成为推动工程保险发展的基础因素。同时,投资体制的进一步改革以及保险公司经营观念的转变、人员素质的提高、承保技术的成熟、风险管理能力的加强等都将促进工程保险的大规模持续发展。

第二节 建筑工程保险

建筑工程保险简称建工险,主要承保各项土木工程建筑的整个建筑期间由于发生保险事故造成被保险工程项目的物质损失、列明费用损失以及被保险人对第三者人身伤害或财产损失引起的经济赔偿责任。因此,建筑工程保险是一种包括财产损失保险和责任保险在内的综合性保险。

一、建筑工程保险的被保险人

凡在工程建设期间要承担风险责任的有关各方,即拥有保险利益的各方,均可成为被保险人。

（1）工程项目所有人，指提供场所、委托建造、支付建造费用，并于完工后验收的单位，也可称为发包方、业主、建设单位。

（2）施工单位指受业主委托，实际承担工程建筑的施工单位，也可称为工程承包人或转承包人。

（3）技术顾问，指由工程所有人聘请的建筑师、设计师、工程师等专业顾问，对建筑工程进行设计、咨询和监督。

（4）其他关系方，如贷款银行等。

二、建筑工程保险的投保人

当建筑工程保险具有多方被保险人时，一般推举一方作为投保人出面办理投保手续，负责交纳保险费，申报保险有效期间风险变动情况，出现保险赔偿时提出索赔。

由谁作为投保人，传统的做法是由工程承包商来安排保险，业主则只在承包合同中要求承包商参加保险。从国际工程保险的发展来看，对重大工程项目，业主越来越坚持由自己控制保险项目计划，以保证业主的利益在投保和索赔时得到保障。

在实践中，建筑工程承包方式不同，投保方也可不同。目前，工程承包方式大约有以下四种。

1. 全部承包方式

该方式是指业主将工程全部包给施工单位。承包商负责设计、供料、施工等全部工程内容，最后将完工的工程交给业主，这种方式承包商应承担工程的主要风险责任，一般由承包商投保。

2. 部分承包方式

该方式是指业主负责设计并提供部分建筑材料，承包商负责施工并提供部分建筑材料，双方都负责承担部分风险责任，可协商决定谁出面投保。

3. 承包商只提供劳务的方式

该方式是指业主负责设计、供料和工程技术指导，承包商只提供劳务、进行施工，不承担工程的风险责任，由业主投保。

4. 分段承包方式

该方式是指业主将一项工程分成几个阶段和部分，分别外包给各个不同的承包商，而每一个承包商对业主来说都是独立的，承包商之间没有契约关系。由业主投保可避免分别保险造成的时间差和责任差距。

因此，从保险的角度出发，如果是全部承包方式，可由主承包商出面投保整个工程，同时把有关利益方列为共同被保险人。如果是非全部承包方式，最好由业主投保。

三、建筑工程保险承保的项目及保险金额

（一）建筑工程保险项目

1. 物质损失部分

（1）建筑工程，包括永久性和临时性工程及物料，主要是指建筑工程合同内规定建筑的

建筑物主体,建筑物内的装修设备,配套的道路设备、桥梁、水电设施等土木建筑项目,存放在施工场地的建筑材料设备和临时工程。该项保险项目的保险金额为承包工程合同的总金额,即建成该项工程的实际造价,包括设计费、材料费、设备费、施工费、运杂费、保险费、关税、其他税项及有关费用。

(2) 安装工程,指未包括在承包工程合同金额内的机器设备的安装工程项目,如旅馆大楼内的发电、取暖、空调等机器设备的安装项目。本项目的保额以重置价值确定。它不应超过整个工程项目的25%,超过25%的应按安装工程险的费率计算,超过50%的则应单独投保安装工程险。

(3) 施工机具设备,指配置在施工场地并作为施工用的机具设备,如吊车、叉车、挖掘机、压路机、搅拌机等。建筑工程的施工机具一般为承包人所有,不包括在承包工程合同价格之内,应列入施工机具设备项目下投保。有时,业主会提供一部分施工机器设备,此时,可在业主提供的物料及项目一项中投保;如果承包合同价或工程概算中包括有购置工程施工所必需的施工机具的费用,这时可在建筑工程项目中投保。但是,无论哪一种情形,都要在施工机具设备一栏予以说明,并附清单。该保险项目的保险金额按重置价值确定。

(4) 业主提供的物料及项目,指未包括在上述建筑工程合同金额之中的业主提供的物料及负责建筑的项目。这部分财产投保应在保险单上分别列明,这项财产的保险金额可按工程所有人提供的清单,以财产的重置价值确定。

(5) 清除残骸费用,指保险标的受到损坏时,为拆除受损标的和清理灾害现场,运走废弃物等,以便进行修复工程所发生的费用。此费用未包括在工程造价之内。国际上通用的做法是将此项费用单独列出,作为一个保险金额,须在投保人按与保险人商定的保险金额投保,并交付相应的保险费后,保险人才负责赔偿。一般来说,大的工程项目不超过合同价格或工程概算价格的5%,小的工程项目不超过工程合同价格或概算价格的10%。

(6) 工程所有人或承包人在工地上现成的建筑物及其他财产,指不属于承保的建筑工程范围内,工程所有人或承包人所有的或其保管的工地内原有的现成建筑物或财产。该项保额可由保险人与被保险人协商确定,但不能超过投保标的的实际价值。

2. 第三者责任

工程施工中可能发生的对第三者人身或财产造成的伤害或损失的赔偿责任难以预料,所以对第三者赔偿责任没有设保险金额,只确定赔偿限额,由保险双方根据工程风险的情况协商确定。一般按以下几种情况处理。

(1) 人身伤亡的每人赔偿限额,根据当地经济情况,由保险双方协商确定。

(2) 人身伤亡的总限额,先估计每次事故可能造成第三者伤亡的总人数,再乘以每人的限额。

(3) 财产损失赔偿限额,根据工地具体情况估算一个金额。

(4) 总赔偿限额是保险公司对工程整个保险期限内赔偿第三者责任的总限额。

(二) 保险金额的调整

建筑工程一般工期较长,工程的实际造价需在工程完工以后才能最后确定,因此,实务中可以先以工程概算价格或承包合同价格作为保险金额。

在保险期内,工程原计划的各项费用可能因物价的上涨、设计变更及其他原因致使工程完工总造价超出原概算或发包时的合同金额,在这样的情况下,为确保工程足额投保,投保人应以书面方式及时通知保险人,调整保险金额。

四、建筑工程保险的保险责任和除外责任

(一) 物质损失部分

建筑工程保险的保险责任可采用列举式和概括式两种方式,由此将产生建筑工程保险和建筑工程一切险两种保险单。建筑工程保险仅对保险单上列举出来的风险引起的保险标的损失负赔偿责任;建筑工程一切险的保险责任为除保险单所载除外责任外的任何自然灾害或意外事故造成的损失。

1. 责任范围

国际上多采用一切险保险单,这里仅以建筑工程一切险为例。

建筑工程一切险责任范围为:在保险期限内,保险财产在列明的工地范围内,因保险单所载明除外责任以外的任何自然灾害或意外事故造成物质损坏或灭失,保险人均负赔偿责任。

自然灾害是指地震、海啸、雷电、飓风、台风、龙卷风、风暴、暴雨、洪水、水灾、冻灾、冰雹、地崩、雪崩、火山爆发、地陷及其他人力不可抗拒的破坏力强大的自然现象。意外事故是指不可预料的以及被保险人无法控制并造成物质损失或人身伤亡的突发性事件,包括火灾和爆炸。

2. 除外责任

(1) 被保险人及其代表的故意行为及重大过失引起的损失、费用或责任。其中,"被保险人"的含义是比较明确的,即为保险单列明的被保险人,而且它一般是作为法人这一形式出现的;"及其代表"的含义一般指被保险人单位的法人代表、董事长、副董事长、董事、总经理、副总经理、总会计师、总工程师或上级单位派驻该单位的代表。对于被保险人的一般工作人员和管理人员的故意行为或重大过失引起的损失不在本除外的范围内,除非是被保险人及其代表人指使或授意的。

(2) 战争、类似战争行为、敌对行为、武装冲突、恐怖活动、谋反、政变引致损失、费用和责任。本除外可简称为"战争除外",由于这类风险属于政治风险的范畴,在普通的财产保险中,对于以不动产为标的的保险,均将战争等风险列为除外责任。

(3) 核裂变、核聚变、核武器、核材料、核辐射及放射性污染引起的任何损失、费用和责任。

(4) 设计错误引起的损失和费用。本除外条款是一相对除外条款,被保险人可以根据自身的需要要求扩展承保"设计风险",保险人可用"设计师风险扩展条款"予以扩展承保,但保险人应当充分地认识到扩展这一条款所面临的风险,即使扩展承保了设计单位对这一工程项目的职业责任保险,保险人对此也应持十分谨慎的态度,一般可以采用订立一个分项限额的办法控制风险。

（5）自然磨损、内在或潜在缺陷、物质本身变化、自燃、自热、氧化、锈蚀、渗漏、鼠咬、虫蛀、大气（气候或气温）变化、正常水位变化或其他渐变原因造成的保险财产自身的损失和费用。本除外基本上均属于必然的和渐变的因素引起的损失，而保险所针对的风险是偶然的、突发的和不可预见的自然灾害和意外事故造成的损失。

（6）因原材料缺陷或工艺不善引起的保险财产本身的损失以及为换置、修理或矫正这些缺点错误所支付的费用。原材料缺陷是指用于工程的任何原材料达不到工程所要求的技术标准，存在质量缺陷。工艺不善是指在施工过程中，有关人员没有按照工艺技术标准的要求进行施工的现象。

（7）非外力引起的机械或电气装置的本身损失，或施工用机具、设备、机械装置失灵造成的本身损失。

（8）维修保养或正常检修的费用。维修保养和正常检修的费用均属于被保险人在其生产经营过程中所必然发生的费用，属于其生产成本的一部分，所以保险人不能予以承担。

（9）全部或部分停工引起的损失。

（10）档案、文件、账簿、票据、现金、各种有价证券、图表资料及包装物料的损失。

（11）盘点时发现的短缺。工程保险将这种损失除外是因为这种短缺损失往往是由于被保险人的内部管理混乱造成的。因为如果是盗窃造成的短缺，必须有明显的盗窃痕迹，而且被保险人一旦发现财产被盗窃，应及时向警方和保险人报案，只有符合上述条件的才被视为盗窃损失，保险人才承担相应的责任。

（12）领有公共运输行驶执照的，或已由其他保险予以保障的车辆、船舶和飞机的损失。

（13）除非另有约定，在保险工程开始以前已经存在或形成的位于工地范围内或其周围的属于被保险人的财产的损失。这类财产主要存在两类风险：一是由于普通财产保险承保的风险造成的损失；二是由于被保险的工程项目施工过程中的意外事故造成的损失。

（14）除非另有约定，在保险单保险期限终止以前，保险财产中已由工程所有人签发完工验收证书（或验收合格），或实际占有、使用、接收的部分。对这类风险的除外，工程保险采用了标的和期限双重除外的方式，即在除外责任部分以标的除外的方式将这类风险除外，同时在保险期限部分以期限除外的方式也将这类风险除外。

（15）保险单中规定的应由被保险人自行负担的免赔额。免赔额的定义是十分明确的，在除外责任中加上这一条，有两层含义：一是对于免赔额的性质进一步予以明确；二是强调对于保险单中保障的各个部分和批单扩展部分的免赔额是分别适用的。

（16）建筑工程第三者责任。

（二）第三者责任部分

建筑工程保险中的第三者指除保险人和被保险人以外的单位和人员，不包括被保险人和其他承包人所雇佣的在现场从事施工的人员。

建工险第三者责任保险是建工险的附加险，承保建筑工程项目在建筑期间因意外事故的发生造成工地及邻近地区第三者的人身伤亡、疾病或财产损失。

1. 建工险第三者责任险的保险责任

（1）该保险所承保的建筑工程在保险期限内，因发生意外事故，造成工地及邻近地区的第三者人身伤亡、疾病或财产损失，依法应由被保险人负责以及被保险人由此而支付的诉讼费用或事先经保险公司书面同意支付的其他费用，均可由保险公司承担。

（2）对每一次事故的赔偿金额以根据法律或政府有关部门裁定的应由被保险人偿付的数额为准，但不能超过保险单列明的赔偿限额。

2. 第三者责任险的责任免除

（1）明细表列明的由被保险人自行负担的免赔额。

（2）被保险人和其他承包人在现场从事工程有关工作的职工人身伤害和疾病。在现场从事工程有关工作的职工与被保险人之间可能产生的责任属于雇主责任的范畴，投保人或被保险人可以通过安排雇主责任保险的方式来分散这类风险。

（3）工程所有人、承包人或其他关系方或他们所雇用的职员、工人所有的或由其照管、控制的财产发生的损失。本除外针对的对象有两个群体，一是"工程所有人、承包人或其他关系方"；另一个群体是"他们所雇佣的职员、工人。"由于"工程所有人、承包人或其他关系方"通常就是工程保险的被保险人，所以，他们从法律关系上讲不属于"第三者"。另外，"工程所有人、承包人或其他关系方所有的或由其照管、控制的财产"是指在工地范围内用于工程的或与工程建设有关的财产，这类财产应纳入工程保险物质损失责任的标的范围，而不能成为"第三者责任"的赔偿对象。作为被保险人的"工程所有人、承包人或其他关系方"所雇用的职员、工人往往被认为是被保险人的一员，所以，他们"所有的或由其照管、控制的财产"同样不能成为"第三者责任"的赔偿对象。

（4）由于震动、移动或减弱支撑而造成的其他财产、土地、房屋的损失或由于上述原因造成的人身伤亡或财产损失。本除外责任仅仅适用于建筑工程一切险的"第三者责任"项下。

（5）领有公共运输执照的车辆、船舶和飞机造成的事故。本除外所针对的对象是"领有公共运输执照的车辆、船舶、飞机"，其原因是这类对象的有关第三者责任的风险处理问题应纳入另一个体系，即应根据国家的有关法律办理统一的强制保险。

（6）被保险人根据与他人的协议支付的赔偿或其他款项。

五、建工险保险期限

（一）保险期限的确定

工程保险的保险期限与普通财产保险不同，普通财产保险的保险期限一般均为12个月，工程保险的保险期限原则上是根据工期确定的，并在保险单明细表上予以明确。但保险人对于保险标的实际承担责任的时间应根据具体情况确定，从原理上讲它在事先是一个不确定的时间点。

工程保险的保险单对于保险期限的措辞为："本公司的保险责任自被保险工程在工地动工或用于被保险工程的材料、设备运抵工地之时起始，至工程所有人对部分（或全部）工程签发完工验收证书或验收合格,以及工程所有人实际占有、使用或接收该部分工程之时终止,以先发生者为准。但在任何情况下,建筑安装期保险期限的起始或终止不得超出本保险单明细表中列明的建筑安装期保险生效日或终止日。"

1. 保险期限的起点

(1) 被保险工程在工地的开工时间。

(2) 用于被保险工程的材料、设备运抵工地。

(3) 保险单生效日。"保险责任自被保险工程在工地动工或用于被保险工程的材料、设备运抵工地之时起始"的条件是它们的时间点必须在保险单生效日之后,否则就以保险单生效日为准。

2. 保险期限的终点

(1) 工程所有人对部分或全部工程签发完工验收证书或验收合格。这个时间点是以工程所有人的"签发完工验收证书"或"验收合格"这两个行为动作为标志的。

(2) 工程所有人实际占有或使用、或接收该部分或全部工程。这个时间点是以工程所有人的实际"占有""使用"和"接收"这三个行为动作为标志的。

(3) 保险单终止日。"工程所有人对部分或全部工程签发完工验收证书或验收合格,以及工程所有人实际占有、使用或接收该部分工程之时终止"的条件是它们的时间点必须在保险单终止日之前,否则就以保险单终止日为准。

(二) 保证期

一般国内建筑施工合同协议条款中都对工程的保证期(保修期)有规定,工程合约内规定承包商的保证期一般从业主或其代表在最终验收记录上签字之日起计算,分单项验收的工程按单项工程分别计算保证期。从保险期限来看,保证期不包括在工程保险期限内,而是工程保险期限的延续。在保证期间,如发现工程质量有缺陷,甚至造成损失,根据承包合同,承包商须负责赔偿,这就是保证期责任。保险期责任可以加保,投保与否由被保险人决定,并要加交一定的保险费。保证期自工程验收完毕移交后开始,至保险单上注明加保月份数或规定日期终止,以先发生者为准。如工程提前完工,则从完工之日起算加上规定的月份数至该期限的最后一天终止;如按时完工,则按保险单上规定的日期终止。保证期的长短计算按工程合同规定的工期来确定,通常为 12 个月。

建工险保险期限为在保险单列明的建筑期限内,自投保工程动工或自被保险项目被卸至建筑工地时发生效力,直至建筑工程完工验收完毕时终止,但最晚终止日期不超过保险单中所列明的终止日期,如需延长保险期限,必须事先获得保险公司的书面同意。

主体工程中部分完工验收或交付使用,该部分的保险责任(包括第三者责任)自验收或交付使用时终止。

工程完工验收后,一般有一个保证期。在保证期内,如工程发现有质量缺陷,甚至造成损失,根据合同规定承包人须负赔偿责任,这就是保证期责任。保证期责任投保与否,由被保险人决定。加保保证期责任必须加贴附加条款,注明加保时间。

六、建工险的免赔额

在建工险中规定免赔额,一方面可以提高被保险人施工时的安全意识,减少保险事故的发生;另一方面也可相应降低被保险人的保险费负担。

免赔额的确定要考虑工程风险程度、工地自然条件和工期长短等因素,进行风险评估后具体确定数额。对风险较大的项目可单独制定较高的免赔额。建工险中规定的免赔额一般指绝对免赔额。下面是建工险保险项目免赔额掌握的幅度。

(一) 建筑工程免赔额

该项免赔额一般为保险金额的 0.5%~2%。

(二) 建筑用机器装置及设备免赔额

该项免赔额为保险金额的 5% 或损失金额的 15%~20%,以高者为准。

(三) 其他项目的免赔额

该项免赔额一般为保险金额的 2%。

(四) 特种风险的免赔额

特种风险是指地震、洪水、暴雨和风暴,一般可规定为总保额的一定比例或固定金额。为控制巨灾风险,应设置特种风险赔偿限额,该限额一般为物质损失总保额的 50%~80%,不论发生一次或多次赔偿,均不得超过这个限额。

(五) 第三者责任免赔额

第三者责任免赔额只对财产损失部分规定免赔额,对人身伤害一般没有免赔额的规定。

七、保险费率

(一) 厘定费率考虑的主要因素

(1) 工程本身危险程度、工程性质及建筑高度。

(2) 工地及邻近地区的自然地理条件、有无特别风险存在。

(3) 巨灾的可能性、最大可能损失及工地现场管理和安全条件。

(4) 工期包括试车期的长短及施工季节、保证期长短及其责任大小。

(5) 承包人及其他工程关系方的资信、技术水平及经验。

(6) 同类工程的损失记录。

(7) 免赔额的高低及特种风险的赔偿限额。

(8) 是否包括经纪人佣金。

(9) 分保与否。

(二) 开价

费率可以逐项开价,也可统扯费率,即工程、第三者责任、保证期和附加险费率综合为一个费率。第三者责任有时可忽略不计,但对下述工程须认真评估其责任风险:机场、桥梁、缆线铺设、大坝、海上工程、石油化工、管道、电厂、采石场、水库、公路、污水处理、高层建筑和隧道、矿井、地铁等。

八、必备材料

投保建筑工程一切险应提交以下几项文件。

（1）投保险单。

（2）工程承包合同。

（3）承包金额明细表。

（4）工程设计文件。

（5）工程进度表。

（6）工地地质报告。

（7）工地略图。

承保人在了解并掌握上述资料的基础上，应向投保人或其设计人了解核实，并对以下重点环节作出现场查勘记录。

（1）工地的位置。包括地势及周围环境，例如邻近建筑物及人口分布状况，是否靠海、江、河、湖及道路和运输条件等。

（2）安装项目及设备情况。

（3）工地内有无现成建筑物或其他财产及其位置、状况等。

（4）储存物资的库场状况、位置、运输距离及方式等。

（5）工地的管理状况及安全保卫措施，例如防水、防火、防盗措施等。

九、典型案例分析

[**案例 6-1**]　春夏之交，保险人接到某公路施工隧道塌方事故的报案。被保险人称，隧道施工掘进与支护系按照设计要求进行，施工中根据对地质情况变化的了解，被保险人事先采取了缩小进尺、超前小导管注浆等工艺强化措施。事故发生前，被保险人正在对隧道拱壁初喷，发现掌子面掉块，判断有塌方可能，立即指挥工人撤离，随后塌方事故发生。被保险人对事故原因的分析如下：

（1）地质报告有一定偏差，原勘查认为该处为弱风化层，实际是强风化层。

（2）事故发生点对应于山体凹处，覆盖层较薄。

（3）冬季降水多，致裂隙水较大。

接到报案后，保险人迅速委托公估人查勘。公估人到达现场时，塌方现场尚在封闭状态，只了解到隧道采用新奥法分上下两步施工，事故发生时，施工人员正在上层掘进。由于事故点及附近被土、石等完全封堵，公估人无法进入，便通过其他方式了解情况：从施工图和了解到的情况，可以明确本案事故发生于隧道掘进位置（掌子面）附近，该位置垂直覆盖面系山体凹处，图上标明该位置及附近为断裂带。公估人注意到被保险人正在制作的格栅所用钢材规格与设计要求不符，遂提出质疑。被保险人回答，正在制作中的格栅非该处隧道所用，否认了公估人的质疑。公估人另外做了必要的询问。

查勘结束后，公估人要求被保险人在现场清理后立即通知复勘，并明确需要对实际应用格栅钢材勘查,要求被保险人注意保留证据。

初次查勘结束后,公估人几次联系被保险人询问现场清理情况,要求复勘,但是被保险人均报称现场未清理完。由于感到时间已经较长,公估人决定自行到现场做第二次查勘。当查勘人员到达现场时,看到被保险人实际上早已将本案事故发生时的塌方现场清理完毕,隧道的正常挖掘工作正在进行。经询问得知,本案事故原发现场的实物证据均没有保留,特别是公估人初次查勘后要求被保险人保留的事故发生段的格栅,也被告知已经处理完毕,没有保留。通过第二次查勘工作,公估人确认了塌方段位置和深度,对事故发生位置附近格栅间距做了测量,并与被保险人共同认定了测量数据,从而确认本案事故发生前隧道施工所实际安放的格栅的间距大于1 000毫米,不符合设计所规定的800毫米的要求。

根据查勘了解的情况和被保险人主张依据,保险人对本案拒赔,理由如下:

(1)被保险人在隧道塌方事故现场清理后,未通知查勘人及时查勘,从而影响了对案发前施工实际情况的确认。初期查看时,在现场看到的是制作格栅所用螺纹钢规格为22毫米,而不是设计要求的25毫米,虽然被保险人否认该格栅用于事故发生段,但无证据支持。

(2)虽然被保险人分析认为地质报告有一定偏差,但是地勘资料和施工图都清楚标明事故发生点处于断层附近,并且由于被保险人没有提供隧道施工通过断层的设计或工艺措施方案,使得其报称"隧道施工掘进与支护系按照设计要求进行"这一情况缺乏依据。

(3)隧道施工实际执行的格栅间距明显违反设计规定,大幅度降低了设计要求。

(4)依据保险单除外责任约定:"因原材料缺陷或工艺不善引起的保险财产本身的损失以及为置换、修理或校正这些缺点错误所支付的费用。"本案事故原因属保险除外责任。

经沟通,本案被保险人接受了保险人拒赔意见。

案情分析:在本案的处理上,公估人查勘较为细致,对照施工图排除了被保险人分析认为的"地质报告有一定偏差,原勘查认为该处为弱风化层,实际是强风化层"这一事故原因,查勘人员不仅发现并提出了螺纹钢使用与设计要求不同的问题,而且坚持要求复勘求证材料实际应用情况,强化了被保险人举证责任;通过实际测量确定了被保险人加大格栅间距这一违反设计要求的施工行为,给事故原因定性提供了较有说服力的证据。公估人的工作证明了施工方违反设计减少工、料投入的故意,同时认定其行为减弱了隧道施工支护强度,有理有据地以施工材料、工艺违反设计要求定性本案事故原因,被保险人无以反驳。

从对本案处理的结果看,拒赔处理无疑是正确的,但在保险责任分析中,应用保险除外责任中"因原材料缺陷或工艺不善引起的保险财产本身的损失以及为置换、修理或校正这些缺点错误所支付的费用"这一条款,其适用性值得推敲。

(1)格栅间距的加大不应归于"工艺不善",因为施工方此行为并非工艺技术缺陷,而是以减少工、料投入的方式,通过降低设计保险系数、牺牲工程施工安全性的手段谋取额外利润,其结果是工程安全系数降低而风险增加。

(2)根据查勘质疑,被保险人格栅制造中违反设计要求,以22毫米螺纹钢代替25毫米螺纹钢这一事实如果成立,同样不是材料存在缺陷,所以不应归于"材料缺陷"原因。

上述分析可以看出,本案事故保险处理拒赔依据"原材料缺陷"和"工艺不善"不够准确。

另外,本案分析可否归于"被保险人及其代表的故意行为或重大过失行为"这一除外责任条件,从工程施工管理一般情况看,对施工主材螺纹钢规格以22毫米替代25毫米不做设计更改,而且不经高层领导批准可能性不大;至于格栅间距,如果仅仅是局部小幅度超差,除有证据外,可能是施工过程控制原因,但像本案这种成规模的将格栅距离增加25%,经过领导层同意(或授意)的可能性则比较大。当然,这些分析需要证据支持。

综上所述,根据《保险法》和保险合同的约定,笔者认为,本案依据应是建筑工程一切险约定中"投保人、被保险人义务"项下关于"在保险期间内,被保险人在工程设计、施工方式、工艺、技术手段等方面发生改变致使保险工程风险程度显著增加或其他足以影响保险人决定是否继续承保或是否增加保险费的保险合同重要事项变更……被保险人未履行通知义务,因上述保险合同重要事项变更而导致保险事故发生的,保险人不承担赔偿责任"的约定,以及《保险法》第五十二条规定:"在合同有效期内,保险标的的危险程度显著增加的,被保险人应当按照合同约定及时通知保险人,保险人可以按照合同约定增加保险费或者解除合同……被保险人未履行前款规定的通知义务的,因保险标的的危险程度显著增加而发生的保险事故,保险人不承担赔偿保险金的责任。"

长期以来,工程建设以吞噬建设工程的安全保证为手段,追逐非法利润,危害工程安全,进而危害社会的恶性事故屡有发生,保险从业的各方都应当从承担社会责任的角度抵制这种行为。站在保险业的角度,仅仅满足于责任分析是不够的,应考虑加强对施工过程的风险查勘,及时发现问题,做好防范工作。这里提请对工程监理加以注意,即如何对监理公司、监理人员的工作进行监督。在工程保险合同中,一般把监理人列为被保险人,但是对其责任、义务少有约定,此问题值得研究。例如,本案事故中监理人的工作效果就值得考量。

第三节　安装工程保险

安装工程保险简称安工险,专门承保以新建、扩建或改造的工矿企业的机器设备或钢结构建筑物在整个安装、调试期间,由于保险责任内的风险造成保险财产的物质损失、列明费用损失及安装期间造成的第三者财产损失或人身伤亡引起的经济赔偿责任的保险。

一、安装工程保险的特点

安装工程保险和建筑工程保险在形式和内容上基本一致,两者是承保工程项目相辅相成的一对险种。安装工程保险与建筑工程保险相比较,具有以下特点。

(1)建筑工程保险的保险标的是逐步增加的,风险责任也随着保险标的的增加而增加,而安装工程保险的保险标的大多从安装一开始就负有全部的风险责任。

(2)建筑工程保险的保险标的多半处于暴露状态,遭受自然灾害损失的可能性较大,而安装工程保险的保险标的多在建筑物内,技术性强,受人为事故造成损失的可能性大。

(3)建筑工程保险不负责因设计错误而造成的损失,而安装工程保险虽然不负责因设计错误造成的安装工程项目的本身损失,但负责设计错误而引起的其他保险标的的损失。

（4）安装工程交接前必须通过试车测试，相应保险的费率比较高，而建筑工程无试车风险。

二、安装工程保险的被保险人

凡在工程安装期间承担风险责任或具有利害关系，即具有可保利益的工程有关方，都可成为安装工程保险的被保险人，主要包括以下各方。

（1）业主，即所有人。

（2）承包人，即负责安装该项工程的承包单位。

（3）分承包人，即和承包人订立分承包合同，负责该工程中部分项目的承包单位。

（4）供货人，即负责提供被安装机器设备的一方。

（5）制造人，即被安装机器设备的制造人。

如果将制造人（有时供货人和制造人同是一人）作为共同被保险人，在任何时候制造人风险的直接损失，即本身部分都应除外，不包括在安装工程保险责任范围之内。

（6）工程监理，即由业主聘请，代表业主监督工程合同执行的单位或个人。

（7）其他关系方，如贷款银行。

三、安装工程保险的投保人

安装工程的投保人可以是业主，也可以是承包商。工程由谁投保，实际操作时，可视承包方式而定，主要有以下承包方式。

（1）全部承包方式。业主将所有机器设备的供应及安装工程的全部包给承包商，由承包商负责设计、制造（或采购）安装、调试及保证期等全部内容，最后将完成的安装工程交付给业主。

（2）部分承包方式。业主负责提供（或采购）被安装的机器设备，承包商负责安装、试车，双方都承担部分风险责任。

（3）分段承包方式。对于大型的安装工程，业主常将一项工程分成几个阶段或部分承包，而每一个承包商对业主来说都是独立的，他们相互之间没有契约关系。

由于安装期间发生的损失原因很复杂，往往各个原因相互交错，难以截然分开，所以多数情况下采取统一投保，由一张保险单将工程安装期间要承担风险责任或具有可保利益的有关方都视为共同被保险人，使各方都获得保障，同时也避免了由于责任难以划清而产生的纠纷，各方接受赔款的权利以不超过其对保险标的的可保利益为限。

如果是全部承包方式，由主承包商出面投保整个工程的安装工程保险，同时把工程的有关利益方列为共同被保险人。如果是其他承包方式，则采用业主投保较好。

四、安装工程保险承保的项目、保险金额及其调整

（一）承保的项目和保险金额

1. 物质损失部分

（1）安装项目。作为安装工程保险的主要保险项目，安装项目包括安装的机器设备、装

置、物料、基础工程(地基、基座)以及工程所需的各种临时设施,如水、电、照明、通信设施。

安装工程项目主要有三类:①新建工厂、矿山或某一车间生产线安装的成套设备;②单独的大型机械装置,如发电机组、锅炉、巨型吊车等组装工程;③各种钢结构建筑物,如油罐、桥梁、电视发射塔之类的安装、管道、电缆的铺设工程等。

安装项目的保险金额应以安装工程安装完工时的总价值为保险金额,包括设备费用、原材料费用、运输费和保险费、安装建造费、关税及其他税项和费用以及由工程所有人提供的原材料和设备的费用。工程项目包括被安装的机器、物料、基础工程以及工程所需的各种临时设施,如水、电、照明、通讯等设施。

(2)土木建筑工程项目,指新建、扩建厂矿必须有的项目,如厂房、仓库、水塔、道路、办公室、宿舍、食堂等。如果该项目已经包括在上述安装项目内,则不必另行投保,但要在保险单中说明。

土木建筑工程项目的保险金额应为该项目建成时的总价值,包括设计费、材料设备费、施工费、(人工及施工设备费)、运费、保险费、税款及其他有关费用。

安装工程保险内承保的土木建筑工程项目,其保险金额以不超过整个工程项目的20%为限,如果超过这一限额,土建项目应该按建筑工程保险费率计收保险费。如果超过50%时,应用建筑工程保险保险单承保。

(3)安装施工机具设备。施工机具设备一般不包括在承包合同价格内,如果要投保可列入此项。保险金额应按同型号、同负载的新机具设备重置价值计算,包括出厂价、运费、关税、机具本身的安装费及其他必要的费用在内,并列出清单附在保险单上,加费投保。

(4)工地内现成财产,指不包括在承包工程范围内的、业主或承包商所有的或由其保管的工地内已有的建筑物或财产。工地内现成财产的保险金额由被保险人与保险人商定,保额一般按重置价值计。

(5)清除残骸费用,由被保险人自定并单独投保,不包括在合同价格内,但要在保险单上列明。该费用一般大的工程多为合同工程金额的0～5%;小的工程为合同工程金额的5%～10%。该费用按第一危险方式承保,但最高不超过现存财产的实际价值。上述各项保险金额之和构成安装工程保险物质损失部分的总保险金额。

若被保险人是以保险工程合同规定的工程概算总造价投保,被保险人应注意以下几点:①在本保险项下工程造价中包括的各项费用因涨价或升值原因而超出原保险工程造价时,必须尽快以书面通知保险人,保险人据此调整保险金额;②在保险期限内对相应的工程细节做出精确记录,并允许保险人在合理的时候对该项记录进行查验;③若保险工程的建造期超过3年,必须从保险单生效日起每隔12个月向保险人申报当时的工程实际投入金额及调整后的工程总造价,保险人将据此调整保险费;④在保险单列明的保险期限届满后3个月内向本公司申报最终的工程总价值,保险人据此以多退少补的方式对预收保险费进行调整。

否则,针对以上各条款,保险人将视为保险金额不足,一旦发生本保险责任范围内的损失时,保险人将根据保险单的规定对各种损失按比例赔偿。

2. 责任赔偿部分

保险人对安装工程保险的保险期限内,因发生与保险单所承保的工程直接相关的意外事故引起工地内及邻近地区的第三者人身伤亡、疾病或财产损失,依法应由被保险人承担的经济赔偿责任,保险人按条款的规定负责赔偿。对被保险人因此而支付的诉讼费用以及事先经保险人书面同意而支付的其他费用,保险人也可按条款规定负责赔偿。

第三者责任部分赔偿金额以法院或政府有关部门根据现行法律裁定的应由被保险人赔付的金额为准,但在任何情况下,均不得超过保险单明细表规定的有关赔偿限额。其赔偿限额的确定与建筑工程保险相同。

以上安装工程保险的物质损失部分的保险金额与第三者赔偿责任部分的赔偿限额相加,就是安装工程保险的总保险金额。

(二) 保险金额的调整

由于被保险人投保时确定保险金额的方式不同,因此在调整保险金额时需根据不同情况分别处理。

1. 被保险人以被保险工程合同规定的工程概算总造价投保

如果在保险单列明的保险期限内,各保险标的工程造价因设计变动、涨价或升值超出被保险工程造价时,必须尽快书面通知保险人。保险人据此调整保险金额,以避免出现保额不足发生保险责任范围内的损失时保险人按比例赔偿,被保险人的损失则不能得到充分的补偿。

2. 保险人与被保险人有特别约定

若保险人与被保险人以批单约定保额增减在一定比例内(如 10%～20%),则被保险人不需书面通知保险人,事故发生时,保额不低于完成总额的该比例内视为足额投保,保险人须足额赔偿。保险人与被保险人也可以约定待工程全部完工时,再对保额进行调整,保险费多退少补。不论怎样,其条件应在保险单中明确规定。

3. 被保险人以承包合同价作为保险金额

在工程整个保险期间,如果由于工程计划的变更或物价的变动而造成承包合同价发生变化的,也必须对保险金额进行与承包合同价的变化相一致的调整,或在保险单中明确规定保险金额可按每年工程的实际投资随时调整。

当工程承包商以低于实际所需工程费用总额的金额进行承包时,即牺牲成本承包时,保险金额要依与工程完工造价相一致的工程费用来计算。

五、安装工程保险的保险责任与除外责任

(一) 物质损失部分

1. 保险责任范围

在保险期限内,对保险单中列明的被保险财产在已列明的工地范围内,因保险单除外责任以外的任何自然灾害或意外事故造成的物质损失,均按照保险单规定予以赔偿;对保

险单列明的因发生上述损失所产生的有关费用,亦可负责赔偿。例如:①洪水、风暴、暴雨、冻灾、冰雹、火山爆发、滑坡、台风、龙卷风、地面下陷等自然灾害;②火灾、爆炸;③安装技术不善引起的事故;④空中运行物体坠落;⑤超负载、超电压、碰线、电弧、走电、短路、大气放电及其他电器引起的事故(工程保险对于电器原因造成的电器用具本身的损失不负责任,仅仅负责由此造成其他保险财产的损失。电器原因造成的电器用具损失是机损险承保的责任范围)。

对每一保险项目的赔偿责任均不得超过保险单明细表中对应列明的分项保险金额,以及保险单特别条款或批单中规定的其他适用的赔偿限额。在任何情况下,对保险单项下承担的对物质损失的最高赔偿责任不得超过保险单明细表中列明的总保险金额。

2. 除外责任

保险人除外责任规定对下列各项不负责赔偿。

(1)因设计错误、铸造或原材料缺陷或工艺不善引起的保险财产本身的损失以及为换置、修理或矫正这些缺点错误所支付的费用。

(2)由于超负荷、超电压、碰线、电弧、漏电、短路、大气放电及其他电器原因造成电器设备或电器用具本身的损失。

(3)施工机具、设备、机械装置失灵造成的本身损失。

(4)自然磨损、内在或潜在缺陷、物质本身变化、自燃、自热、氧化、锈蚀、渗漏、鼠咬、虫蛀、大气(气候或气温)变化、正常水位变化或其他渐变原因造成的保险财产自身的损失和费用。

(5)维修保养或正常检修的费用。

(6)档案、文件、账簿、票据、现金、各种有价证券、图表资料及包装物料的损失。

(7)盘点时发现的短缺。

(8)领有公共运输行驶执照的,或已由其他保险予以保障的车辆、船舶和飞机的损失。

(9)除非另有约定,在保险工程开始以前已经存在或形成的位于工地范围内或其周围的属于被保险人的财产的损失。

(10)除非另有约定,在保险单保险期限终止以前,保险财产中已由工程所有人签发完工验收证书(验收合格),或实际占有或使用或接收的部分。

(二)第三者责任险

1. 保险责任范围

在保险期限内,因发生与保险单所承保工程直接相关的意外事故引起工地内及邻近区域的第三者人身伤亡、疾病或财产损失,依法应由被保险人承担的经济赔偿责任,保险人按条款的规定负责赔偿。

对被保险人因上述原因而支付的诉讼费用以及事先经保险人书面同意而支付的其他费用,保险人亦负责赔偿。

2. 除外责任

保险人除外责任规定对下列各项不负责赔偿。

（1）保险单物质损失项下或本应在该项下予以负责的损失及各种费用。

（2）工程所有人、承包人或其他关系方或他们所雇用的在工地现场从事与工程有关工作的职员、工人的人身伤亡或疾病。

（3）工程所有人、承包人或其他关系方或他们所雇用的职员、工人所有的或由其照管、控制的财产发生的损失。

（4）领有公共运输行驶执照的车辆、船舶、飞机造成的事故。

（5）被保险人根据与他人的协议应支付的赔偿或其他款项，但即使没有这种协议，被保险人仍应承担的责任不在此限。

此外，保险人对由下列各项原因造成的损失也不负责赔偿。

（1）战争、类似战争行为、敌对行为、武装冲突、恐怖活动、谋反、政变引起的任何损失、费用和责任。

（2）政府命令或任何公共当局的没收、征用、销毁或毁坏。

（3）罢工、暴动、民众骚乱引起的任何损失、费用和责任。

（4）被保险人及其代表的故意行为或重大过失引起的任何损失、费用和责任。

（5）核裂变、核聚变、核武器、核材料、核辐射及放射性污染引起的任何损失、费用和责任。

（6）大气、土地、水污染及其他各种污染引起的任何损失、费用和责任。

（7）工程部分停工或全部停工引起的任何损失、费用和责任。

（8）罚金、延误、丧失合同及其他后果损失。

（9）保险单明细表或有关条款中规定的应由被保险人自行负担的免赔额。

 专栏6-2

安工险撑起工程"保护伞"

报载，南昌市地铁2号线建筑安装工程一切险及第三者责任险已于近日进行对外招标。此次招标范围为该市地铁2号线一期工程以及红谷滩新区九龙湖地下综合管沟工程。

无独有偶，前不久，致力于太阳能发电事业的米昂新能源科技（上海）有限公司与太平洋保险达成战略合作协议，由后者提供包含安装工程一切险在内的险种，以有效控制从电站安装到后期运维整个流程的风险，为分布式屋顶电站保驾护航。

两则简短的消息"牵引"出一个值得大型机器设备安装施工企业重视的关键词——"安装工程一切险"（以下简称"安工险"）。众所周知，建筑安装工程是风险频发的领域，尤其对于各种大型机器设备的安装工程而言，如何规避在安装期间因各种风险对项目造成损失，是施工企业必须面对的问题。此间，通过购买安工险将风险转移给保险公司，可谓一个良策。

转移风险

作为工程保险的一种，安装工程一切险是以各种大型机器设备的安装工程项目在安装期间因自然灾害和意外事故造成的物质损失，以及被保险人对第三者依法应承担的赔偿责任为保险标的的险种。被保险人可以是工程所有人、工程承包人,也可以是被安装机器设备的制造商、负责提供被安装机器设备的供货人、技术顾问。此外,贷款银行或其他债权人也可以做为安工险的被保险人。

据了解,安工险的保险标的范围很广,概括起来可分为物质财产本身和第三者责任两类。其中,物质财产本身包括安装项目、土木建筑工程项目、场地清理费、工程所有人或承包人在工地上的其他财产;而第三者责任是指在保险有效期内因在工地发生意外事故造成工地及邻近地区的第三者人身伤亡或财产损失,依法应由被保险人承担的民事赔偿责任和因此而支付的诉讼费用及经保险人书面同意的其他费用。

保险业内人士表示,对于投保安工险的安装施工企业而言,虽然将为获得该险种的保障付出额外的一笔保险费,但由此能提高损失的控制效率,不会因为意外事故或灾害导致工程投资超出计划,出现追加投资困难的窘境,使工程项目能连续稳定地进行,减少工程所有人和承包人之间的经济纠纷,从而最终保证工程的进度和质量。

注意区别

值得一提的是,除了安工险之外,由于同属工程保险的建筑工程一切险(以下简称"建工险")承保各类民用、工业和公用事业建筑工程项目在建造过程中因自然灾害或意外事故而引起的一切损失。因此,一些施工企业往往将这两类险种混淆。

保险业内人士介绍,尽管安工险是同建工险一起发展起来的综合性工程保险业务,但相比建工险,安工险还是有其明显的特征。

首先,安工险是以安装项目为主体的工程项目为承保对象,虽然大型机器设备的安装需要进行一定范围及一定程度的土木建筑,但安工险承保的安装项目始终在投保工程建设中占主体地位,其价值不仅大大超过与之配套的建筑工程,而且建筑工程本身亦仅仅是为安装工程服务。另外,在责任免除方面,建工险将设计错误造成的损失一概除外;而安工险对设计错误本身的损失除外,对由此引起的其他保险财产的损失则予以赔偿。

其次,建工险的保险责任一般贯穿于施工过程中的每一环节,即无论是施工初期还是完工时期,均有发生各种风险事故的可能性。与之相比,对于安装工程来说,尽管风险事故的发生与整个安装过程有关,但只要机器设备未正式运转,许多风险就不易发生,而到了安装完毕后的试车、考核和保证阶段,各种问题及施工中的缺陷才会充分暴露。因此,与建工险相比,安工险多了一个试车考核期间(工程安装完后冷试、热试和试生产)的保险责任。比如,因安装技术不善(指按照要求安装却没达到规定的技术标准)导致试车时出现损失,就是安工险的主要责任之一。

(资料来源:和讯网)

六、安装工程保险的保险期限

(一)安装期物质损失及第三者责任保险

安装工程保险的保险责任自被保险工程在工地动工或用于被保险工程的材料、设备运抵工地之时开始,至业主对部分或全部工程签发完工验收证书(验收合格)或业主实际占用(使用/接收)该部分或全部工程之时终止,以先发生者为准。在保险期限内,如果是在机器材料被卸至工地之前这些设备材料发生损失,保险人不负责赔偿。在任何情况下,安装工程保险期限的起始或终止不得超出保险单明细表中列明的安装工程保险的生效日或终止日。

安工险保险期内一般包括试车考核期。试车考核期包括冷试、热试和试生产:冷试指单机冷车运转;热试指全线空串联合运转;试车指加料全线负荷联合运转。若保险设备本身是在本次安装前已被使用过的设备或转手设备,则自其试车之时起,保险人对该项设备的保险责任即行终止。

试车考核期出险率最高,因此在承保试车考核期时应慎重。试车考核期的长短应根据承包合同上的规定而定,一般以不超过 3 个月为限,若超过 3 个月则应另行加费。不论安装的被保险设备有关合同中对试车和考核期如何规定,保险人仅在保险单明细表中列明的试车和考核期限内对试车和考核所引发的损失、费用和责任负责赔偿。

(二)保证期物质损失保险

保证期的保险期限与工程合同中规定的保证期一致。从工程所有人对部分或全部工程签发完工验收证书(验收合格)或工程所有人实际占有(使用/接收)该部分或全部工程时起算,以先发生者为准。在任何情况下,保证期的保险期限不得超出保险单明细表中列明的保证期。保证期责任是否投保由被保险人自己决定。

实际操作时,由于安装工程涉及的项目种类繁多,对有的安装工程保险责任终止期的确定比较困难,遇有下列工程项目可通过加批单分别规定保险责任的终止期。

(1)石油、石化气罐安装工程责任的终止期为交工时或开始存放储存物时(以先发生者为准)。

(2)如果由承包商投保,在承包合同中规定由业主进行试车的情况下,如在试车开始前交工,应把责任的终止日定为交工时或试车开始时(以先发生者为准)。

(3)对于试车中风险巨大的项目安装,保险人应与被保险人预先约定试车期限,制定责任终止条款,以便使保险人在约定的试车期限内终止保险责任。

(三)保险期限的延长

如项目在保险单规定的终止日还未完工,被保险人要求延长保险期限的,须事先获得保险人的书面同意,保险人同意后应出具批单,并按规定增收保险费。

七、安装工程险的免赔额

规定对承保的安装工程免赔额可以促使被保险人加强对施工场地的安全管理工作,减少事故的发生,降低保险费。免赔额的高低应根据安装工程的危险程度、机械设备的性质及价值、工期的长短、自然气候条件等因素,与投保人在投保时具体商定。

(一)物质损失部分

(1)自然灾害引起的巨灾损失免赔额为 25 000～400 000 元。

（2）试车考核期免赔额为 80 000～800 000 元。

（3）其他风险免赔额为 16 000～40 000 元。

（4）特种危险免赔额与自然灾害相同。

此外,对特种危险还应规定特种风险赔偿金额,即由地震、海啸、洪水、暴雨和风暴等特种风险造成的保险工程物质损失总的赔偿金额。不论发生一次或多次事故,赔款都不能超过此限额。具体限额的高低应根据工程自然条件、以往发生这类灾害的记录及工程本身的抗灾能力等因素研究确定。

（二）第三者责任险的免赔额

对于第三者责任附加险免赔额,一般只规定每次事故财产损失的免赔额,对人身伤亡则不作规定。

八、费率的确定和保险费计算

（一）费率确定考虑的主要因素

（1）工程本身的危险程度、工程的性质及安装技术难度。

（2）工地及邻近地区的自然地理条件,有无特别危险存在。

（3）保险期限的长短,安装过程中使用吊车次数的多少及危险程度。

（4）最大可能损失程度及工地现场管理和施工的安全条件等。

（5）被安装设备的质量、型号,产品是否达到设计要求。

（6）工期长短及安装季节,试车期和保证期分别有多长。

（7）承包人及其他工程关系方的资信、技术水平及经验。

（8）同类工程以往的损失记录。

（9）免赔额的高低及特种风险的赔偿限额。

（二）安装工程保险的保险费

由于安装工程投资大、工期长,故保险费数额较大,可由保险双方协商保险费的收取办法,并在保险单上载明。

九、承保安装工程险必须查证的情况

保险公司在承保安装工程险之前,除了认真审阅工程文件资料外,还必须到现场查勘,并记录以下情况。

（1）被保险人、制造商及其他与工程有利害关系的各方资信情况。

（2）工程项目或机器设备的性质、性能、新旧程度以及以往发生过的情况,有无保险或损失记录。

（3）工厂所用原材料的性能及其危险程度。

（4）安装或建筑工程中最危险部位及项目。

（5）机器设备及原材料的启运时间、运输路线、运输和保管方法,运输中风险最大的环节。

（6）工地周围的自然地理情况和环境条件,包括风力、地质、水文、气候等,尤其是发生特种风险如地震、特大自然灾害的可能性。

（7）工地邻近地区情况,特别是附近有哪些工厂,是否有河流、公路、海滩,以及这些因素可能对保险标的产生的影响。

（8）工地附近居民的情况,如生活条件、治安、卫生等。

（9）安装人员的组织情况,负责人及技术人员的业务水平及其素质。

（10）工程进度及实施方式,有无交叉作业。

（11）无法施工季节的防护措施。

（12）扩建工程情况下原有设备财产的情况,是否已投保,谁负责保险,保险内容。

（13）试车期以及开始日。

了解并掌握上述情况后,保险双方即可商定保险标的的内容,进而签订安装工程险的保险合同。

十、典型案例

[**案例 6-2**]　2012 年 4 月 1 日,某保险公司承保了某造纸企业（以下简称 B 公司）分布在江苏省内的几个不同地点厂房建设的建筑安装工程险和附加第三者责任保险,其中包括 3 个月的试车期,并附加 12 个月的扩展责任保证期保险。同时投保的还有预期利润损失险,赔偿期限为 12 个月。被保险人指定 C 公司为保险顾问,根据 C 公司的安排,D 公司作为该项目的首席再保险人。2012 年 8 月 18 日至 19 日,由于受台风及特大暴雨的影响,加上长江汛期到来,引起江水上岸,造成 B 公司位于江边的建筑工地大面积受损。

接到被保险人索赔通知后,保险公司理赔人员与 C 公司专业人员共同进行了现场查勘,逐一清点业主和承包商的损失,发现损失主要有以下两方面:①业主损失,包括造纸厂旁的仓库、基础工程、部分重建工程、建筑重建工程、建筑原材料,主要是混凝土及水泥原料及清理费用。②承包商的损失,包括临时建筑、工程损坏、清理费用、物料损失及租用机器费用等。

业主和承包商在本次灾害事故中的报损金额超过人民币 400 万元,根据保险单载明的理赔合作条款和理赔理算人规定,保险公司通知了首席再保险人 D 公司。D 公司派人到达现场,作为理算人对损失情况进行查勘和理算,并出具了如下查勘理赔报告。

（1）承包商所报损失与业主所报损失基本重复,因此可以以业主所报损失清单为据进行理算。

（2）根据保险单明细表内容,临时建筑及施工用机具不在保修责任范围内。

（3）初步认定属于保险责任内的损失主要有:仓库屋顶损失 1 460 元;基坑及地下管道损失 16 000 元;工程重建估计损失约 200 000 元;清理费（按照每平方米 8 元计算,加上人工费用）约 1 417 800 元;水泥及混凝土的损失（按被保险人在出险后加快订购的混凝土数量计,扣除市场价格差异、混凝土购置的运输费和加快费）约 1 172 000 元。

（4）保险单附加的预期利润损失险,需要在工程全部完工验收后方能确定是否发生损失。将由于保险责任范围内的原因所造成的延误记录在案,以供今后预期利润损失险核赔时使用。

本次灾害事故最终赔款 290 万元。

本案启迪:本次赔案是一起典型的由于台风、暴雨灾害性天气造成的建筑工地大面积损失。这类赔案的主要症结是正确核定损失程度和准确进行损失理算,必须根据保险单明细表中列明的保险标的、条款规定的保障范围和现场确定的损失程度来合理定损。本案例中有以下几个焦点问题。

(1) 定责定损。由于工地受损面积大,因此需要进行分项定损,同时查清损失的真正原因,确定是否属于保险责任。确定损失金额必须合理,应根据受损程度,并参照当地建筑材料市场价格和人工价格来确定,可利用材料应合理扣除残值。

(2) 临时建筑问题。本次赔案处理中,保险人与被保险人的主要分歧在于临时建筑是否属于保险责任。作者认为,被保险人为保证施工和管理得以进行而建造的各种临时建筑如果含在投保金额内,应属保险责任。

(3) 预期利润损失险的定损核赔。预期利润损失险项下的损失必须在工程全部完成验收后,方能确定是否发生损失。同时,灾害事故发生后可以通过赶工将延误的工期补回来。因此,在本案处理中只能将由于责任范围内的原因所造成的延误记录在案,供将来定损核赔时参考。

本 章 小 结

(1) 工程保险是针对工程项目在建设过程中可能出现的自然灾害和意外事故而造成的物质损失和依法应对第三者的人身伤亡和财产损失承担的经济赔偿责任提供保障的一种综合性保险。

(2) 工程保险的特点包括:保险金额的确定具有特殊性;承保的保险标的风险大;受人为因素影响大;有试车风险;被保险人的多方性;保险期限确定的特殊性。

(3) 建筑工程承包方式不同,投保方也可不同:全部承包方式下,由承包商投保;部分承包方式下,由业主和承包商协商决定谁出面投保;承包商只提供劳务的方式下,由业主投保;分段承包方式下,由业主投保。

(4) 工程保险的保险期限原则上是根据工期确定的,并在保险单明细表上予以明确。保险人对于保险标的实际承担责任的时间应根据具体情况确定,从原理上讲它在事先是一个不确定的时间点。

(5) 安装工程保险与建筑工程保险的区别:①建筑工程保险的保险标的是逐步增加,风险责任也随着保险标的的增加而增加,而安装工程保险的保险标的大多从安装一开始就负有全部的风险责任;②建筑工程保险的保险标的多半处于暴露状态,遭受自然灾害损失的可能性较大,而安装工程保险的保险标的多在建筑物内,技术性强,受人为事故造成损失的可能性大;③建筑工程保险不负责因设计错误而造成的损失,而安装工程保险虽然不负责因设计错误造成的安装工程项目的本身损失,但负责设计错误而引起的其他保险标的的损失;④安装工程交接前必须通过试车测试,相应保险的费率比较高,而建筑工程无试车风险。

关键概念索引

工程保险 建筑工程一切险 安装工程一切险 工期保险单 交叉责任 承包方式
第三者责任 免赔额

复习思考题

1. 工程保险的特点是什么?

2. 什么人可成为工程保险的投保人和被保险人?

3. 简述建筑工程保险的保险标的、保险责任、保险期限、保险金额的确定。

4. 在不同承包方式下,投保人如何确定?

5. 安装工程保险与建筑工程保险有何异同?

6. 建筑安装工程保险保险费率的厘定要考虑哪些因素?

第七章 责任保险

 **本章要点**

- 民事责任与责任保险
- 责任保险概述
- 公众责任保险
- 产品责任保险
- 职业责任保险
- 雇主责任保险

本章主要介绍民事责任与责任保险的关系、责任保险的特点及相关的理论。通过本章的学习,应掌握公众责任保险、产品责任保险、职业责任保险和雇主责任保险等业务的特点及其实务要领,了解国际上及我国责任保险市场的基本情况和发展趋势。

第一节 民事责任与责任保险

一、民事责任概述

(一) 民事责任的定义

民事责任是指民事法律关系中的义务主体违反法律规定的或者合同约定的民事义务,侵害民事权利主体的民事权利,依民法之规定而产生的一种法律后果。《中华人民共和国民法通则》(以下简称《民法通则》)第一百零六条规定:"公民、法人违反合同或者不履行其他义务的,应当承担民事责任。公民、法人由于过错侵害国家的、集体的财产,侵害他人财产、人身的,应当承担民事责任。没有过错,但法律规定应当承担民事责任的,应当承担民事责任。"

(二)民事责任的归责原则

民事责任的归责原则主要有过错责任原则、无过错责任原则和公平责任原则三种方式。我国现行的《民法通则》确立了以过错责任为主,以无过错责任、公平责任为例外的归责体系。

1. 过错责任原则

过错责任原则是指当事人的主观过错是构成侵权行为的必备要件的归责原则。《民法通则》第一百零六条规定:"公民、法人由于过错侵害国家的、集体的财产,侵害他人财产、人身的,应当承担民事责任。"过错是行为人决定其行动的一种故意或过失的主观心理状态。过错违反的是对他人的注意义务,标明了行为人主观上的应受非难性或应受谴责性,是对行为人的行为的否定评价。

适用过错责任原则时,第三人的过错和受害人的过错对责任承担有重要影响。如果第三人对损害的发生也有过错,即构成共同过错,同时根据《民法通则》的规定,应当由共同加害人按过错大小分担民事责任,同时对外承担连带责任。如果受害人对于损害的发生也有过错的,则构成混合过错,依法可以减轻加害人的民事责任。

过错推定责任是指一旦行为人的行为致人损害就推定其主观上有过错,除非其能证明自己没有过错,否则应承担民事责任。过错推定责任仍以过错作为承担责任的基础,因而它不是一项独立的归责原则,是过错责任原则的一种特殊形式。过错责任原则一般施行"谁主张谁举证"的原则,但在过错推定责任的情况下,对过错问题的认定则实行举证责任倒置的原则。

2. 无过错责任原则

无过错责任原则是指当事人实施了加害行为,虽然其主观上并无过错,但根据法律规定仍应承担责任的归责原则。《民法通则》第一百零六条规定:"没有过错,但法律规定应当承担民事责任的,应当承担民事责任。"随着工业化的发展和危险事项的增多,加害人没有过错致人损害的情形时有发生,证明加害人的过错也越来越困难。为了实现社会公平和正义,更有效地保护受害人的利益,无过错责任原则开始逐渐作为一种独立的归责原则在侵权行为法中得到运用。根据《民法通则》的规定,实行无过错责任的主要情形包括从事高度危险活动致人损害的行为、污染环境致人损害的行为、饲养动物致人损害的行为、产品不合格致人损害的行为等。

无过错责任的适用应注意三个方面:①无过错责任原则的适用必须有法律的明确规定,不能由法官或当事人随意扩大适用;②适用无过错责任时,受害人不须证明加害人的过错,加害人亦不能通过证明自己无过错而免责,但原告应证明损害事实及其因果关系;③我国实行的是有条件的、相对的无过错责任原则,在出现某些法定免责事由时,有关当事人也可全部或者部分免除其民事责任。例如,我国法律规定,完全由于不可抗拒的自然灾害,并经及时采取合理措施仍然不能避免造成环境污染损害的,免于承担责任。

3. 公平责任原则

公平责任原则是指损害双方的当事人对损害结果的发生都没有过错,但如果受害人的损失得不到补偿又显失公平的情况下,由人民法院根据具体情况和公平的观念,要求当事人分担损害结果。《民法通则》第一百三十二条规定:"当事人对造成损害都没有过错的,可以根据实际情况,由当事人分担民事责任。"

公平责任原则的适用应当注意两个方面:①适用公平责任的前提必须是当事人既无过错,又不能推定其过错的存在,同时也不存在法定的承担无过错责任的情况。如果可以适用过错责任,无过错责任就不能适用公平责任。②当事人如何分担责任由法官根据个案的具体情况,包括损害事实与各方当事人的经济能力,进行综合衡量,力求公平。

根据《民法通则》的规定,可能适用公平责任原则的情形主要有紧急避险致人损害以及在为对方利益或共同利益活动中致人损害等。

根据产生的原因,民事责任主要分为违约责任和侵权责任。

(三) 违约行为与违约责任

违约行为是指当事人一方不履行合同义务或者履行合同义务不符合约定条件的行为。违约责任是违反合同的民事责任的简称,是指合同当事人一方不履行合同义务或履行合同义务不符合合同约定所应承担的民事责任。

违约责任具有以下三个特征。

1. 违约责任是违约当事人一方对合同另一方承担的责任

合同关系的相对性决定了违约责任的相对性,即违约责任是合同当事人之间的民事责任,合同当事人以外的第三人对当事人之间的合同不承担违约责任。

2. 违约责任是当事人不履行或不完全履行合同的责任

首先,违约责任是违反有效合同的责任,合同有效是承担违约责任的前提和基础;其次,违约责任以当事人不履行或不完全履行合同为条件。

3. 违约责任具有补偿性和一定的任意性

首先,违约责任以补偿守约方因违约行为所受损失为主要目的,以损害赔偿为主要责任形式,故具有补偿性质;其次,违约责任可以由当事人在法律规定的范围内约定,具有一定的任意性。

对于承担违约责任的具体方式,《民法通则》第一百一十一条和《合同法》第一百零七条作了明文规定。《合同法》第一百零七条规定:"当事人一方不履行合同义务或者履行合同义务不符合约定的,应当承担继续履行、采取补救措施或者赔偿损失等违约责任。"据此,违约责任有三种基本形式,即继续履行、采取补救措施和赔偿损失。当然,除此之外,违约责任还有其他形式,如违约金和定金责任。

(四) 侵权行为与侵权责任

侵权行为是指民事主体违反民事义务,侵害他人合法的民事权益,依法应承担法律责任的行为。

侵权行为的特征表现在以下几个方面:侵权行为是违法行为;侵权行为的损害对象是绝对权,即物权、人身权、知识产权;侵权行为是行为人有意识的行为,即行为人主观上有过错。侵权行为按不同的标准可分为一般侵权行为与特殊侵权行为、单独侵权行为与共同侵权行为、积极的侵权行为与消极的侵权行为。

1. 一般侵权行为构成要件

（1）行为的违法性。行为人实施了违法行为是其承担侵权责任的前提要件。如果行为人的行为并不违法，那么即使产生了损害事实，也不承担赔偿责任。

（2）损害事实的存在。损害事实既包括对公共财产的损害，也包括对私人财产的损害，同时还包括对非财产性权利的损害。

（3）因果关系。侵权行为中的因果关系是指违法行为与损害结果之间的客观联系，即特定的损害事实是否是行为人的行为必然引起的结果。

（4）行为人主观上有过错。过错是侵权行为构成要件中的主观因素，反映行为人实施侵权行为的心理状态。与无过错责任与公平责任不同，对一般侵权行为而言，过错是行为人承担侵权责任的必要前提。过错根据其类型可分为故意和过失。故意是指行为人预见到自己的行为可能产生某种损害结果，仍希望其发生或任其发生；过失是指行为人对其行为结果应预见或能够预见而因疏忽未预见，或虽已预见，但因过于自信，以为其不会发生，以致造成损害后果。根据法律对行为人要求的注意程度不同，过失又分为一般过失与重大过失。一般过失是指行为人没有违反法律对一般人的注意程度的要求，但没有达成法律对具有特定身份人的较高要求；重大过失是指行为人不仅没有达到法律对行为人的较高要求，甚至连法律对普通人的一般要求也未达到。

2. 侵权责任及其形式

侵权责任是指行为人不法侵害社会公共财产或者他人财产、人身权利而应承担的民事责任。《民法通则》第一百三十四条规定，民事责任的责任形式有十种，除了支付违约金与修理、重作、更换适用于违约责任外，其他方式均可适用于侵权责任，具体包括：停止侵害，排除妨碍，消除危险，返还财产，恢复原状，赔偿损失，消除影响，恢复名誉，赔礼道歉。此外，由于侵权行为侵害他人，造成人身损害的应当赔偿医疗费、护理费、交通费等为治疗和康复支出的合理费用以及因误工减少的收入；造成残疾的，还应当赔偿残疾生活辅助具费和残疾赔偿金；造成死亡的，还应当赔偿丧葬费和死亡赔偿金。

二、责任风险与责任保险

（一）责任风险

责任风险是指企业、团体、家庭和个人在从事各项活动中，因疏忽、过失等造成他人的人身伤亡或财产损失，而依法对受害人承担经济赔偿责任的可能性。

随着社会经济的日益发展，从责任风险发生的趋势和对经济单位和个人带来的损失程度来看，已越来越受到人们的关注。分析其原因，主要有以下几个方面：①人们在遭受他人的侵权损害时，可借助法律手段来保护自己，使责任方承担对损害的赔偿；②科学技术的进步在给人们带来生产发展和生活方便的同时，也使责任风险发生的概率增加，造成的损失后果严重化；③人们生活水平的提高以及物价指数的上升，导致了受害人的损害赔偿数额日趋升高。

(二)责任保险

随着经济的发展、法制的健全和完善以及人们权利意识的不断增强,迫切需要一种转嫁和分散日益增加的法律责任风险的风险分散机制。因此,人们产生了对责任保险的需求。保险公司顺应社会经济发展的需要开发了一系列责任保险产品,进一步推动了责任保险的发展。同时,责任保险的发展反过来也保障了法律的实施,促进了社会的公平正义,促进了社会经济的协调发展。

责任保险是指以被保险人对第三者依法应负的民事损害赔偿责任为保险标的的保险。保险人主要承担各经济单位和个人在进行各项生产经营活动、业务活动或在日常生活中,由于疏忽、过失等行为造成他人的人身伤亡或财产损失,依法以及按合同约定应承担的经济赔偿责任。

第二节　责任保险概述

一、责任保险的发展历史

西方保险界认为,保险业的发展可以划分为三个阶段:第一阶段是传统的海上保险和火灾保险(后来扩展到一切财产保险);第二阶段发展到了人寿保险;第三阶段则是扩展到了责任保险。可见,保险业的发展由最初只承保物质利益风险,发展到承保人身风险,进一步扩展到了承保各种法律风险。责任保险是市场经济发展到一定阶段的必然产物,它的产生和发展与国家法律制度、国民法律意识息息相关。然而,责任保险在开办之初,被一些人认为代替致害人承担赔偿责任不符合社会公共道德准则,有害而无利,因而颇受争议。

(一)国外责任保险的发展历史

19世纪末,随着欧美等国家的法制环境逐渐成熟,人们的权利意识不断增强,司法体制逐渐完善,人们意识到自身所面临的法律责任危险大幅度增加,因而对责任保险的需求也逐渐增大。为顺应社会经济发展的需求,保险公司开发了一系列的责任保险产品,进一步推动了责任保险的发展。责任保险产生于19世纪末的欧美国家,于20世纪70年代以后在工业化国家得到迅猛发展。

初期责任保险的创新与发展都与雇主责任保险有着紧密的联系。19世纪中叶,处于工业化革命进程的英国,工业从业人员迅速膨胀,然而由于当时的工作环境恶劣致使工伤事件频频发生,工人从雇主那里得不到任何的赔偿。工人阶级为获得人身和经济保障,同政府进行了坚决的斗争,迫使资本主义政府先后制定了劳工法律。1846年,英国议会通过《致命事故法令》,该法令规定,如因一方的疏忽大意造成另一方死亡,死亡者赡养的人有权要求对方承担一定的经济责任,以弥补损失。该法令颁布后,公众仍然要求对法律进行重大修改。议会于1880年又通过《雇主责任法令》,《雇主责任法令》规定雇主经营业务中因过错致使雇员受到伤害时须负法律赔偿责任,但法令仍规定受害人必须证明对方犯有过失,方能提出赔偿要求。当年,英国还成立了专业的雇主责任保险公司,并开发了雇主责任保险产品。因此,雇主责任保险成为工人阶级保护自身权益的一种有效的手段。随后,英国于1886年在美国开设雇主责任保险分公司,而美国也于1889年在本土设立了自己的承保雇主责任业务的保险公司。随着英、美两国法律的不断修订和完善,使得雇主对雇员应承担的法律责任逐渐增大,雇主责任保险有了迅速的发展。20世纪初,英、美两国将雇主责任保险纳入法定保险之列,随即为众多国家所效仿。其他种类的责任保险,最初都以附加责任的方式承保,随后才逐渐以新险种的方式出现。

1. 机动车第三者责任保险

1875年,英国出现了马车第三者责任保险,专门承保因使用马车而引起的责任,这可以看成是汽车第三者责任保险的先导。在汽车问世不久,英国法定事故意外保险公司于1898年推出了第一张汽车保险单。该保险单严格遵循了用于承保使用马匹所产生责任的保险单格式。到了20世纪40年代,很多国家将机动车第三者责任保险规定为法定的强制保险。目前,机动车责任保险已经成为业务量最大的责任保险险种。

2. 公众责任保险

公众责任保险始于19世纪80年代,最早开办的险种主要有承包人责任保险(1886年)、升降梯责任保险(1888年)、业主房东住户责任保险(1894年)等。到了20世纪40年代,随着西方工业化的发展,公众责任保险进入成熟阶段。随着社会公众法律意识的增强,公共场所损害赔偿额的急剧上升,公众责任保险已经成为公众活动场所、企业、其他团体的重要保障机制。

3. 职业责任保险

1885年,第一张职业责任保险单问世,其主要承保药剂师过失责任。19世纪末期,医生职业责任保险产生。1923年,会计师职业责任保险产生。目前,在发达国家的保险市场上,职业责任保险已经涵盖了医生、护士、药剂师、美容师、律师、会计师、公证人、建筑师、工程师、房地产经纪人、保险经纪人和代理人、公司董事和高级职员、教育工作者、情报处理者、退休人员等数十种不同的行业。职业责任保险在发达国家的保险市场占据了十分重要的地位。

4. 产品责任保险

该险种起始于1910年的有毒物品责任保险,主要承保的是与人身体健康有直接关系的产品,诸如食品、药品等。随着科学技术日新月异的发展,产品开发和使用过程中的风险也在不断增加,产品缺陷等不安全因素不断增大。产品责任险的承保范围也逐渐扩大到轻纺、机械、石油、化工、电子等行业的产品。20世纪60年代以后,产品责任保险开始迅速发展起来。

5. 环境责任保险

随着社会经济的发展,环境污染重大事故也不断发生,环境责任保险应运而生。环境污染的后果往往极为严重,给人身、财产、环境和自然资源造成了重大损害。环境污染往往是地域广阔、受害人数众多、赔偿数额巨大的严重社会灾难。在这种情况下,环境污染责任保险成为各国通过社会化途径解决环境损害赔偿问题的主要方式之一。1988年,美国成立了专门的环境功能保护保险公司,承保被保险人因渐发、突发、意外的污染事故应承担的责任及第三者责任。目前,环境责任保险在西方发达国家已经有了较为成熟的发展,美国、德国、瑞典甚至将其纳入强制责任保险的范畴。

进入 20 世纪 70 年代以后,责任保险在工业化国家进入了黄金发展期。在这个时期,首先是各种运输工具的第三者责任保险得到了迅速发展,其次是雇主责任保险成了普及化的责任保险险种。责任保险承保的领域不断扩展,形成了门类齐全、险种多样、专业性强的责任保险体系。美国的责任保险市场份额从 20 世纪 80 年代前后就占整个非寿险业务的 45% 左右,在英、德等欧洲保险发达国家,这个比例大概在 30% 左右。但从总体来看,责任保险是在挫折中不断发展和完善的。在英、美、法等国家,责任保险更经历了若干次发展危机。

(二) 责任保险的危机

进入 20 世纪 70 年代以后,在一些国家,特别是英美法系国家,多次发生责任保险危机,严重阻碍了责任保险的发展。责任保险危机主要表现为:责任人的民事责任不断增高,法院裁判的赔偿金额大幅上涨,保险赔款惊人地增长,保险公司不得不大幅提高责任保险费率,甚至退出个别责任保险市场,进而导致投保人难以获得保险或者需要极高的代价才能获得保险。责任保险危机在产品责任保险、医疗责任保险及董事责任保险等方面表现得尤为突出。

1. 产品责任保险危机

20 世纪七八十年代,美国产品责任逐步向绝对责任发展。产品生产商、销售商对因产品缺陷对消费者所造成的损害负有绝对的赔偿责任,产品责任诉讼数量有了很大的增长,原告胜诉率逐渐增大,赔偿数额也发生了爆炸性的扩张。20 世纪 70 年代中期,许多制造商的保险费增加了 2 倍或 3 倍,有的甚至增加了 10 倍。此后,在 1984—1986 年,保险费又连续上涨了 3 倍。加上保险人大幅度削减了可保范围,制造商怨声载道,产品责任保险曾一度面临毁灭性灾难。

2. 医疗责任保险危机

在美国,1976—2000 年,由于法院对医疗事故受害人的过分保护,医疗赔偿费用大幅上升,保险赔款支出不断增长,导致保险公司不断提高费率水平,或者直接退出医疗责任保险市场。据统计,这段时期全美医疗责任保险的平均费率上升了 505%。目前,医疗诉讼的赔偿金额仍然居高不下。保险公司的承保利润一直很低,经营风险很高,医疗责任保险存在明显的危机。

3. 董事责任保险危机

20 世纪 80 年代中期,北美出现了董事责任和高级职员责任保险危机,由于法院判决了众多的高额赔偿案件,保险公司为了弥补亏损,不得不大幅度提高费率,保险市场发生了剧烈的变化。进入 21 世纪以后,由于美国的安然公司、世界通信公司等在证券市场上严重的虚假陈述、欺诈等行为,引发证券投资者对企业及其董事、高级职员的新一轮诉讼,董事和高级职员责任保险再一次陷入危机。

英美法系国家责任保险危机的发生,分析其内在原因主要有以下几点。

第一,英美法系国家独有的诉讼文化。这些国家由于自身对权利保护的重视,形成了好讼的民众心理。诉讼对于他们来讲并不只是利益之争,还包括对价值观念及权利的追求,这种观念已深入人心。20世纪以来,西方社会司法的社会功能不断扩大,通过审判确认的权利和损害赔偿责任的无限扩大刺激了诉讼的进一步增长,出现了所谓的"诉讼爆炸",即诉讼数量多、赔偿额大、保险公司的赔付越来越高,导致了责任保险危机的发生。

第二,民事责任无限扩大化。无过错责任制度的泛化和高额的惩罚性赔偿金制度是导致责任保险危机发生的根本原因。无过错责任制度与惩罚性赔偿金制度的存在,往往使法院倾向于支持受害者高额的赔偿请求。在裁判过程中,法官和陪审团更多地考虑保险因素,如果加害人购买了保险,则所判决的赔偿金额也高,这样虽然能够更好地保护受害人的利益,却过分地加重了责任人的负担,进而加重了保险人的负担,造成了责任保险危机的发生。

第三,保险公司经营管理不善。由于责任保险经营所具有的特点,保险人从承保开始到事故发生,往往事隔数年之久,这就对保险公司的经营管理提出了相当高的要求;很多保险公司在经营责任保险的过程中存在对风险估计不充分,承保和理赔控制不严以及投资不善,再保险安排不当、准备金提取不足等问题。这也是造成责任保险危机的重要因素。

相比较而言,大陆法系国家无过错责任和惩罚性赔偿金制度适用范围有限,法律责任风险也相对有限,缺乏大范围责任保险危机的社会和法律环境。因此,英美法系国家的大规模责任保险危机,很少在大陆法系国家发生。

(三) 我国责任保险市场的发展

1. 我国责任保险的发展历史

在新中国成立以前,我国存在零星的电梯责任保险、旅客责任保险和第三者责任保险业务。在我国,20世纪50年代初期,原中国人民保险公司曾经举办过汽车、飞机附加第三者责任保险和船舶碰撞责任保险,但由于人们对责任保险存在认识上的误区,认为责任保险"弊多利少,副作用大",责任保险不得不停办。

20世纪70年代初,为满足外国驻华机构、人员的需要,恢复了涉外保险业务,承保各国驻华使馆等人员的汽车及其相关责任风险。20世纪70年代末,为了适应出口产品的需要,我国配套设置了产品责任保险。可以说,在1979年以前,责任保险并未作为一项专门的业务展开,附加责任保险的业务量也相当少。责任保险因国内保险业务的停办而基本处于休业状态。

1980年恢复开办国内保险业务以后,首先开展的责任保险业务仍然是汽车第三者责任保险,由于社会环境等种种因素,其他责任保险业务仍然只是在涉外经济领域发展。

据统计,1981年,我国已经开办的以附加条款承保的责任保险有机动车辆第三者责任保险、承运货物运输责任保险、公众责任保险、雇主责任保险、产品责任保险、展览会责任保险、修船责任保险、海上石油开发第三者责任保险等。1984年,中国人民保险公司武汉分公司出具了国内第一张责任保险保险单——承保"荷花牌"洗衣机产品责任保险和产品质量保证保险,这标志着我国独立承保的责任保险险种的诞生。到 20 世纪 80 年代末期,责任保险才开始进入国内市场非涉外经济领域,中国人民保险公司不分省市开始试办国内独立的责任保险业务,如产品责任保险、医疗责任保险等,责任保险作为一类独立的责任保险业务渐成雏形,并从此进入了前所未有的发展时期。

责任保险在我国开办的历史虽然不长,但已有了很大的发展。从责任保险的险种来看,目前各保险公司开办了公众责任保险、雇主责任保险、产品责任保险、职业责任保险等险种,并且在每个大的险种之下推出了一些适应当前人们生产和生活需要的一些新的险别或附加险。例如,公众责任保险从最初的展览会责任保险、旅馆责任保险等几个有限的险别,发展到目前的校方责任保险、物业管理责任保险、监护人责任保险、血站采供血责任保险、机动车辆停车场责任保险、餐饮娱乐场所责任保险、个人职业责任保险等多个险别。另外,附加险也随之增加。从法制环境的完善上看,继《民法通则》外,已陆续出台的《中华人民共和国产品质量法》《中华人民共和国消费者权益保护法》《中华人民共和国食品卫生法》《医疗事故处理条例》《中华人民共和国道路交通安全法》等几十部关于损害赔偿的法律法规、条例,大大促进了我国责任保险的发展。可以看出,责任保险已经逐步渗透到经济生活的各个领域,成为人们从事经营活动以及个人行为十分必要的补充条件,是保险业中的"朝阳产业"。

2. 制约我国责任保险市场发展的成因及发展对策

国内责任保险发展滞后的主要原因有以下几个方面。

(1) 法制化程度相对落后,各项民事法律制度不健全。责任保险的发展与国家法律的发展密切相关,法制环境不健全是制约责任保险发展的主要因素之一。目前,我国的法律法规不够细化,社会生活的许多领域还没有相关立法,这造成实际生活中许多损害责任认定不清,导致许多责任保险的开展尚不具备必要的法制条件。

(2) 公民法律意识不强。这一问题从根本上讲是由于法制化进程相对落后造成的。近年来,我国公民的依法索赔意识有了较大提高,尤其是沿海发达地区。但是,与法制化建设完善的国家相比,我国公民的法律意识应当说还有较大差距,广大内陆省份更是如此。

(3) 责任保险经营技术落后,缺乏专业技术人才。国内的各主要保险业务的费率都不是运用数理统计方法测算出来的,而是根据经验和市场竞争情况确定的。这样的费率无法反映标的风险的大小,保险公司也无法有效地控制风险。

(4) 各保险从业主体对业务发展模式存在困惑。责任保险从总体上讲属于高风险、高技术性业务,需要保险从业主体努力发展风险管理技术、完善风险选择和控制手段。近年来,不成熟的保险中介市场的迅速发展,尤其是保险经纪人的出现给保险公司带来了压力。一方面,经纪人代表被保险人的利益和保险人讨价还价,降低了保险人的利润空间;另一方面经纪人和代理人共同活跃了市场,为保险公司的经营提供了更广泛的业务来源,但却使保险公司采取风险管理措施的手段被弱化了。借助中介市场发展还是坚持走自己的路,这是责任信用保险发展面临抉择的问题,几乎所有保险公司在这方面都存在着两难的选择。

(5) 再保险等风险分散渠道成本过高。保险公司在承保了高风险的责任保险业务以后,根据自身承保能力需要办理再保险,向再保险公司寻找风险分散。但是,国内的再保险公司对责任保险的高风险业务存在着顾虑,其再保险业务的技术支持也不充分。因此,国内的保险公司通常选择国际市场上知名的再保险公司,办理责任保险等高风险业务的再保险。"9·11事件"和"安然事件"以后,国际再保险市场受到了较大冲击,承保能力过剩的情况已经荡然无存,反而呈现出紧缩高风险业务承保能力的趋势,这种情况直接体现为分保险费率的上涨和分保条件的严格化,进而使国内的保险公司只能相应提高保险费率和承保条件,否则高风险业务就无法安排风险分散。这种情况直接使国内市场责任保险的供给被进一步压缩,其需求受到抑制。

根据我国责任保险发展的特点以及制约我国责任保险发展的因素,结合我国的实际情况,可以从宏观和微观层面着手,促进我国责任保险的快速发展。从宏观层面来看,政府通过立法和行政手段细化法规,为责任保险的发展营造一个良好的法制环境;行业监管部门和行业协会应积极参与法制建设,注重引导市场需求,为责任险的发展创造一个良好的市场环境。从微观层面来看,一方面,保险公司要充分认识到责任保险市场的发展潜力,在公司内部加强有关责任保险的研究和开发,积极借鉴国外的成功经验,引进比较成熟的险种和经营方式,根据客户的不同需求进行改造,分类别、分步骤开发责任保险;另一方面,保险公司要多渠道进行法制宣传,提高公民的法律意识和维权意识。

 **专栏 7-1**

为推动责任保险经营行为 监管部门酝酿制定行业标准

在政策支持力度加大的背景下,作为财产保险领域的一个重要分支,责任保险近年来的保险费收入出现显著增长。上海证券报记者独家获悉,为规范责任保险经营行为,促进市场健康持续发展,监管部门正酝酿出台相关规范性文件,目前正处于业内征求意见阶段。

责任保险是指以被保险人对第三者依法应负的赔偿责任为保险标的的保险。比如,被受众所熟知的有公众责任保险、产品责任保险、雇主责任保险、职业责任保险和第三者责任保险等。

据知情人士透露,根据目前征求意见的内容来看,要求保险公司应准确把握责任保险定义,厘清相关概念及权利义务关系,严格界定可保风险范围。责任保险的保险标的不包括故意责任、行政责任等。除法律或行政法规规定必须购买的保险外,责任保险合同应自愿订立。

根据要求,保险公司应严格遵守法律法规及各项监管规定,准确把握回归本源、防范风险的总体要求,始终坚持合规经营理念,遵循保险基本原理,切实承担责任保险健康发展的主体责任。保险公司应以科学合理的产品设计和优质高效的客户服务为竞争手段,严格执行报批报备条款费率,自觉维护良好市场秩序,不得以简单的利益退还、虚假宣传、降低费率等形式开展非理性竞争,不得以特别约定、补充协议等形式改变保险条款实质内容,不得以附加险形式承保与主险不相关风险。

在产品开发方面,保险公司应认真遵守保险产品管理规定,科学合理开发责任保险产品。不得违背社会公序良俗,不得损害社会公共利益和保险消费者的合法权益,不得承保确定发生的风险,不得承保与被保险人无关的纯费用类项目,不得将不符合责任保险原理的费用作为经营成本,不得以责任保险形式承保以借贷合同为基础的信用风险。保险公司不得将应当按照机动车辆保险管理的产品以责任保险形式报备。

在保险费率厘定方面,保险公司应在充分考虑被保险人所在行业、风险管理水平等因素的基础上,遵循精算原理,科学厘定费率,确保责任保险费率与被保险人风险相匹配。中国保险行业协会应组织行业力量,制定重点行业领域责任保险示范条款,测算公布纯风险损失率。鼓励保险公司承保业务时使用责任保险示范条款。

"此外,还要求保险公司加强核心环节管控。"某家财险公司人士举例说,"比如,应制定责任保险业务管理制度和操作流程,根据不同险种特点分别制定管理细则,并严格执行;责任保险每年保险费收入1亿元以上的保险公司或其分支机构,应单独设立责任保险部门等。"

从功能作用来看,相较于其他险种,责任保险参与社会管理的机会更多。因此,根据征求意见的内容来看,鼓励保险公司应积极参加各级政府部门组织开展的责任保险试点和推广工作,提供优质高效的保险服务,满足政府部门和被保险人的合理需求。同时,保险公司应加强与政府部门、被保险人沟通,在依法、依规、依保险原理的前提下承保,不得随意夸大承诺、盲目扩大保障范围,对不属于责任保险承保范围的,应不予承保或以其他险种承保。

(资料来源:新浪财经网站)

二、责任保险的保险标的

责任保险是指以被保险人对第三者依法应负的民事损害赔偿责任为保险标的的保险,该保险标的不是有形的财产,具有以下几个方面的特点。

(一) 责任保险合同承保的责任类型

责任保险合同承保的责任大体分为两类:一是侵权责任;二是违约责任。侵权责任是以被保险人因过失或疏忽造成第三者人身伤害或财产损失依法必须承担的民事赔偿责任;违约责任是指被保险人因违反合同约定而应承担的民事赔偿责任。一般情况下,保险人以法律规定的民事赔偿责任为承保风险,但也可以根据保险客户的要求并经过特别约定后承保其合同责任风险。

(二) 责任保险合同承保责任的性质

责任保险合同不仅承保过失责任,同时还承保一些无无过失责任以及经合同特别约定的其他责任。

(三) 责任保险合同的赔偿范围

保险人承担的是保险合同责任限额内的赔偿责任。保险人在保险单项下所承担的赔偿责任一般来说包括两项:①被保险人依法应对第三者的人身伤亡或财产损失(雇主责任保险仅对雇员的人身伤亡)承担的经济赔偿责任以及被保险人按照合同规定应承担的违约责任。此项责任是基本责任,它是以受害人的损害程度及索赔金额为依据,以保险单所载明的赔偿限额为最高赔付额,由保险人予以赔偿。②因赔偿纠纷引起的诉讼、律师费用及其他事先经保险人同意支付的费用。

三、责任保险的特点

(一) 责任保险产生与发展的基础是民事法律制度的建立与完善

一般财产保险产生与发展的基础是自然风险与社会风险的客观存在和商品经济的产生与发展,而责任保险产生与发展的基础却不仅是由于风险的客观存在和社会生产力达到了一定阶段,而且是由于人类社会的进步带来了法律制度的不断完善。其中,法制的健全和完善是责任保险产生与发展的最为直接的基础。

(二) 责任保险的保障对象是被保险人和受害人

在一般财产保险合同中,被保险人因保险事故发生造成经济损失时,保险人要对被保险人的经济损失进行补偿,保险金直接支付给被保险人。在责任保险合同中,保险人承保的是被保险人依法对他人应承担的民事损害赔偿责任。当保险事故发生时,按照损失补偿原则,如果被保险人未向受害人赔偿的,保险人不得向被保险人赔偿保险金;如果被保险人对第三者应负的赔偿责任确定的,根据被保险人的请求,保险人应当直接向该第三者赔偿保险金;被保险人怠于请求的,第三者有权就其应获赔偿部分直接向保险人请求赔偿保险金。这样,既使被保险人避免了经济损失,也使受害人获得补偿与慰藉。因此,责任保险合同在保障被保险人利益的同时,受害人的合法利益也受到了保障。

(三) 被保险人可选择赔偿限额

一般的财产保险的保险标的是各种物质财产,该类保险标的具有可估价性,在对保险标的估价的基础上确定保险金额,作为保险人赔偿的最高限额和计算保险费的依据。在责任保险合同中,保险人所承保的却是各种民事法律风险,这种特殊的无形标的由于没有客观价值无法估价,所以合同中无法确定保险金额。为了限制保险人承担赔偿责任的范围,避免赔偿时合同双方发生争议,保险人在承保责任保险时,通常对每一种责任保险业务规定若干等级的赔偿限额,由被保险人自己选择,被保险人选定的赔偿限额即是保险人承担赔偿责任的最高限额,同一险种赔偿限额越高,投保人交纳的保险费越多。

(四) 赔偿处理方式的特殊性

与其他财产保险合同相比,责任保险合同的赔偿处理涉及的关系方复杂,受制因素较多。

1. 责任保险赔案的处理涉及第三者

责任保险合同赔案的发生,以被保险人对第三者(受害人)造成损害并依法应承担经济赔偿责任为前提,使责任保险的赔偿必然涉及第三者(受害人),从而表明责任保险的赔偿处理并非像一般的财产保险那样只是保险双方的事情。

2. 责任保险的赔偿受制因素复杂

一般的财产保险合同赔案的处理仅涉及保险人与被保险人,当保险事故发生后,保险人根据保险标的的损失状况,按保险单规定的计算方式计算赔款。如果保险事故由第三者责任方造成,保险人向被保险人赔偿后,依法或按合同约定取得向第三者责任方进行追偿的权利。

由于责任保险承保的标的被保险人依法对第三者应承担的民事损害赔偿责任,赔案的处理往往要以法院的判决或执法部门的裁决为依据,保险人在此基础上再根据保险合同的规定计算赔款。因此,责任保险的赔偿受制因素复杂,除按保险合同的规定外,一个国家的立法、司法制度对它都有影响。保险人经营该险种所面临的风险较大。

(五) 责任保险的承保基础有期内发生式和期内索赔式

责任保险的承保基础有期内发生式和期内索赔式两种,两种不同承保基础的保险单分别叫做事故发生型保险单和索赔发生型保险单。传统的产品责任险保险单大多采用期内发生式作为承保基础。

所谓期内发生式,是指保险人只对保险期限内发生的保险责任事故负赔偿责任,而无论受损害的第三者或被保险人何时提出索赔。对于此类保险单,保险人必须随时准备处理那些保险期限早已到期却刚来报案的索赔案子,并对已经过很多年的保险单支付赔偿,这就使得精算师们很难准确估算应收取的保险费和应当为已发生未报告的索赔而建立损失准备金。因此,保险人为了避免这一弊端,又推出了期内索赔式作为承保基础。

所谓期内索赔式,是指保险公司仅对保险单有效期内提出的索赔负责,而不管导致索赔的事故是否发生在该保险有效期内。该类保险单可以为在保险单生效日之前发生的损失提供保障。保险人之所以采用期内索赔方式是因为存在长尾索赔(即在保险单签发多年后才提出的索赔)的缘故,但保险人为了对风险责任有所控制,通常在保险单中规定有追溯日期,只有事故发生在追溯期以内,而索赔发生在目前的保险有效期限内的损失才能得到赔偿。采用期内索赔方式有利于保险人准确估算保险费、损失和损失准备金,从而达到控制风险的目的。

四、责任保险的种类

责任保险有两种承保方式:一种是作为各种财产保险合同的组成部分或作为附加险承保,如机动车辆保险第三者责任险、建筑或安装工程保险的第三者责任险、船舶保险的碰撞责任、第三者责任、油污责任等;另一种是单独承保,由保险人签发单独的责任保险合同。

单独承保的责任保险一般分为以下四类。

(一) 公众责任保险

公众责任保险承保企事业单位、社会团体、个体工商户、其他经济组织及自然人在保险单明细表中列明的地点范围内依法从事生产经营活动或其他活动因意外事故发生造成他人(第三者)人身伤亡或财产损失,依法应由被保险人承担的民事赔偿责任。

(二) 产品责任保险

产品责任保险承保产品的制造商、销售商、维修者因产品缺陷造成消费者、用户或第三者发生人身伤害或财产损失,依法应承担的经济赔偿责任。

（三）雇主责任保险

雇主责任保险是以雇主（被保险人）对雇员源于并在雇佣过程中发生的伤害，依法应承担的赔偿责任作为保险标的的保险。

（四）职业责任保险

职业责任保险也称为职业赔偿保险，承保各种专业技术人员因工作上的疏忽或过失造成合同对方或其他人的人身伤害或财产损失的经济赔偿责任。这些专业技术人员包括律师、设计师、医生、会计师、美容师等。

五、责任保险合同的共同规定

以上各种责任保险合同，一般有以下几个方面的共同规定。

（一）保险责任范围

责任保险合同承担的保险责任一般有以下两项：①被保险人依法应对第三者的人身伤亡或财产损失（雇主责任保险仅对雇员的人身伤亡）承担的经济赔偿责任以及被保险人按照合同规定应承担的违约责任；②因赔偿纠纷引起的诉讼、律师费用及其他事先经保险人同意支付的费用。

（二）除外责任

除外责任又称责任免除，是指保险人按照法律规定或者合同约定，不承担保险责任的范围。因此，除外责任也是界定保险合同责任范围的重要依据。

在除外责任条款中，有的是基于法律的禁止性规定或者公共秩序、社会道德等原因，不能由保险公司承保的事项，这些事项是绝对除外的事项；而有些事项经特别约定可以加保，或者剔除，这些事项是相对除外事项。

责任保险合同中，常见的绝对除外责任包括：①战争、内战、叛乱、暴动、骚乱、罢工或封闭工厂引起的任何损害事故；②被保险人的故意行为；③不可抗力的原因引起的损害事故，如地震、洪水等自然灾害引起的损害事故造成的损失。

此外，对于一些相对除外责任，可以通过投保附加险，或者其他的险种等方式将除外责任变成可保责任。例如，对于由核污染引起的损害事故，在一般的责任保险中是被列为除外责任的，被保险人可以通过投保核责任保险来获取相应的保障。

（三）赔偿限额与免赔

由于责任保险合同的保险标的是被保险人依法应承担的民事赔偿责任，它没有实物形态。因此，普通的财产保险根据保险标的的价值来确定保险金额的方式在责任保险当中并不适用。保险人在承保责任保险时，通常对每一种责任保险业务规定若干等级的赔偿限额，由被保险人自己选择。被保险人选定的赔偿限额便是保险人承担赔偿责任的最高限额，超过限额的经济赔偿责任由被保险人自己承担。

在责任保险中，保险单规定的赔偿限额通常有两种：一种是针对每次责任事故或同一原因引起的一系列事故规定一个赔偿限额；另一种是针对整个保险期规定一个累计的赔偿限额。对于这两种赔偿限额，保险单上可以只规定一种，也可以同时规定，具体采用哪一种方式可以根据具体情况由保险公司和投保人协商确定。

为了使被保险人恪尽职责、防止事故发生和减少小额零星赔偿,除赔偿限额外,保险单上一般还有免赔的规定,责任保险的免赔通常为绝对免赔。

第三节　公众责任保险

一、公众责任保险概述

(一)公众责任

公众责任又称公共责任或综合责任,是指公民或法人因自身的疏忽或过失等侵权行为致使他人的人身或财产遭受损害而依法应当承担的经济赔偿责任。

公众责任有两个特征:①致害人所损害的对象不是事先特定的群体或个人;②损害行为是对社会大众利益的侵犯。由于责任人的行为损害的是公众利益,因此这种责任被称为公众责任。

公众责任风险普遍存在。无论是在商场、旅馆、展览馆、动物园、影剧院、运动场所、医院、宾馆、娱乐场所等各种公众活动场所营业(或活动期间),还是在企业厂区、办公楼等一些非公众活动场所工作期间,或者是在建筑、安装工程施工期间,以及在承运人运输承运货物期间,甚至在个人住宅和个人日常活动中都会面临公众责任损失风险,这些场所的所有者、经营管理者等均有可能面临因意外事故的发生,造成他人的人身伤害或财产损失,而必须依法承担相应的民事损害赔偿责任。

公众责任的构成以在法律上负有的经济赔偿责任为前提,其法律依据是各国的民法及各种有关的单行法规制度。我国《民法通则》对民事责任及其损害赔偿作了比较具体的规定:凡损害他人财产或身体的,除受害人故意造成的以外,均应承担赔偿责任。随着经济的快速发展,法制的逐步健全和完善,公众索赔意识的增强,各企事业单位、机关团体和个人在生产经营活动和日常活动中所面临的公众责任损失风险不断加大,赔偿金额不断上升,客观上需要一种风险分散和转嫁机制,使风险和损失最小化,这为公众责任保险的产生和发展奠定了基础。

(二)公众责任保险的含义

公众责任保险一词来源于英国,在美国一般被称为一般责任保险,它是责任保险中一项独立的、适用范围较广的险种。按照英美保险市场的定义,公众责任保险承保了除雇主对雇员的责任以及因拥有或使用汽车、飞机、船舶而产生的责任之外的个人或企业所面临的全部责任风险。

公众责任保险的界定有广义和狭义之分。广义的公众责任保险几乎承保所有的损害赔偿责任;狭义的公众责任保险主要承保企事业单位、社会团体、个体工商户、其他经济组织及自然人在保险单明细表中列明的地点范围内依法从事生产经营活动或其他活动因意外事故发生造成他人(第三者)人身伤亡或财产损失,依法应由被保险人承担的民事赔偿责任。在我国,公众责任保险通常是指狭义的公众责任保险。以下主要介绍狭义的公众责任保险。

（三）公众责任保险的特点

公众责任保险的保险人只承担被保险人在保险单明细表中列明的地点范围所发生的损害事故依法应该承担的经济赔偿责任，对超出固定场所范围所造成的被保险人的经济和赔偿责任一般作为除外责任。

由于限定了损害事故发生的场所，所以公众责任保险的受害人不是特定的群体，而是进入固定场所的任何人。从这个意义上说，其受害人的范围比产品责任保险(受害人大多是产品的直接消费者或用户)、雇主责任保险(受害人仅仅限于与雇主有雇佣关系的雇员)以及职业责任保险(受害人一般是接受职业技术服务的特定对象)的受害人的范围更加广泛。

产生这种法律赔偿责任的原因可以是侵权责任造成的，也可以是合同(契约)责任造成的。通常，公众责任承保的合同责任需要进行特别的约定。

在公众责任保险中，保险人主要承担两部分责任：①被保险人造成第三者人身或财产损失时，依法应该承担的经济赔偿责任；②责任事故发生后，如果引起诉讼，由被保险人承担的相关诉讼费用支付的责任。保险公司的最高赔偿责任不超过保险单上所规定的每次事故的赔偿限额或累计赔偿限额。

公众责任保险以被保险人的公众责任为承保对象，可适用于工厂、办公楼、旅馆、住宅、商店、医院、学校、影剧院、展览馆等各种固定的场所。

二、公众责任保险的主要险种

由于意外事故造成的公众损害日趋严重以及公众索赔意识的增强，公众责任保险在近30多年来得到了迅猛发展，种类不断增加，成为责任保险中适用范围最广的一个险种。以下是几种主要的公众责任保险种类。

（一）场所责任保险

1. 场所责任保险的概念

场所责任保险是指保险人承保固定场所(包括房屋建筑物及其设备装置等)因存在结构上的缺陷或管理不善，或被保险人在保险场所内进行生产经营活动时因疏忽发生意外事故，造成他人的人身伤亡或财产损失而应承担的经济赔偿责任。

场所责任保险是公众责任保险的主要业务来源，也是我国公众责任保险的主要险种，广泛适用于学校、办公楼、工厂、商店、旅店、展览馆、游乐场、影剧院、公园、动物园等各种公共场所以及生产经营场所等。它对于私人住宅内引起的第三者损害的经济赔偿责任则不适用，因为该项责任属于个人责任，应该在个人责任保险单中承保。

场所责任保险是一类综合性业务，在保险实务中可以分为若干个具体的险种，如展览会责任保险、电梯责任保险、旅馆责任保险、游乐场所责任保险、车库责任保险、机场责任保险等。这些险种中有的是独立场所责任保险业务，有的是附加业务或扩展业务责任，还有的是作为综合性财产保险的一项内容。

2. 场所责任保险的责任范围

场所责任保险的保险责任除特定业务以外，均适用公众责任保险中的保险责任的规定,但在除外责任方面,除公众责任保险的一般除外责任外,基于自身性质有以下一些特殊规定的除外责任。

(1) 对于承包人在被保险场所内进行修理、重建或拆毁作业时造成他人的损害。

(2) 被保险人所有、使用、操作或维修的飞机、机动车辆、船舶造成对他人的损害。

(3) 被保险人饲养的动物造成的损害事故不予承保,但动物园的动物例外。

(4) 任何工业或家用水管、排水管、空调、消火栓、自喷淋等装置漏气、漏水引起的损害事故不予承保,但经特别约定,此项责任可以在场所保险内扩展承保。

(5) 通过屋顶、门窗或通风装置进入房屋、建筑物内的雨、雪所造成的损害事故。

(6) 售出的商品、食物、饮料造成的损害事故。因为该责任属于产品责任事故,应在产品责任保险项下承保。

在上述除外责任中,很多是从承保风险的角度进行剔除的(如承包人责任、产品责任等)。因为这些风险已经被其他保险单承保了。当然,这些风险也可以以支付附加保险费的形式通过增加附加保险单来承保。

(二) 承包人责任保险

1. 承包人责任保险的概念

承包人责任保险承保承包人在进行承包(揽)合同项目下的工程或其他作业时,造成他人的人身伤亡或财产损失,依法或按照合同约定应承担的经济赔偿责任。其中,承包人是指承揽各种建筑工程、安装工程、装卸作业以及加工、定做、印刷、测试、修缮、设计、测绘、广告等业务的法人或自然人,如建筑公司、安装公司、装卸队、修缮公司等。

承包人责任保险主要包括建筑安装工程承包人责任保险和修船责任保险。

2. 承包人责任保险的特点

承包人的责任产生于承包人从事受托工作过程中。虽然行为人是承包人,但与之联系的是发包人或委托人的工程项目或加工作业等活动。

若一个工程项目由多个承包人承包,保险人仅承担被保险人应负责的赔偿份额;若承包人之下有分承包人,被保险人可以扩展至分承包人,并受交叉责任条款制约。

3. 承包人责任保险的保险费

承包人责任保险的保险费率主要以不同性质的承包作业以及承包价格来分别确定,如分为建筑工程承包人、安装工程承包人、装卸或搬运作业承包人、修理(缮)作业承包人、加工承揽作业承包人等,或分为法人单位与个体经营者等;然后,再根据承包作业的具体对象来调查、评估风险责任,加高层建筑与低层建筑工程大型机器安装与一般安装工程、装卸玻璃与装卸机床、加工纺织品与加工机械零部件等,均应在承保时区分清楚,再参照承保这种业务的财产保险(如机器损坏保险、建筑工程保险、安装工程保险及普通财产保险等)的费率,科学计算出承包人责任保险的费率。

4. 承包人责任保险的保险期限

承包人责任保险承保的赔偿责任不仅仅是承包人依法应负的对其他人的人身伤害和财产损失,而且主要是对承包人造成承包作业对象损失的损害赔偿责任。所以,承包人责任保险的责任期限一般采用工期保险单,即从承包作业的开工之日起,至完工之日止;但加工及其他承揽作业亦采用定期保险单,具体规定应根据承包作业规模及其连续性等确定。

(三) 承运人责任保险

1. 承运人责任保险的概念

承运人责任保险承保承运人(被保险人)对承运对象(包括旅客或货物)在运输过程中因疏忽或过失导致的人身伤亡或财产损失依法应承担的经济赔偿责任。其中,承运人是指根据运输合同、规章或提货单的条款等与发货人或乘客建立承运关系,并承担客户、货物运输义务的单位或个人,如民用航空公司、出租车公司、铁路局、汽车运输公司等。

承运人责任保险合同承保的标的是合同责任,这是其与货物运输保险合同和财产保险合同之根本区别之处。

由于运输对象有客、货之分,运输方式又分为直达和联运,运输工具有飞机、火车、汽车、船舶等,因此承运人责任保险需要根据不同的运输工具、运输对象设计不同的险种,常见的险种有旅客责任保险、承运货物责任保险、运送人员意外责任保险等。

2. 承运人责任保险的主要险种

(1) 旅客责任保险。旅客责任保险承保在保险期间内,旅客在乘坐被保险人提供的交通工具的途中遭受人身伤亡或财产损失,依法应由被保险人承担的赔偿责任。

(2) 承运货物责任保险。承运货物责任保险是指承保承运人对其所运货物的损害赔偿责任,它一般分为航空货物责任保险和水陆货物责任保险两类。

(3) 运送人员意外责任保险。运送人员意外责任保险,是承运人责任保险的专用险种之一,它以已投保车辆保险或意外责任保险的运输公司为被保险人。

(四) 个人责任保险

1. 个人责任保险的概念

个人责任保险承保在保险期间内,被保险人在居所及办公场所以外的地方,因过失造成第三者的人身伤亡或财产损失,依法应由被保险人承担的赔偿责任。

个人责任是指自然人或其家庭成员因其作为或不作为造成他人的人身伤亡或财产损失,依法应承担的经济赔偿责任,一般可以分为个人法律责任和个人合同责任。个人法律责任是指依法应由行为人承担对他人的损害赔偿责任,其受害方是不确定的第三者;个人合同责任是指行为人依据合同的规定对造成合同另一方的损害应该承担的经济赔偿责任,其受害方是确定的合同相对方,即与致害人签订合同的另一方。

个人责任保险包括住宅责任保险、房东责任保险、猎人职业保险、高尔夫运动员责任保险、综合个人责任保险、家庭责任保险、个人职业责任保险、汽车个人责任保险等。

2. 个人责任保险的特点

个人责任保险具有其他责任保险的共同特征,如代致受害人承担损害赔偿责任等,但作为独立的保险业务,它还有如下几个特点。

(1) 个人责任保险的投保人仅限于自然人及其家庭,其被保险人可以是被保险人或被保险人的配偶、子女及与他们共同居住一起生活的亲属和其他人。

（2）个人责任保险的承保区域范围比其他公众责任保险广，它包括个人在单位工作时间之外的个人活动范围，如被保险人的住宅内、住宅外活动和各种个人娱乐、职业活动等。

（3）个人责任保险承保的一般是被保险人因工作时间之外的活动引起的损害赔偿责任，经过特别约定，也可以承保其在工作时间内的损害赔偿责任。

此外，个人责任保险在厘定费率的具体依据及承保条件等方面与其他责任保险亦有区别。

 专栏 7-2

电梯责任险　为何叫好难叫座

自 2013 年第四季度开始，江苏省探索推出电梯安全责任险，采用政府推动和市场化运作相结合的方式设立共保体，期限为 3 年，先从无锡试点，然后向全省推开。目前，各地进展情况不一。最新统计显示，全省电梯总量为 50.5 万台，投保电梯为 13.6 万台，投保率仅为 27%。

"电梯险"让物业吃下定心丸

自从 2015 年给 400 台电梯统一投保后，无锡阳光一佰物业公司员工觉得踏实了很多。"这么多年，大事故没出过，但是电梯关人、夹人时有发生。由于责任不好划分，业主和物业就会闹矛盾。"该物业公司工程总监温和说，投保电梯责任险后，出事就报险，保险公司会第一时间赶来解决，基本上由第三方介入协调的话，一两个星期事情就解决了。

南京万科物业管理有限公司综合管理部负责人赵燕介绍，该公司为电梯购买了 3 份不同的保险：一份公众责任险，其中包括与电梯安全相关内容；一份电梯安全责任险；一份由维保公司单独购买相关的保险。

从 2014 年在无锡试点至全省推开，电梯责任安全保险投保率逐步上升，但呈现出全省不均衡的现象。江苏省保监局提供的数据显示，截至 2016 年年底，全省 13 个设区市，除扬州外，其他设区市均有不同数量的电梯投保。其中，无锡投保率最高，覆盖面超 75%。投保率最低的是扬州，2017 年 1 月才发文推介这一险种，到目前为止尚无一台电梯投保。镇江仅有 1 034 台电梯投保。

佣金有限，影响业务员积极性

按照省政府办公厅发布的《关于推进电梯安全责任保险的实施意见》（以下简称《实施意见》），电梯使用单位、维保险单位、检验机构按比例共同投保，其中，住宅电梯按 2∶3∶5、非住宅电梯按 5∶4∶1 的比例投保，每台电梯保险费在 100 元左右，赔偿限额为每台 80 万元/人，累计限额为 500 万元。为了体现该险种的政策性，检验机构的投保险费用由政府补贴。

如此低廉的保险费和较为全面的保障，为何推行 3 年以来投保率却不足三成？记者多方采访发现，问题的症结依然是保险费。

不足百元的保险费，虽然体现了政策性保险的优势，却没有激发保险业务员的积极性。恒泰保险经纪有限公司无锡分公司总经理朱国强分析认为，佣金是调动保险业务员积极性的主要杠杆，一台电梯一年的保险费不足 100 元，拿到的佣金很有限，业务员的积极性自然不高。

中国人保财险江苏分公司副总经理于敬东说,公司成立了 13 个营销团队,与各设区市质监局、维保险单位、物业公司等多方协调,2015 年承保率为 12.3%,2016 年提至 27%。"总的来说,没有达到预期。"他也认为,由于单均保险费量低,确实难以调动一线业务员的积极性。

"埋单"各方,各有各想法

此外,由于电梯管理体制复杂,涉及责任主体多,因此《实施意见》明确,电梯使用单位、维保险单位和检验机构为投保主体,新安装电梯的投保主体是制造单位或安装单位。"即便做了这样的规定,但在实际推动过程中各方意见不一,协调难度非常大。"省保监局财产保险监管处处长王雷说。

在三方投保主体中,缴纳保险费积极性最高的是维保险单位,因为他们是电梯安全的主要责任方。2016 年 9 月,苏讯电梯维保公司负责维保的一部垂直电梯因停电发生故障,导致一位乘客在轿厢内摔倒受伤,由于物业没有收到停电通知,也就没告知住户,协调时出现纠纷。得益于电梯责任险,在责任方不清晰的情况下由保险公司给予赔偿。

在无锡的试点过程中,"采用维保险单位代缴制,代表所有权人和维保险单位缴纳,缴纳后保险单立即生效"。人保财险无锡分公司重客部经理徐诞说,维保险单位愿意先缴费,然后再向所有权人收取费用。

由于住宅电梯市场占有率高,保险费的收取涉及每家每户。记者采访发现,一些物业公司认为,物业费的收取本身就存在难度,再向业主收取保险费,哪怕是每户几毛钱,也容易引发业主的反感。"一台电梯保险费 20 元,全部由物业公司出,也没有特别向业主宣传。"温和说,这样做可以规避物业和业主之间的矛盾。

引入竞争,刺激险企积极性

电梯责任险实施以来,保险机构出险 51 起,赔付金额达 148 万元。按照《实施意见》,共保体已于 2016 年年底到期。如今 8 个月过去了,省质监局、省保监局以及电梯维保险单位、保险公司等都有点着急,相关方面召开协调会,一直尚未达成最终方案。

中国人保财险无锡分公司依旧在对电梯进行承保。预计 2017 年承保电梯将达 4 万台,逾期保险费将超 200 万元,占总保险费的 17%。于敬东说,三方投保主体的保险费不能同一时间交付,导致保险公司产生应收账款,一旦出现风险,理赔时就会产生问题。

"由于是政策性保险,还不能完全市场化,只能是探索逐步市场化,目前考虑先增加共保体数量,在共保体内适度引入竞争,刺激险企的积极性。"王雷说。

于敬东则建议,借鉴宁波等地做法,将保险费与维保险费用叠加,由保险公司整合社会资源,参与电梯的日常管理,对所有责任进行兜底。

"电梯使用越来越频繁,保险非做不可,可以在物业维修基金中提取保险费。"朱国强建议,建立电梯信息管理平台,与投保信息相结合,当居民走入电梯时,通过手机 App 即可查询电梯所有信息。

（资料来源:2017 年 8 月 28 日《新华日报》）

三、典型案例

[**案例 7-1**] 2013 年 8 月,许女士带两个女儿小晴和小良到某公共泳池游泳。因为许女士仅购买了两张儿童票,没有为自己办理陪护卡,所以验票时许女士被拦在了门外。在许女士办陪护卡时发生了意外,9 岁的小晴突然溺水身亡。9 月,泳池经营管理公司及泳池所在的小区物业公司与小晴的父亲达成调解意见,签订了赔偿协议,答应支付各项赔偿金650 000 元,其中,管理公司赔偿 450 000 元,物业公司赔偿 200 000 元。

管理公司支付了赔偿金后,凭着当年 3 月 6 日与某保险公司签订的公众责任险保险单追索赔偿保险金。保险合同中列明,每次事故赔偿限额为 1 000 000 元,每次事故人身伤亡赔偿限额为 800 000 元,每次事故每人赔偿限额为 400 000 元,每次事故财产损失赔偿限额为 200 000 元,累计赔偿限额为 1 000 000 元。保险公司拒绝支付保险金,管理公司便诉至龙华法院。

龙华法院一审认为,在保险期间泳池发生了公众溺水死亡的事故,管理公司已向溺水死亡者的家属进行了超出保险限额的赔偿,管理公司主张保险公司支付其在保险赔偿限额内的保险金 400 000 元,有事实和法律依据,予以支持。

保险公司不服一审判决,上诉至海口中院。保险公司认为,在此次溺水事故中,小晴的监护人也应当承担一定的责任。原审法院未对该事故责任做划分,认定被保险人对溺水家属进行了赔偿,保险人就应当支付保险赔偿金是错误的。

管理公司则辩称,国家《第一批高危险性体育项目目录公告》中将经营游泳项目列入高危险性体育项目进行管理,要求每个泳池最少要配备四名以上专业的救生员。事故发生时,配备齐全的泳池尚且无法阻止意外事故的发生,小晴的监护人根本就没能力也不可能阻止事故的发生,不应该承担监护责任。并且,发生事故时是泳池的售票员将小晴放进了游泳池,而阻拦了家长的进入,所以泳池的管理者就应该承担起监护责任。管理公司曾在事故后强烈要求保险公司参与理赔,但对方一味逃避责任,最后是在农垦总局、农垦公安局等政府部门的督促下,管理公司和物业公司才与小晴父亲签订赔偿协议。

海口中院审理认为,游泳者进入泳池后,其安全保障义务应由泳池的管理者负责。因此,海口中院二审驳回保险公司上诉,维持原判。

第四节 产品责任保险

一、产品责任与产品责任保险

(一) 产品责任

产品责任是指由于产品存在的缺陷,在使用或消费过程中发生意外造成产品用户、消费者或其他第三者的人身伤害,或财产损失依法应由该产品制造商、销售商或修理商承担的经济损害赔偿责任。由于产品责任的存在,产品制造商、销售商或修理商面临被用户、消费者或其他第三者就其遭受的人身伤害或财产损失索赔的风险,此为产品责任风险。产品缺陷是确定产品责任的前提条件。若产品没有缺陷,就没有产品责任。

《中华人民共和国产品质量法》第四十六条规定:"本法所称缺陷,是指产品存在危及人身、他人财产安全的不合理的危险;产品有保障人体健康和人身、财产安全的国家标准、行业标准的,是指不符合该标准。"根据产品的生产和制造过程,产品缺陷可以分为以下四种。

1. 设计上的缺陷

产品设计时,如果对产品的可靠性、安全性考虑不周,可能导致产品责任事故的出现。

2. 材料的缺陷

产品原材料或配件的质量情况会对产品的质量产生重大影响,如制药原材料不纯致使药品含有影响人体健康的物质。

3. 制造装配上的缺陷

产品在制作、装配、铸造过程中由于疏于监督、导致产品具有危险,如爆竹的引线长度不够容易导致炸伤人的事故。

4. 告知缺陷

告知缺陷是指产品缺乏在使用上或危险防止上必要的、适当的说明或警告,致使该产品存在危及人身、财产安全的不合理的危险。

(二)产品责任的归责制度

产品责任与各国的产品责任法律制度紧密相关。产品责任法律制度也可称为产品责任归责制度,是指调整产品责任关系的法律规范,是产品责任保险的法律基础。

产品责任归责制度的发展经历了合同责任原则、疏忽责任原则、严格责任原则三个阶段。

1. 合同责任原则

最初的产品责任是一种合同责任,即产品生产者、销售者不履行或不适当履行合同中规定的产品质量义务,而给消费者造成损害时应承担的赔偿责任。该原则规定,产品事故中的受害人,如果要提起诉讼,必须与被诉方存在契约关系,并且只能在契约规定的范围内向被告方索赔。事实上,产品最后的消费者往往与产品的生产者或销售者没有契约关系,从而无权向制造者或销售者索赔。即使受害的一方与致害的一方存在契约关系,也只能在契约规定的范围内要求赔偿,通常所获得的赔偿以不超过有关产品的价值为限,远不足以补偿受害人遭受的损失。可见,合同责任原则是不利于受害人的。

2. 疏忽责任原则

随着经济的发展、商品的丰富、消费者的地位逐步得到提高,产品责任的归责制度开始由合同责任原则向疏忽责任原则过渡。在疏忽责任原则下,受害方如果以疏忽责任提起诉讼,必须负举证之责,即受害者必须证明:①产品在设计、制造或销售过程中存在着缺陷;②自己受到的伤害是因产品有缺陷造成的;③产品的缺陷是由于制造商或销售商的疏忽造成的;④伤害与缺陷之间具有因果关系。

疏忽责任原则的产生是产品责任归责制度的进步,但是,受害者要证明产品有缺陷、指出产品制造商或销售商的疏忽责任往往很困难。

3. 严格责任原则

随着消费者利益愈来愈受到重视,疏忽责任原则指导下的产品责任法显示出难以充分保护消费者的弱点。产品责任法开始逐步废弃疏忽责任原则而转为实行严格责任原则。

疏忽责任是以产品制造商、销售商有无疏忽,即是否做到合理注意作为确定他们是否对受害方承担经济赔偿责任的依据;而严格责任不考虑产品制造商或销售商是否做到合理注意,即使他们在产品制造或销售过程中已经做到一切可能做到的事情,但只要产品有缺陷,并使产品使用者或消费者受到伤害,他们仍然需要对此负责。而受害方不须承担证明制造商或销售商存在疏忽的举证责任,只需要证明在使用或消费他们制造或销售的有缺陷产品时受到伤害。与疏忽责任相比较,严格责任原则更有利于保护消费者的利益。

(三) 产品责任保险及其特点

产品责任保险是指以产品制造商、销售商、修理商因产品责任事故引起的依法应承担的经济损害赔偿责任为标的的保险。

产品责任保险承保产品的制造商、销售商、修理商因其制造、销售、修理的产品有缺陷而造成用户、消费者或公众的人身伤亡或财产损失,依法应承担的经济赔偿责任。

产品责任保险的特点主要表现在以下几方面。

(1) 产品责任保险强调以产品责任法为基础。因为受害者与致害者之间存在着侵权关系,致害者的责任和受害者提出的索赔必须根据有关法律规定来划分和确定。

(2) 产品责任保险不承担产品本身的损失,只承担因使用或消费产品导致的人身伤害和其他财产损失。

(3) 产品责任保险要求保险合同双方有良好的协商和信息沟通。随着产品更新的加快和新技术、新工艺、新材料的采用,生产商和销售商在投保时要向保险人提供产品资料和数据,以便保险人准确评估风险。

(4) 随着产品责任法律制度的不断完善,产品责任保险对于生产性企业的作用日益重要。由于产品责任法律制度日趋完善,消费者的自我保护意识和索赔意识越来越强,产品责任的索赔案件越来越多,索赔金额越来越高,产品的制造商和销售商投保产品责任保险的需求越来越大。

(四) 产品责任保险与产品质量保证保险的比较

1. 保险人提供的业务性质不同

对于产品责任保险,保险人提供的是代替责任方承担因产品责任事故造成的对受害方的经济赔偿责任,属于责任保险范畴;对于产品质量保证保险,保险人提供的是带有担保性质的保证保险,仅仅承担不合格产品本身的损失,而不负责因为产品缺陷导致第三者的损害责任。

2. 保险标的不同

产品责任保险的保险标的是产品责任,而产品质量保证保险的保险标的是产品质量违约责任。

3. 承担责任的条件不同

产品责任保险赔偿的前提是因产品缺陷导致消费者或使用者的损害发生,而产品质量保证保险不以消费者或使用者的损害为要件,只要产品不符合合同规定的质量要求即可提出索赔。

4. 责任范围不同

产品责任保险承保的是被保险人因产品缺陷造成消费者人身伤害或财产损失依法应负的经济赔偿责任。至于缺陷产品本身的损失,则不属于产品责任保险的赔偿范围。产品质量保证保险承保的是被保险人因制造或销售的产品质量有缺陷而对有缺陷的产品本身的赔偿责任。

二、产品责任保险合同的基本内容

(一) 投保人与被保险人

生产商、出口商、进口商、批发商、零售商及修理商等可能对产品事故所致损害负有赔偿责任的人,均可以投保产品责任保险。根据具体情况,可以由他们中间的任何一个人投保,也可以由他们中间的几个人或全体联名投保。产品责任保险的被保险人,除投保人外,经投保人申请并经保险公司同意后,可以将其他有关方也作为被保险人,并规定对各被保险人之间的责任互不追偿。

(二) 保险责任与除外责任

1. 保险责任

在保险有效期内,由于被保险人所生产、出售、修理的产品在承保区域内发生事故,造成使用、消费或操作该产品的人的人身伤害或财产损失,依法应由被保险人负责时,保险公司在保险单规定的赔偿限额内负责赔偿。

保险人承担产品责任赔偿责任以产品有缺陷为前提,而该缺陷必须是在离开生产者、销售者、修理者控制以前已经存在。因产品存在缺陷造成他人的损害,保险人才负责赔偿。产品责任保险人承担缺陷产品损害赔偿责任是需要限制条件的。一般而言,保险人在产品责任保险项下承担的赔偿责任必须具备以下几个条件。

(1) 必须有意外"事故"发生。

(2) 产品责任事故必须具有"意外"和"偶然"的性质,不是被保险人事先所能预料的。

(3) 产品责任事故必须发生在被保险人制造或销售场所以外的地方,并且产品的所有权已经转移给产品使用者或消费者。也就是说,如果造成伤亡、损失的有缺陷产品仍在被保险人的生产场地内,不属于产品责任保险的承保责任。

(4) 被保险人应支付索赔人的诉讼费用以及经保险公司事先同意的被保险人的诉讼费用及其他费用,保险人亦负责承担。

2. 除外责任

(1) 被保险人根据与他人的协议应承担的责任。保险人根据相关的产品责任法规确定的法律责任来厘定费率、确定保险责任,然而被保险人与他人订立的合同或协议则可能与保险人所了解的产品责任法规有出入,往往增大了风险。比如,如果被保险人提供的产品在各方面都完好无缺,消费者却因使用不当而受伤。制造商根据与消费者订立的赔偿合同,接受赔偿这种损失的条件。那么,制造商承担的这种合同责任就不在保险责任范围之内。

本条除外责任可以应被保险人的要求有条件地加保,但被保险人应在投保时将所有的契约责任向保险公司申报并提供契约的副本。保险人可根据被保险人所承担的契约责任大小适当调整赔偿限额,加收保险费。

（2）根据《中华人民共和国劳动法》或雇佣合同应由被保险人对雇员承担的责任。

（3）保险产品本身的损失或退换回收的损失,这属于产品质量保证保险的承保范围。

（4）被保险人所有、保管或控制的财产的损失。被保险人可以投保财产保险来转嫁此类风险。

（5）被保险人故意违法生产、出售的产品造成任何人的人身伤害、疾病、死亡或财产损失。

（6）产品仍在制造或销售场所,其所有权尚未转移至用户或消费者的产品责任事故,属于除外责任。

（7）保险产品造成的大气、土地及水污染及其其他污染所引起的责任。

（8）由于战争、类似战争行为、敌对行为、武装冲突、恐怖活动、谋反、政变直接或间接引起的任何后果所致的责任。

（9）由于罢工、暴乱、民众骚乱或恶意行为直接或间接引起的任何后果所致的责任。

（10）由于核裂变、核武器、核材料、核辐射及放射性污染所引起的直接或间接的责任。

（三）赔偿限额与免赔额

在产品责任保险中,通常规定两个赔偿限额,即每次事故赔偿限额和保险期限内累计赔偿限额,以上限额还可以分别划分为人身伤害和财产损失两个限额。因产品事故导致使用者或消费者人身伤害或财产损失时,分别适用各自的限额。

赔偿限额应根据不同产品的销售区域发生事故后可能引起赔偿责任的大小来确定,有些产品,如食品、药品、某些机电设备,发生事故后可能造成众多的人员或财产的损害,应考虑设立较高的限额。

免赔额以内的损失保险人概不负责。免赔额的高低视风险的大小以及被保险人的承受能力并由保险双方协商确定。免赔额的形式可以设立为百分比(如免赔额为损失金额的5%)或确定具体的免赔金额。目前的趋势是提高免赔额。

（四）保险费率和保险费

1. 保险费率

产品责任保险承保的是各种不同类型的产品,产品的多样化和风险程度的差异,均要求保险人对不同的产品制定不同的费率。在厘定费率时,保险人主要考虑以下几种因素。

（1）产品种类及其可能产生的危险。不同种类的产品对人体或财产的风险不同。如药物的危险就比涂料大得多。

（2）承保的地区范围。一方面,承保的地区范围大,风险也大,费率就较高。如果产品不仅在国内销售,还要出口,则其费率比仅供国内市场要高;另一方面,承保销往产品责任严格的国家(如美国)或地区,比其他国家或地区风险大,费率相应也高。例如,出口美国与出口非洲国家的产品责任保险在费率上就应有所区别。

（3）产品制造者的技术水平和质量管理情况。产品制造者的技术水平高、质量控制好、产品检测严格,其产品的合格率就高,产品责任风险相应降低,费率应低些。

（4）赔偿限额与免赔额的高低。在产品其他条件相同的情况下,赔偿限额越高,费率越高;与此相反,免赔额越高,费率越低。

（5）以往承保的经验。根据保险人以往的承保经验,某种产品的赔付率高,产品责任风险大,应在费率上反映出来。

（6）分保接受人的开价。为了保证保险人的财务稳定性,对于承保金额比较高的产品责任保险,往往寻求分保,因此需要参考再保险人的报价。

2. 保险费

产品责任保险保险费计算公式如下：

$$保险费 = 销售额 \times 费率$$

产品责任保险可实行预收保险费制,即在签订产品责任保险合同时,按投保生产、销售的全部产品价值计算收费,待保险期满后再根据被保险人在保险期内的实际生产、销售的产品价值计算实际保险费,对预收保险费实行多退少补,但实收保险费不得低于保险人规定的最低保险费。

（五）承保方式

责任保险的承保方式(承保基础)有期内发生式和期内索赔式。传统的产品责任险保险单大多采用期内发生式作为承保基础。期内发生式要求保险事故必须发生在保险有效期内,而不论受害方是否在保险有效期内提出索赔。但是,使用这种方式常会出现在保险期限内发生的事故,到保险期限结束后较长一段时间才提出索赔。因此,保险人必须随时准备处理那些保险期限早已到期却刚刚报来的索赔案子。为了避免这一弊端,目前产品责任保险多采用期内索赔式作为承保基础。这是因为,很多产品责任事故的发生和损害后果的发现往往间隔一定时间。对于具有缺陷"潜伏期"的产品投保产品责任保险时,保险人以期内索赔式进行承保,有利于风险控制。

"以索赔提出为基础"的产品责任保险条款规定,要求被保险人在保险期限内提出产品责任索赔,产品责任事故可能在保险期限以内,也可能在保险期限开始前。保险人为了防止出现过多的索赔,提出"追溯期"的概念,即产品事故造成人身伤害或财产损失而提出的索赔必须是在保险单追溯期以内,保险期限结束前发生的事故引起的。保险人提供的追溯期一般为1～5年,但对于第1年投保的产品(即新保险单)不给予追溯期。例如,某制药厂从2002年1月1日开始投保其制造药品的产品责任保险,当年没有追溯期,而该厂在2003年续保时,保险单就可以规定追溯期从2002年1月1日起。

（六）承保区域

承保产品责任保险必须明确投保产品的销售区域,保险人确认投保产品是在保险单规定的销售区域内发生事故引起赔偿责任才予以承担,超出保险单规定的销售区域发生责任事故引起的赔偿责任,保险人不予负责,这一规定中的销售区域就是承保区域。承保区域是保险人承担赔偿责任的地理范围限制。因此,产品的承保区域必定是销售区域,但产品的销售区域并不一定是承保区域。承保区域的范围越大,风险就会相对增加,费率也会相应提高。如果是出口产品,其承保区域扩展到北美、欧洲等产品责任事故赔偿额和法律费用较高的国家,费率就应适当提高。

（七）产品责任保险的风险评估

产品责任保险是技术含量非常高的险种。保险人在承保前,必须对投保人的产品、经营性质等进行调查,并对调查得来的资料进行科学的分析研究,以科学评估该项业务的风险大小,开出合理的承保条件。调查项目主要包括以下几种。

1. 投保人和被保险人的情况

（1）投保人和被保险人的名称、地址和分支机构。

（2）被保险人的营业性质。

（3）被保险人制造或销售投保产品的时间。

2. 产品的总体情况

（1）投保产品的具体名称、型号、性能。

（2）投保产品的用途、使用或消费的对象、可能发生的事故和损失程度。

（3）投保产品的质量情况,即是否达到国家有关管理部门规定的标准或认证;若为出口产品,是否达到进口国家的有关规定或标准。

（4）投保产品的销售方式和销往地区。

（5）投保产品的包装情况,即投保产品的包装是否符合有关质量标准的规定以确保产品的安全可靠和性能完好。

（6）投保产品的说明书、招贴和广告情况,即投保产品使用说明书是否有明确易懂的警告字句,如产品潜在的危险性或禁止使用的范围。

3. 投保产品的历史记录

投保产品的历史记录,主要是指以往的投保情况、出险情况、风险变动情况等足以影响保险人判断是否承保或以什么条件承保的因素。

4. 投保人的特别要求

（1）投保人要求的每次事故赔偿限额以及保险期内累计赔偿限额。

（2）其他需要扩展的特别责任。

（八）产品责任保险的赔偿处理

1. 理赔程序

产品责任保险的理赔程序可分为以下五个方面。

（1）受理案件。保险人接到被保险人出险报告后应要求被保险人填写出险通知书,并及时进行保险单的核实和立案。

（2）责任审定。核对承保方式、承保区域和司法管辖权，核查事故产品是否属于保险产品，并根据保险单条款及批单内容，确认保险单的有效性。

（3）查勘检验。保险人接到报案后，应派员工或请代理人到现场查勘检验，并与受害方或其律师接触，多方取证以证实责任事故的发生和损害后果。同时，注意了解受害方是否存在使用保险产品不当的问题。产品责任事故是否发生在保险产品的保质期或安全使用期内。

（4）取证。要求被保险人和受害人提供处理赔案所需的相关资料；必要时对损失或损害程度进行鉴定。

（5）赔偿处理。保险人根据具体情况与受害方协商确定赔偿金额并赔付结案；或聘请律师准备辩诉材料，与索赔方以诉讼方式了结赔案。

2. 理赔规定

产品责任保险的理赔规定明确了保险人与被保险人之间在赔偿处理过程中各自的权利与义务，规定了造成损害事故的划分标准。

（1）若发生保险单项下承保的任何产品责任事故或诉讼时应遵循的事项：①未经保险人书面同意，被保险人或其代表对索赔方不得作出任何责任承诺。必要时，保险人有权以被保险人名义接办对任何诉讼的抗辩或索赔的处理，这是保险人承担赔偿责任的前提条件。②保险人有权以被保险人的名义自付费用向任何责任方提出索赔的要求。未经保险人书面同意，被保险人不得接受责任方就有关损失作出的付款或赔偿安排、不得放弃对责任方的索赔权利。否则，由此引起的后果将由被保险人承担。③在诉讼或处理索赔过程中，保险人有权自行处理任何诉讼或解决任何索赔案件，被保险人有义务向保险人提供所需的资料。

（2）生产出售的同一批产品，由于同样原因造成多人的人身伤害、疾病或死亡，或多人的财产损失，应视为一次事故造成的损失。产品责任保险通常规定每次事故赔偿限额和保险期限内累计赔偿限额。

3. 诉讼案件的注意事项

我国的产品责任保险有相当比例是出口产品。处理诉讼案件时，一般应注意以下两个方面。

（1）快速反应。产品责任事故发生后，销售商或生产商必须以最快的速度进入案件的调查当中并尽快通知保险人。这不仅可以较快地了解事故的原因、准确搜集证据，也有利于尽快解决问题。

（2）诉讼文件的处理。法院在受理起诉后将按法定程序和方法将诉讼文件送交收件人（通常是被告）。被保险人收到诉讼文件后应立即通知保险人，并研究应诉之事。诉讼文件送达的目的是使被告了解送达文件的内容，以便参与诉讼活动，行使诉讼权利和履行诉讼义务。诉讼文件一经送达便发生一定的法律后果，因此，被告收到诉讼文件后要认真了解事故真相，搜集证据，积极应诉。

三、典型案例

[案例7-2]　生产升降机设备的 A 公司向保险公司投保产品责任险。其间，某粮库工作人员 B 在使用 A 公司生产的升降机维修粮库时，由于升降机侧翻，不幸从 8 米多高处摔下，致使颅骨骨折、脑部损伤，花费治疗费用 10 万余元。

A 公司据此向保险公司索赔，保险公司接到报案后即派人对现场进行了查勘，发现升降机的底部安全止推装置没有展开，并且事故现场地面有 25 度的坡度，属于明显的操作不当，应予拒赔。B 向 A 公司索赔，A 公司认为在保险公司同意赔偿之前自己不会赔偿。因此，B 向法院直接起诉保险公司，要求赔偿 10 万元。

原告代理人称，依据《保险法》第六十五条之规定，保险公司可以直接向第三者支付保险赔偿金。因此，既然法律规定保险人有直接向第三者赔偿保险金的义务，那么，原告就有权起诉保险公司并享有向保险公司请求直接赔偿的权利。

保险公司则认为，原告混淆了两种不同的法律关系，即损害赔偿关系和保险赔偿关系。原告和 A 公司之间属民事侵权法律关系，而 A 公司与保险公司之间则是保险合同法律关系。保险公司既非侵权责任人，原告也非合同当事人，保险公司与原告之间无任何法律关系。因此，将保险公司列为被告没有任何法律依据。此外，《保险法》第六十五条只是规定了保险人可以直接向第三人赔偿，而非规定第三人有权直接向保险人索赔，只有在法律规定或者合同约定的前提下，第三者才可以对保险人直接提出索赔。本案原告 B 与 A 公司之间的《产品责任险保险条款》中没有约定第三人可以向保险人直接索赔。同时，保险公司也提出本起事故是原告操作不当引起的，不属于产品责任问题，保险公司不应承担赔偿责任。

一审法院审理后认为，根据保险法第六十五条之规定，原告有权向保险公司索赔，保险公司主张事故属于原告违规操作所致证据不足，不予采信。一审法院判决被告（保险人）承担原告（第三人）损失 10 万元。

案情分析：根据《保险法》第六十五条，虽然承认第三者可以依法请求保险人给付保险金，但并未明确第三者对保险人的直接请求权。由于本案《产品责任险保险条款》没有约定第三者有权直接向保险人索赔，第三者依法不享有直接请求权。

从另一方面讲，虽然责任保险第三者不受合同的直接保障，可是间接上享受合同约定的利益。责任保险虽以被保险人的赔偿责任为前提，但保险人仅以责任的终结裁判而不一定要求被保险人实际已经支付了第三者经济赔偿金为前提。从保护第三者的利益出发，如果第三者能得到责任保险的直接索赔权，那么就可以避免被保险人逃避或延期对第三者赔偿的风险。第三者在获得保险赔偿后可就不足部分再向被保险人索偿。

责任保险发展的潮流是以保护第三者受害方的利益为目的，责任保险的公益性也日渐突出。责任保险中的第三人直接请求权势必将会得到法律的认可，目前中国的立法进程已显示出这种趋势，责任保险的第三者直接请求权正日益得到肯定和加强，比如，《中华人民共和国民用航空法》第一百六十八条规定了第三者受害方对保险人的不附抗辩事由的直接请求求，以及《海事诉讼特别程序法》第九十七条规定了对船舶造成油污损害的赔偿请求，受损害人可以直接向承担船舶所有人油污损害责任的保险人提出。

第五节　职业责任保险

一、职业责任与职业责任保险

(一) 职业责任

1. 职业责任的定义

职业责任是指提供专门技能或知识服务的人员因其疏忽或过失而提供的服务存在缺陷致人损害而应当承担的民事赔偿责任。

这里所称的"职业"和一般工作岗位意义上的职业有很大的不同,这种职业需要基于与其所处的职业范围密切相关的专门学科教育和专业训练背景,并需要通过政府有关部门根据相关法规组织的专业技能考试后获得从业资格,且从业活动须接受相关部门依据专业法规进行管理监督,具有高度的专门化。在美国,法院对"职业"一词的定义是:该词表示公开地掌握了某种特殊知识而不是纯粹技术;实际操作非纯学术的事务;为了满足他人的要求,而不是为了实现自身目的去应用其知识。在欧洲,保险人所指的"职业"和"专业"具有如下特征:①工作具有技能性和专业性,工作性质主要是脑力劳动而不是体力劳动;②专业人员应提供高标准的技术服务,须遵守某些道德原则;③开业的专业人员通常都参加职业协会,协会负责招收会员并维护职业的各项行业标准;④专业人员在其同行中应有较高地位。在很多国家,律师、医生、会计师、美容师、部分领域的工程设计师等职业具备上述要求。

2. 职业责任的分类

职业责任按产生的法律原因来分类,可以分为违约责任和侵权责任两大类型。

1) 违约责任

在职业责任领域,由于委托人与专业人员或执业机构之间存在服务合同关系,专业人员或其执业机构不履行合同义务或者履行合同义务不符合约定,给对方造成损失的,应对委托人承担违约责任。损失赔偿额应当相当于因违约所造成的损失,包括合同履行后可以获得的利益,但不得超过违反合同一方订立合同时预见到或者应当预见到的因违反合同可能造成的损失。

2) 侵权责任

专业人员或执业机构因违反法律规定或专业服务规范,违法侵害委托人或其他第三人的人身、财产利益的,权利人可依侵权行为法,要求专业人员或其执业机构承担侵权责任。例如,当会计师事务所出具虚假的审计报告,误导证券投资者时,证券投资者可以要求会计师事务所承担民事赔偿责任。

(二) 职业责任风险

职业责任风险是指从事各种专业技术工作的单位或个人可能因工作上的失误导致的

损害赔偿责任风险。它是职业责任保险的承保对象,也是职业责任保险存在和发展的基础。

在从事专业技术工作中,损害赔偿责任事故是不可能绝对避免的,其原因有以下几点。

(1) 现代工作设施不可能尽善尽美,离完全安全、保险的要求还相差甚远。如诊断各种疑难病症还缺乏先进的设备等。

(2) 原材料或产品有缺陷。例如,药品大多有副作用,补药也只能适度并根据具体对象科学地使用,少数西药过敏性明显,有的甚至全损伤肌体或人体器官;再如,建筑材料亦只能讲相对合格。

(3) 人们自身知识和技术、经验的局限。人类认识客观世界虽然在向深度发展,但生命、时间、精力的有限决定了人们自身的不足难以避免,而各种专业技术工作的本质决定了需要不断创新并应用新技术,其工作本身的职业责任风险也就不可避免地存在。

(4) 主观上的疏忽或过失。"智者千虑必有一失",无论什么人在工作中都有可能出现失误。例如,设计师在绘图时可能出现细微偏差,药剂员在司药时可能误拿药品,等等。

由此可见职业责任风险不以人的主观意志(除故意或恶意行为)为转移,是经常地随机地发生在每个职业技术人员日常生活和工作中的一般疏忽行为所致的。它虽然是人为原因所致,但也与自然灾害等风险一样,有着存在的客观性、发生的偶然性特征。人们对于职业责任风险除采取各种预防措施进行积极防范并加强工作责任心外,还应该采取某些善后措施(如职业责任保险)以转嫁或分散、控制风险,避免纠纷和利益损失,保障受害方的经济权益不受损害。

(三) 职业责任保险

职业责任保险也称为职业赔偿保险,承保各种专业技术人员因工作上的疏忽或过失造成合同对方或其他人的人身伤害或财产损失的经济赔偿责任。在国外较为普通的有医生、设计师、工程师、会计师、律师等的职业责任保险,保险公司对不同专业人员的投保,制定不同内容和条件的保险单。

1. 医疗责任保险

该险种承保医疗机构及其医务人员的过失行为、错误或疏漏或违反其业务上应尽的责任,直接导致病人死亡或伤残、病情加剧、痛苦增加等,依法应承担的赔偿责任。医疗责任保险是职业责任保险中占主导地位的险种。

2. 律师责任保险

该险种承保律师在自己能力范围内的执业服务中发生的一切疏忽行为、错误或遗漏行为,对第三者的经济损害赔偿责任。

3. 建筑、工程技术人员责任保险

由于新型建筑材料和建筑技术的应用,使建筑、工程(包括勘察、设计、施工)技术面临着越来越大的风险,它既可能对合同对方造成损害,也可能损害没有合同关系的其他人或法人的利益。该险种主要承保建筑设计师、工程师、监理师等及其所在的单位由于工作的疏忽或过失而引发的工程质量事故造成物质损失、人身伤亡或费用应承担的赔偿责任。

4．会计师责任保险

该险种承保会计师事务所在承办审计业务过程中,因过失行为未尽其业务上应尽的责任及义务,造成委托人及其利害关系人的经济损失,依法应承担的赔偿责任。这种赔偿责任仅限于金钱损害,不包括身体伤害、死亡及实质财产的损毁。

5．其他职业责任保险

在国外职业责任保险市场上,还有下列一些险种。

（1）美容师责任保险。该险种承保美容院工作人员因业务过失而致美容者的人身伤害的赔偿责任。

（2）药剂师责任保险。该险种承保药剂人员在配方或出售成药或递送药物时,发生错误而致他人人身伤害的赔偿责任。

（3）保险代理人及经纪人责任保险。该险种承保保险代理人、经纪人由于业务上的错误、遗漏或其他过失行为,致使他人遭受损害的经济赔偿责任。该责任保险还可扩展承保保险代理人、经纪人对其保险人的责任,即由于其未能依照授权或指示所引起的保险人的损失。

 专栏 7-3

高管职业责任保险为何少有人问津

万福生科公司"财务造假"案,承销商平安证券先行设立 3 亿元基金补偿投资者,后再向万福生科公司相关责任人追偿。一时间,高管职业责任保险被推上了风口浪尖。从"默默无闻"到成为"焦点",受制于监管、法律、上市公司合规管理多方面原因,起源于国外的高管职业责任保险在我国的发展似乎并不乐观,使得该产品在保险公司一直处于"边缘化"地位。

高管职业责任保险拒绝为"欺诈"行为埋单

说起高管职业责任保险,可能很少人知道该险种,其实高管职业责任保险在我国并非新鲜事物。1934 年,英国伦敦劳合社推出了第一份董事和高管人员职业责任保险。目前,该保险在美国的覆盖率已达 99％。1996 年,美亚保险公司上海分公司承保了中国第一张"董监事及高级管理人员责任保险"保险单。随后,该险种似乎渐渐被淡化。

据不完全统计,目前,在国内上市企业中投保董事、高管责任险的公司已达 100 余家,其中以金融行业最为集中,在 A 股上市的绝大多数银行和保险企业都投保了高管职业责任保险。像工商银行、中国银行、招商银行以及中国人寿、中国平安等金融机构都投保了该险种。

高管职业责任保险是指公司董事及高级职员在行使职权过程中,因过错导致公司或第三者遭受经济损失而应承担经济赔偿责任时,由保险公司按约定承担赔偿责任的保险。

该产品通常由公司出资,为董事以及高级管理人员投保。高管职业责任保险旨在保障上市公司的董事、监事及高级管理人员在履行其职务行为过程中的疏忽、错误、误导性陈述及违反职责等所引起的法律责任而给其个人带来的损失。同时,该保险也保障公司在法律允许情况下,为其董事及高级职员支付由上述法律责任所引起的费用。

"如果企业被追究相关赔偿诉讼,企业不仅需要投入大量精力应诉,还会造成数额巨大的损失,而企业高管通常也会承担因个人过失而造成的连带责任。如果没有购买高管职业责任保险,企业高管可能要自己个人支付相应的法律赔偿。"某财险公司负责人告诉记者。

"对于故意欺诈行为,尽管高管职业责任保险主要承保公司董事和高管在履行职责过程中遭受赔偿请求所导致的损失,但保险公司并不会为其埋单。"北京工商大学保险系主任王绪瑾告诉记者,"高管责任险拒绝赔付的标准是以欺诈判决发生为准,一旦被认定为属于故意欺诈行为,保险公司就会拒赔。"

国内上市公司投保率不过5%

高管职业责任保险虽然属于责任险范畴,但是并不像校园方责任保险、旅行社责任保险以及承运人责任险等险种为人熟知。在西方国家,高管职业责任保险成为公司风险管理的重要一环;在亚洲国家和地区,高管职业责任保险也已经非常普及。

据了解,同样是中国公司,在美上市的超过95%都购买了上市公司高管职业责任保险,在国内上市的却不到5%,可以说,高管职业责任保险在国内外市场属于冰火两重天的情况。

"我们很少接触高管职业责任保险,客户也没有咨询过相关的产品。"某公司代理人告诉记者。记者向几位保险代理人咨询该产品,大多代理人对于此险种较为陌生,甚至没有听说过。

一位财险公司的工作人员向记者透露:"保险公司经营此险种的成本低,基本属于一赔就亏的情况,对于保险公司来说,不会主推该产品;另外,对于一些上市公司的高管来说,违规的成本低,投保的积极性自然也就不高。"

除了上市公司的地区差异影响投保率外,记者了解到,虽然同样投保高管职业责任保险,在美国上市的中国企业和非美国上市的中国企业,所需支付的保险费也有较大的差距,可达10倍以上。

"影响费率的因素不外乎上市地点,比如同样的保额,美国最贵,中国香港次之,中国内地最便宜。有些银行是在A股、H股同时上市的,保险费肯定就多。另外,公司的市值不同、规模不同,保险费肯定也不同。如大型国有银行规模大、网点多,高管的数量也多,保险费自然也高。每家公司的具体情况不同,保险费也就相差很多。"人保寿险法律合规部寇建轶表示。

记者了解到,一般保险公司在承保之前会综合考量几个方面:公司的市值,行业、商业模式是否扎实,公司治理情况等,然后再确定费率。

法"制"更要法"治"

事实上,对于上市公司而言,高管职业责任保险是个非常有针对性的保险计划。特别是在美上市的中国企业,该险种是应付美国证券市场特殊法律环境的必要"装备"。

高管职业责任保险在国内发展"边缘化"

第一,相关法律体系不完善。比如有些企业缺乏相关法律约束制度,导致风险管理成本低,对于相关责任的追究起不到一定的效果,自然不会考虑购买高管职业责任保险。若法律和公司章程不允许公司代偿第三者赔偿责任和法律费用时,高管职业责任保险对其的意义就更加明显了。

第二,与企业自身经营情况有关。企业自身内部管理严谨,相关规章制度完善,在一定程度上减少了风险概率的发生,自然对该险种的需求就会降低。相反,若企业内部存在较大风险和漏洞,比如财务风险、财务纠纷等,一定程度上扩大了风险发生的概率,该险种投保的必要性就会凸显。

第三,应加强政府推动。高管职业责任保险的发展离不开国家的支持和相关部门的推动,社会力量只能是杯水车薪,政府和相关部门的政策决策可在一定程度上推动该险种的发展。该险种的推广未来或许会像交强险一样强制实施。

总之,高管职业责任保险的推广不是一蹴而就的,法律制度的完善是一方面,相关的治理工作更是不可或缺。

(资料来源:2016 年 9 月 12 日《中国保险报》)

二、职业责任保险的基本内容

(一) 职业责任保险的被保险人

在职业责任保险中,被保险人可以是专业人员个人或者执业机构。

1. 专业人员个人

在我国的法律制度中,专业人员个人直接对委托人或者受害第三人承担赔偿责任的情形不多见,即前述"行为主体与责任主体相统一"的情形。目前,我国职业责任保险合同中只有少数险种将专业人员个人也列为被保险人。

2. 执业机构

专业技术人员一般需要在相应的机构执行业务。在这种情况下,专业人员因疏忽、过失等原因致使委托人或者第三人损害的,其责任由执业机构承担。在我国,多数职业责任保险单通常只将执业机构列为被保险人。凡经主管部门批准,取得相应资质证书、执业许可证或者经工商行政管理部门注册登记,有固定执业场所,依法设立的执业机构,可作为职业责任保险合同项下的被保险人。

(二) 职业责任保险的保险责任

职业责任保险并无统一条款及保险单格式,一般由保险人根据不同种类的职业责任设计制定专门的保险单承保。职业责任保险的保险责任通常包括以下几种。

(1) 由于被保险人职业上的疏忽或过失行为而造成委托人或委托人及其利益相关者的人身伤害和经济损失,依法应由被保险人承担的经济赔偿责任。"疏忽或过失行为"可以理解为被保险人作为专业技术人员,因疏忽大意而未能按照职业要求的谨慎性标准行事,给受害人造成经济损失的行为。通常,职业责任保险人将被保险人有无过失的行为作为理赔的要件,被保险人因无过失行为所承担的经济损害赔偿责任一般不属于保险责任范围。被保险人可以与保险人经过特别约定,承保无过失行为所致的职业责任风险,如附加意外医疗责任保险即可承保无过失行为所致的责任风险。

(2) 被保险人为缩小或减少对委托人或其他利害关系人的经济赔偿责任而支付的必要

的、合理的费用。这些必要的、合理的费用包括保险公司同意支付的、在约定限额内的诉讼费用、鉴定费、取证费等。法律诉讼费用一般在赔偿限额以外另行赔付,但如果最终的赔偿金额超过了赔偿限额,保险人只能按比例分担法律诉讼费用。其计算公式如下:

$$应赔法律费用 = 实际支付的法律费用 \times (保险赔偿限额 / 被保险人最终赔偿金额)$$

(三) 除外责任

1. 一般责任保险的除外责任

直接或间接由下列原因造成的损失、费用和责任,保险人不负责赔偿。

(1) 被保险人的故意行为或非职业行为。

(2) 战争、敌对行为、军事行为、武装冲突、罢工、骚乱、暴乱、盗窃、抢劫。

(3) 政府有关当局的没收、征用。

(4) 核反应、核辐射和放射性污染。

(5) 地震、雷击、暴雨、洪水等自然灾害。

(6) 火灾、爆炸。

2. 因违法或故意等原因所产生的责任

由下列原因造成的损失、费用和责任,保险人也不负责赔偿。

(1) 被保险人无有效执业证书,或未取得法律、法规规定的应持有的其他资格证书办理业务的。

(2) 未经被保险人同意,被保险人的从业人员私自接受业务。

(3) 被保险人或其从业人员超过委托人授权范围所导致委托人的任何损失。

(4) 被保险人或其从业人员的故意、欺诈或犯罪行为导致的赔偿责任。

(5) 被保险人被指控对委托人诽谤、中伤或泄露其商业机密所致的损失。

(6) 委托人提供的有关证据文件、账册、报表等其他资料的损毁、灭失或盗窃抢夺,但经特别约定加保的不在此限。

(7) 他人冒用被保险人的名义执业的。

(8) 被保险人承担的连带责任。

(三) 其他除外责任情形

下列各项损失、费用和责任,保险人不负责赔偿。

(1) 直接或间接由于"计算机 2000 年"问题引起的损失。

(2) 被保险人对委托人的精神损害。

(3) 罚款罚金及惩罚性赔款。

(4) 保险单明细表或有关条款中规定的应由被保险人自行负担的每次索赔的免赔额。

(5) 被保险人与他人签订协议所约定的责任,但应由被保险人承担的法律责任不在此限。

(四) 特约承保责任

经过特别约定,下列职业责任风险也可以承保。

(1) 因雇员不诚实行为而使他人受到损害而应由被保险人承担的法律责任,保险人可以扩展承保。值得指出的是,职业责任保险扩展承保的雇员不诚实行为不能与雇员诚实保证保险混为一谈,因为前者承保的是雇员对他人的损害,而后者承保的是因雇员的不诚实行为而使被保险人自己受到的损失。

(2) 对于文件灭失造成损失引起的索赔,经过特别约定也可以扩展承保,但须加收保险费。例如,设计院因图纸丢失或被盗造成委托单位的损失,可以通过扩展承保由保险人负责。

(3) 被保险人被指控对他人诽谤或恶意中伤行为而引起的索赔,也可以作为特别职业责任予以扩展承保,但因其故意所致的仍须除外。

(五) 费率厘定

1. 费率厘定应考虑的因素

保险费率的厘定是职业责任保险中十分复杂而又是很重要的问题。各种职业都有其自身的风险与特点。总体来讲,厘定职业责任保险的费率应着重考虑下列问题。

(1) 被保险人及其雇员所从事的业务类型、复杂程度及其主要职业风险。

(2) 被保险人承保前有无重大法律事务,如诉讼、顾问、调节等事务。

(3) 被保险人的类别、性质、级别及业务范围。

(4) 被保险人的经营历史、管理水平、内控制度的建设及执行情况。

(5) 被保险人所属的从业人员的数量、资质、技术水平。

(6) 被保险人职业责任事故的历史统计资料及其索赔处理情况。

(7) 被保险人的业务量和主要服务对象。

(8) 被保险人所在行业的相关法律法规的变化及其对职业风险的影响。

(9) 被保险人所在地区及当地的物价指数。

(10) 赔偿限额、免赔额和其他承保条件。

2. 保险费的计算

职业责任保险费率的厘定通常与每次索赔的限额、累计赔偿的限额或免赔额直接相关,其保险费的计算有以下两种方式。

$$全年保险费 = 费率(人均保险费) \times 专业人员数量$$
$$全年保险费 = 费率 \times 预计的全年的业务收入$$

(六) 职业责任保险的承保基础

职业责任保险单必须清楚地载明承保的基础。同普通的责任保险一样,职业责任保险的承保基础分为期内索赔式和期内发生式两种。

1. 期内索赔式

职业责任保险通常采取期内索赔式承保,为了使风险责任有所控制,保险单一般规定一个追溯日期,只有在追溯日期起发生的疏忽行为并在保险单有效期内提出的索赔保险公司方可负责。追溯期以前的疏忽行为保险公司概不负责。用这种条件承保,被保险人在投保时必须如实将已明白掌握或觉察到在追溯期里存在的可能索赔情况告知保险人,供保险人能估计、控制和核定保险费。如被保险人有意隐瞒,可能影响被保险人的保险保障。

2. 期内发生式

采取这种承保方式时,保险人只对保险期限内发生的保险责任事故负赔偿责任,而无论受损害的第三者或被保险人何时提出索赔。

由于以期内发生式为基础的承保方式要经过较长的时期才能真正结束保险责任,故又称为"长尾巴责任保险"。其应用不如以期内索赔式为基础的职业责任保险承保方式广泛。因为货币贬值等因素,其最终索赔额可能大大超过疏忽行为发生时的水平。因此,保险人可在确定保险责任后延截止日期的条件下采用以事故发生为基础的承保方式。

三、典型案例

[案例7-3]　上海首例律师执业责任保险纠纷案由上海市静安区人民法院做出一审判决:原告上海竞业律师事务所胜诉,保险公司被判赔付人民币17.5万元。

为降低律师工作中的风险,2003年2月,上海市律师协会为全市合法执业的律师事务所向中国平安财产保险股份有限公司上海分公司投保了律师执业责任险。保险合同约定:上海律师在国内以律师身份从事业务时,由于过失行为致使委托人遭受经济损失,由保险公司最终承担赔偿责任。该保险合同约定合同追溯期为6年。

此案缘起一名律师的严重失职。2002年9月,上海竞业律师事务所律师朱某与上海虹乔公司签订了一份盖有竞业律师事务所印章的《聘请律师合同》,由朱某代理虹乔公司的一起房屋买卖纠纷。然而,朱律师在接受委托后,竟然未在诉讼时效内起诉,致使虹乔公司直接遭受了17.5万元人民币的损失。为此,虹乔公司将竞业律师事务所和朱某一起告上法院。鉴于朱某的重大过失,法院判决竞业律师事务所和朱某共同赔偿虹乔公司17.5万元。

竞业律师事务所很快作了赔付后,向保险公司申请理赔。保险公司却认为,该保险事故是朱某未经律师事务所同意私自接受业务引起的,不属律师执业责任保险的责任范围,不能予以赔付。

为此,竞业律师事务所向法院提起诉讼,认为在赔付虹乔公司经济损失一案中,法院已明确认定,朱某接受诉讼委托的行为是职务行为,而非私自行为,其对虹乔公司造成的经济损失应由律师事务所赔偿。

法院审理后认为,竞业律师事务所享有保险合同约定的保险权利,有权根据合同的约定要求保险公司理赔。因此,法院支持竞业律师事务所的主张,做出了上述判决。

第六节　雇主责任保险

一、雇主责任保险概述

(一) 雇主责任

雇主责任是指雇员在受雇期间因发生意外事故或职业病而造成人身伤残或死亡时,依法或按雇佣合同应承担的经济赔偿责任。在雇佣过程中,如果雇主未能部分或全部履行自己对雇员安全的义务致使雇员遭受人身伤亡或疾病,雇员有权要求雇主赔偿,这就构成了雇主责任风险。

雇主责任一般由国家通过立法规定雇主对其雇佣的员工在受雇期间从事与职业相关工作中,因发生意外事故或因职业病而引起人身伤亡时应承担的经济赔偿责任。例如,英国的《工厂法》《雇主责任强制保险法》,我国的《中华人民共和国劳动保险条例》《中外合营企业劳动管理规定》。有关雇主责任的法律一般均对法律的实施范围、雇主责任、雇员发生伤亡时雇主应赔偿的标准以及申请赔偿和雇主支付赔偿的程序等作了具体和详细的规定。

关于雇主对雇员的赔偿责任标准,各国和地区的法律都作了规定,内容也各不相同。我国各省(区、市)的赔偿标准也有差异。赔偿的内容一般包括三个方面。

(1)雇员死亡后,按一定标准给予丧葬费用和家属抚恤金。在我国,根据国家劳动部门的有关规定,职工因工伤或职业病死亡后,企业应向其家属发放丧葬补助金、抚恤金、一次性死亡补助金,但支付的标准按各地的平均生活水平有所不同。

(2)按雇员永久性伤残导致丧失劳动能力的程度给予一定的标准工资支付以及非永久性伤残停工期间的经济补助。我国劳动管理部门对工伤致残划分了若干等级标准,企业根据相应标准支付赔偿。

(3)医疗费用一般按实际支出金额赔偿。

(二)雇主责任保险及其特征

雇主责任保险是以雇主(被保险人)对其所雇佣的员工在受雇期间从事相关工作时因意外事故或患职业病导致伤残、死亡或其他损失的赔偿责任为保险标的的保险。

雇主责任保险与产品责任保险、公众责任保险、职业责任保险一起,构成目前我国责任险的四大主力险种。与其他险种相比,雇主责任保险主要有以下几方面的特征。

1. 雇主责任保险的业务覆盖对象极其广泛

外资企业、国有企业、私营企业等只要产生雇佣关系的单位或经济组织,均可作为投保人向保险公司投保雇主责任保险。凡被保险人所雇用的员工,不仅包括正式员工,短期工、临时工、季节工和学徒工等只要在从事与被保险人业务有关工作中遭受意外而致受伤、死亡或患与业务有关的职业性疾病,被保险人根据雇佣合同也必须负医疗费及经济赔偿责任,包括应支出的诉讼费用,均可由保险公司承担并赔偿。

2. 雇主责任保险属于商业保险,但在社会保障体系中却是一个重要补充

我国《工伤保险条例》中明确规定了各类企业必须为其职工向社会保险局办理工伤保险,这是一种强制性保险规定,属于政府保障。从保障性来讲,雇主责任保险既有别于工伤保险,又有别于意外、健康险,由此也奠定了其在产险市场中不可或缺的地位。

3. 雇主责任保险的推广充分体现了保险业在社会管理功能中的作用

雇主责任保险广泛涉及企业经营风险的分散、企业对员工的福利保障和经营队伍的稳定。雇主责任保险的大力推广,充分体现了保险业"服务大局、勇担责任、团结协助、为民分忧"的行业精神,凸现了保险业在社会稳定机制和为全面建设小康社会服务中的重要作用。

(三) 雇主责任保险的作用

雇主责任保险作为产生最早的一种责任保险业务,在经济发展和社会稳定方面有着独特的功效。

1. 有效地转嫁了责任者的风险

雇主责任保险有效地转嫁了责任者的风险,维护其正常的生产经营和生活稳定。在现代社会,不断完善的法律制度对相关责任者承担损害赔偿的要求愈加严格,使得责任方面临的风险不断增大。在企业日常生产中,意外事故在所难免。一旦发生责任事故,雇主必将耗费人力、物力、财力进行善后处理,从而影响其正常的生产经营活动。另外,由于雇主的经济实力各不相同,对于大型的损害赔偿事件,实力雄厚的大企业能够承担,而对于中小企业则可能无法承受,一次责任事故的损害赔偿就可能导致其破产倒闭。投保雇主责任保险可以将事先无法确定的风险转嫁给保险公司,以解除其后顾之忧,是雇主转嫁和规避风险的上佳选择。

2. 保证了民事赔偿责任得以履行

雇主责任保险保证民事赔偿责任得以履行,确保受害雇员的经济利益得到足够的补偿,从而有利于维护社会的安定。如果发生事故,雇主由于经济实力所限,不能有效补偿受害人的利益损失,则容易引起受害雇员的不满,从而激化矛盾,影响社会安定。通过投保雇主责任保险,雇主可以转嫁其民事损害责任风险,使受害人的经济利益得到可靠的保障,从而有效地维护了社会的稳定。

3. 是损害赔偿防治的社会化监督保障机制

雇主责任保险不仅是损害赔偿风险转移机制,还成为损害赔偿防治的社会化监督保障机制。保险人承保雇主责任风险后,出于风险管理的目的会进行经常性的或不定期的监督检查、督促企业及时排除隐患,能够有效减少事故发生的概率,降低损失程度,减少赔偿支出。因此,雇主责任保险可以成为社会防损工程建设的一个重要组成部分和有效机制。

二、雇主责任保险的基本内容

(一) 雇主责任保险的保险责任

雇主责任保险的保险责任包括两方面的内容:一是被保险人所雇佣的人员(包括长期固定工、临时工、季节工、学徒工)在保险单有效期间、在受雇过程中、在保险单列明的地点从事保险单列明的被保险人的业务活动时,遭受意外而受伤、致残、死亡或患与业务有关的职业性疾病所致伤残或死亡的经济赔偿责任;二是被保险人的有关诉讼费用。

值得注意的是,雇主责任保险承保的对象是雇主对其雇员依法应承担的责任,企业董事会成员视同雇主身份,不是雇主责任保险承保的对象。因此,他们在工作地点和工作期间的人身伤亡都不属于雇主责任保险的责任范围。

(二) 雇主责任保险的附加责任

我国雇主责任保险经保险双方当事人约定后,可以扩展承保以下两项保险责任。

(1) 附加医疗费保险。这项附加险承保雇员在保险单有效期间,因患职业病以外的疾病(包括传染病、分娩、流产)所需医疗费用,包括治疗、医药、手术、住院费用,并规定只限于在中国境内的医院或诊疗所就诊和治疗,凭单据赔付。

(2)附加第三者责任保险。附加第三者责任保险保障被保险人在保险单有效期内,因其雇员(或其本人)在从事保险单列明的业务或有关工作时,由于意外或疏忽造成第三者人身伤亡或财产损失以及由此引起的对第三者的抚恤金、医疗费用和赔偿费用,依法应由被保险人承担的赔偿责任。这项附加责任保险为雇主在经营业务活动中可能造成的对第三者责任的风险提供保障。

(三)雇主责任保险的除外责任

我国雇主责任保险对下列各项风险与损失均不负赔偿责任。

(1)战争、军事行动、罢工、暴动、民众骚乱或由于核子辐射所致被保险人所聘用员工伤残、死亡或疾病。这些属于不可抗力或巨灾造成的损失,通常在各险种中都作为责任免除,其中部分风险经特别约定可作一定程度的扩展。

(2)被保险人所聘用员工由于职业性疾病以外的疾病、传染病、分娩、流产以及因此而施行内外科治疗手术所致的伤残或死亡。这些伤残或死亡与从事的职业无关,但经过特别约定,可以作为附加责任予以保障。

(3)由于被保险人所聘用员工自相伤害、自杀、违法行为所致的伤残或死亡,这些属于雇员本身的故意行为或犯法行为。

(4)被保险人所聘用员工因非职业原因而受酒精或药剂的影响所发生的伤残或死亡,这部分责任免除强调了与职业病的区别。

(5)被保险人的故意行为或重大过失。雇主责任保险的被保险人应认真履行对所聘用员工应尽的义务,包括劳动保护措施等。由于被保险人的故意或重大过失而造成员工伤害的责任,应由被保险人自己负责。此条作为除外责任的目的在于督促被保险人认真履行其职责。

(6)除有特别规定外,在中华人民共和国境外所发生的被保险人所聘用员工的伤残或死亡。对因需要负担境外责任的被保险人,保险人可以在加收保险费的前提下,在保险单中加批员工公务、劳务、出国条款,予以承保此部分风险。

(7)其他不属于保险责任范围内的损失和费用。

(四)雇主责任保险的被保险人义务

1. 告知义务

在投保时,被保险人及其代表应对投保申请书中的事项以及保险人提出的其他事项作出真实、详尽的说明或描述。

2. 缴纳保险费的义务

被保险人应在签订保险合同后,按照合同约定及时交付保险费。缴纳保险费是被保险人转嫁责任风险,获得保险保障而应支付的对价。

3. 危险增加的通知义务

被保险人有义务对任何与投保当时所申报的情况有变更或不同之处在五天内通知保

险人,保险人可据此调整承保条件,出具批单,必要时还须加收保险费。

4. 保险事故发生后的通知义务

发生保险责任范围内事故时,被保险人应及时通知保险人。有关事故的赔偿问题,被保险人不得自行做出任何承担赔偿责任的表示或行为。

5. 安全管理、积极施救的义务

被保险人应配合保险人做好对保险标的日常的安全管理事务,出险后应积极配合保险人进行对保险标的的施救。

(五) 雇主责任保险的赔偿限额

赔偿限额是责任保险人承担的最高赔偿额度。保险人为了保证其经营的相对稳定性,通常在保险单的明细表中对被保险人所聘用员工发生保险责任范围内的事故造成的损失规定一个最高赔偿限额。赔偿限额以雇员工资收入为依据,由保险双方当事人在签订保险合同时确定,并在保险合同中载明。目前,我国的雇主责任保险没有法律规定的赔偿标准,由被保险人根据雇佣合同的要求,以雇员若干个月的工资额制定赔偿限额。现行的保险单通常将死亡的赔偿限额确定为雇员 36 个月的工资;将伤残的最高赔偿限额确定为雇员 48 个月的工资。

在保险单有效期间,不论发生一次或多次赔偿,保险单对每位雇员的赔偿累计不得超过保险单规定的赔偿限额。雇主责任保险分别规定死亡和伤残两种情况的赔偿限额。附加医疗费用保险对每个雇员规定累计赔偿限额。附加第三者责任保险规定每次事故赔偿限额。

(六) 雇主责任保险的保险费和费率

1. 保险费

雇主责任保险采用预收保险费制,即保险费是按照不同工种雇员的适用费率乘以该类雇员年度工资总额计算出来的,在签发保险单时一次收清。

在签订保险单时,保险费是根据被保险人估计的保险期间的工资总额计算的预付保险费交纳的。在保险单到期后的 1 个月内,被保险人应提供本保险单有效期间实际付出的工资和各项补贴的准确数字送交保险人,保险人根据这个数字对保险费用进行调整,预收保险费多退少补。保险费计算公式如下:

$$预收保险费 = 各工种年工资总额 \times 适用费率$$
$$附加医疗保险保险费 = 每人累计赔偿限额 \times 人数 \times 费率$$
$$附加第三者责任保险保险费 = 每次事故赔偿限额 \times 人数 \times 费率$$

2. 保险费率

雇主责任保险费率的制定依据有以下两个方面。

(1) 行业特征和工种特征。保险费率往往因职业的危险程度不同而有所差异。

(2) 责任范围的大小以及是否有扩展责任。经保险人与被保险人双方同意,雇主责任保险可以扩大承保责任的范围。例如,在保险期限内,本保险可以扩展承保本保险单明细表中列明的地点范围内,直接由于罢工、暴乱、民众骚乱而导致被保险人所雇佣人员在从事业务工作时所受伤害的赔偿责任。

(七) 雇主责任保险的保险区域、索赔期限和司法管辖

1. 保险区域

保险区域是指保险公司承担赔偿责任的地理范围限制,即保险责任事故必须发生在规定的地域范围之内,一般控制在被保险人企业的经营地址内。经保险公司书面同意,可以将地域范围定为中国境内;经过保险公司特别约定并在加收一定保险费的基础上,也可以扩展到境外特定的国家,以保障企业员工在国外的短期公干。

2. 司法管辖

司法管辖是指发生保险事故后,保险公司认可哪个司法机构的判决,并以此为赔偿依据,我国的雇主责任保险条款规定,发生争议诉诸法律时,保险单的司法管辖为中华人民共和国司法管辖。

对于争议的处理,保险合同双方可以进行选择并在保险合同中约定。被保险人和保险人之间的一切有关本保险的争议,应通过友好协商解决;如果协商不成,可以申请仲裁或向法院提出诉讼;如果选择仲裁,保险双方应在保险合同中事先明确一个仲裁机构,将来发生保险争议后,由事先选定的仲裁机构进行仲裁。除事先另有协议外,仲裁或诉讼应在被告方所在地进行。

3. 索赔期限

根据《保险法》和雇主责任保险单规定,雇主责任保险的索赔时效为两年,即被保险人应自保险事故发生之日起两年内向保险人提出正式索赔,并提供全套索赔单证。如果超过两年未能做到有效索赔,则视同自动放弃权益。对于诉诸法律的索赔,只要初次诉诸法律的行为发生在规定的两年内,对超过此期间的法院判决,保险人仍然应予以负责。

(八) 雇主责任保险的赔偿处理

雇主责任保险的理赔只涉及雇员的人身伤残或死亡,不涉及雇员的财产损失。发生保险责任事故后,保险人根据被保险人提供的受害雇员的医院证明,按照保险单规定的条件赔付。如有必要,保险人有权要求被保险人提供其他证明材料。对于医药费用、诉讼费用以及暂时丧失工作能力超过5天以上的补偿,保险人将据实赔付,保险人根据保险单列明的赔偿金额表上规定的赔偿限额的比例赔付。在赔偿处理上,保险双方均须承担如下权利与义务。

(1) 被保险人在向保险人申请赔偿时,应提交保险单、有关事故证明书、事故处理报告、保险人认可的医疗机构出具的医疗证明、伤残证明(或法院判决书)、医疗费等费用的原始单据以及保险人认为必要的其他有效单证材料;若雇员发生死亡,还应提供死亡证明书和户口注销等证明文件,这些材料是保险人认定事故是否属于保险责任的重要依据。

(2) 保险人在接到被保险人的索赔申请和各项证明材料后,应当迅速审定核实,确定保险责任,计算赔偿金额。保险赔偿金额一经保险合同双方确认,保险人应当在10日内一次性支付赔款结案。

在保险有效期内,发生保险责任范围内的事件,保险人根据被保险人投保时提供的雇员名册,对发生伤、残、亡的雇员按下列标准赔偿:①雇员因工伤或职业性疾病引起伤残或

死亡后,保险人根据医院或有关单位和部门出具的相关证明文件,按照赔偿金额表的规定计算赔偿金额。②每一雇员均适用各自的赔偿限额。③雇员死亡、永久丧失全部工作能力后,保险人按最高赔偿金额进行赔偿。

（3）雇员丧失部分工作能力,保险人在规定的最高赔偿限额内,按其伤残程度,按一定的比例赔偿。

（4）雇员暂时丧失工作能力超过五天,在此期间,经过医院证明,保险人按照当地政府公布的每人每天最低生活标准赔偿工伤津贴,工伤医疗期满或确定伤残程度后停发,最长不超过1年。

（5）医疗费用按照实际支出扣除免赔额后在赔偿限额内赔付。保险人赔偿包括挂号费、治疗费、手术费、床位费、检查费、非自费药费部分,但不包括受伤员工的陪护费、伙食费、营养费、交通费、取暖费、空调费以及安装假肢、假牙、假眼和残疾用具费用。除紧急抢救外,受伤员工均应在县级以上医院或政府有关部门或承保公司指定的医院就诊。

（6）诉讼费用在规定的赔偿限额内根据实际支出赔付。

（7）对每次事故的赔偿按照伤害程度在赔偿金额表中确定赔偿金额的比例,并在约定的赔偿限额内赔偿。累计赔偿限额是保险人在保险单有效期内承担的最高的赔偿金额。一旦达到累计赔偿限额,就表明保险人已经履行了保险单规定的全部赔偿义务,保险单即行终止。

三、雇主责任保险与其他相近似保险的区别

目前,保险市场现行的各险种中,人身意外伤害保险和作为社会强制性保险的工伤保险从保险责任范围来讲,与雇主责任保险有些相似,但它们之间存在着根本性的区别。

（一）雇主责任保险与人身意外伤害保险的区别

1. 性质不同

雇主责任保险承保的是雇主的民事赔偿责任,是一种无形的利益标的,属于责任保险范畴。人身意外伤害保险承保的是被保险人自己的身体和生命,是一种有形的实际标的,属于人身保险的范畴。

2. 保险责任不同

雇主责任保险仅负责赔偿雇员在执行任务时及工作场所内(有些国家规定职工上下班路程也包括在内)遭受的意外伤害。即剔除雇员自己的故意行为和被保险人的故意行为所致的伤害。人身意外伤害保险对被保险人不论是否在工作期间及工作场所内遭受的伤害均予负责。前者还对雇员不论是否在工作期间及工作场所内遭受的伤害均予负责,此外,还负责雇员因职业性疾病引起的伤残或死亡及医疗费用,而后者不负责任此项责任。因此,两者在责任范围上有着明显的差异。

3. 承保条件不同

雇主责任保险需要以民法、雇主责任法或雇主与雇员之间存在雇佣合同作为承保条件,而人身意外伤害保险只要是自然人均可向保险人投保。

4. 责任范围不同

雇主责任保险除负责保险期间内雇员的人身伤害外,还负责雇员因职业性疾病所引起的伤残、死亡,而人身意外伤害保险不承担此项责任。

5. 保障效果不同

雇主责任保险的被保险人是雇主,但在客观上却直接保障雇员(第三者)的权益,而保险人与被保险人的雇员不存在保险关系,加之越来越多地对雇主责任保险采取法定强制的形式实施保险,更使其含有社会保障的因素。人身意外伤害保险的保险对象是被保险人,直接保障的也是被保险人,保险人与被保险人之间是直接的保险合同关系,作为纯粹的商业保险,其只能采取自愿保险方式,成为社会保障的补充。

(二)雇主责任保险与工伤保险的区别

作为一种社会保险,工伤保险是我国劳工补偿制度中的一种,是为保护雇员利益而由国家提供的劳动保险制度,虽然其与雇主责任保险存在某些相似之处,如保障的都是雇员的人身伤害,但工伤保险与雇主责任保险有着本质的区别。

1. 性质不同

雇主责任保险是一种商业保险,财产保险公司都可以经营此业务,投保人可以根据需求自愿购买;而保险属于社会强制性保险,各相关企业必须购买。

2. 保险对象不同

工伤保险的保险对象为各类企业、有雇工的个体工商户的职(雇)工,雇主责任保险的保障对象范围较广,除上述工伤保险保障对象之外,还包括各事业单位、社会团体、机关学校。

3. 保险对象不同

雇主责任保险责任范围指被保险人所聘用的员工在受雇过程中(包括上下班途中),从事与保险单所载明的被保险人的业务工作而遭受意外或患有与业务有关的国家规定的职业性疾病,所导致的伤、残或死亡。

4. 赔付原因不同

雇主责任保险是基于雇主未能尽其法律义务,即因为过失或疏忽而产生的民事赔偿责任的保险。工伤保险虽然也是承保雇员遭受人身伤害或疾病时的雇主赔偿责任,但不考虑雇主有无过失责任。工伤保险负责雇主对雇员期间任何时间、任何地点遭受的人身伤亡和疾病的赔偿责任,是以严格责任为归责原则的保险。

5. 赔付范围不同

雇主责任险在责任限额之内,按照双方约定的赔偿内容进行赔付,如挂号费、治疗费、手术费、床位费、检查费、非自费药费部分以及工伤津贴赔偿、伤残程度赔偿、死亡赔偿和诉讼费用赔偿;而医疗费用不包括陪护费、伙食费、营养费、交通费、取暖费、空调费及安装假肢、假牙、假眼和残疾用具的费用。

工伤保险的赔付范围包括住院费、医疗费、药费、就医路费,住院期间的伙食补助费,安装假肢、矫形器、假牙、假眼和配置轮椅等辅助器具的费用,伤残情况下的护理费、伤残抚恤费,一次性伤残补助金、异地安置的一次性安家补助费,死亡情况下的丧葬补助金、死亡一次性补助金、供养遗属抚恤金。

6. 保险费的支付人不同

雇主责任保险由雇主作为投保人和被保险人支付保险费,工伤保险则通常由政府、雇主和雇员一起按比例支付保险费。

7. 保险金的给付对象不同

雇主责任保险的赔偿金交给应负赔偿责任的雇主,而工伤保险的赔偿金则直接交给受到伤害的雇员。

 专栏 7-4

雇主责任保险与工伤保险竞合

2005 年 11 月 18 日,《中国保险报》登载的《单位同时投保雇主责任保险和工伤保险员工因公死亡如何赔偿》一文,提出的实质问题是雇主责任保险和工伤保险竞合时的法律处理问题。文中指出,"工伤保险与雇主责任保险并存给理赔中带来了一个难题,这主要是我国法律目前对这种情况未作出明确的规定"。实际上,我国相关的部门与专家对此问题确实存在一定的争议,但相关的法律目前对此问题也有一定的规定。

所谓责任竞合,是指由于某种法律事实的出现而导致两种或两种以上的责任产生,这些责任彼此之间是相互冲突的。在民法中,责任竞合主要表现为违约责任和侵权责任的竞合。

2003 年 4 月 16 日,国务院第 5 次常务会议讨论通过了《工伤保险条例》,自 2004 年 1 月 1 日起施行。因此,从 2004 年 1 月 1 日以后,工伤赔偿问题要从行政立法上建立一个强制的、统一的保险制度,改变工伤赔偿按普通民事侵权赔偿案件处理的思路,即工伤保险赔偿纠纷变成了劳动争议案件。这是一个重大的变化。

2003 年 12 月 29 日,最高人民法院颁布实施《关于审理人身损害赔偿案件若干问题的解释》,其中第十一条确立的是按照混合模式予以规范。混合模式的实质就是在用人单位责任范围内以完全的工伤保险取代民事损害赔偿,但如果劳动者遭受工伤是由于第三人的侵权行为造成的,第三人不能免除民事赔偿责任。例如,职工因公出差遭交通事故,工伤职工虽依法享受工伤保险待遇,但对交通肇事负有责任的第三人仍应当承担民事赔偿责任。肯定了受害人(赔偿权利人)对于侵权第三人有独立的赔偿请求权,未再规定保险机构的代位求偿权。最高人民法院的上述规定,从某种意义上可以理解成是对相关的法律规定做了缩小的文义解释。2002 年颁布的《中华人民共和国安全生产法》第四十八条规定:"因生产安全事故受到损害的从业人员,除依法享有工伤社会保险外,依照有关民事法律尚有获得赔偿的权利的,有权向本单位提出赔偿要求。"《中华人民共和国职业病防治法》第五十二条规定:"职业病病人除依法享有工伤社会保险外,依照有关民事法律,尚有获得赔偿的权利的,有权向用人单位提出赔偿要求。"最高法院把两条法律中规定的"依照有关民事法律尚有获得赔偿的权利的"限制为:劳动者遭受工伤是由于第三人的侵权行为造成的,保险人可在保险单中明示。

《单位同时投保雇主责任保险和工伤保险员工因公死亡如何赔偿》一文涉及的案件,因雇员的死亡不是由于第三者责任造成的,因此根据我国现行法律的规定,雇主在投保工伤保险后是无须承担雇主损害赔偿责任的,当然保险公司对此也无须承担理赔责任。本案提示我们,为了今后尽可能减少相关的纠纷与争议,保险人可在雇主责任保险单中对此问题做出明确的规定。

（资料来源:太平洋保险官方网站）

四、典型案例

[**案例 7-4**] 2017 年 11 月 8 日,佛山市某陶瓷厂与保险公司签订《雇主责任保险合同》,约定在合同期内,该厂员工从事合同载明的业务工作时遭受意外伤害,厂方根据雇佣合同应承担的赔偿费用由保险公司承担。投保一个月后,该厂员工梁某因公外出收款,结果回家路上遭抢劫受伤,住院 1 天,共花费医疗费 19 434.30 元。该厂要求保险公司对其进行赔偿,但保险公司认为该员工是自己跌伤,不是因公受伤,拒绝赔偿。保险公司还称,即使要赔偿,依照社保条例的规定,医疗费的赔偿金额应该扣除自费药部分,伙食费的赔偿应按三分之二的比例支付。

案情分析:经法院审查,2017 年 12 月 9 日晚,梁某确因受厂方指派外出收取货款,回家途中遭遇抢劫而受伤。2018 年 6 月 6 日,佛山市劳动和社会保障局认定梁某为工伤,因为按照《工伤保险条例》的规定,职工认定工伤必须符合以下四个条件:一是企业规定的上下班时间;二是上下班必经路线;三是非本人主要责任的事故;四是与机动车相撞发生的伤害事故。本案符合雇主责任保险的相关保险责任规定,保险公司应赔偿其相应的损失。近日,当地法院审结这起保险合同纠纷案,判决保险公司在判决发生法律效力之日起 10 日内,向该厂支付保险赔偿金 21 747.30 元。

本 章 小 结

(1) 民事责任是指民事法律关系中的义务主体违反法律规定的或者合同约定的民事义务,侵害民事权利主体的民事权利,依民法之规定而产生的一种法律后果。

(2) 民事责任的归责原则主要有过错责任原则、无过错责任原则和公平责任原则三种。

(3) 违约责任是违反合同的民事责任的简称,是指合同当事人一方不履行合同义务或履行合同义务不符合合同约定所应承担的民事责任。侵权责任是指行为人不法侵害社会公共财产或者他人财产、人身权利而应承担的民事责任。

(4) 责任保险是指以被保险人对第三者依法应负的民事赔偿赔偿责任为保险标的的保险。

(5) 责任保险的特点有:其产生与发展的基础是民事法律制度的建立与完善;责任保险

合同在保障被保险人利益的同时,受害人的合法利益也受到了保障;被保险人可选择限额投保;赔偿处理涉及第三方及较多的法律因素;承保基础有期内发生式和期内索赔式两种。

(6) 公众责任是指公民或法人因自身的疏忽或过失等侵权行为致使他人的人身或财产遭受损害而依法应当承担的经济赔偿责任。

(7) 产品责任保险是指以产品制造商、销售商、修理商因产品责任事故引起的依法应承担的经济损害赔偿责任为标的的保险。

(8) 职业责任保险承保各种专业技术人员因工作上的疏忽或过失造成合同对方或其他人的人身伤害或财产损失的经济赔偿责任。

(9) 雇主责任保险是以雇主(被保险人)对其所雇用的员工在受雇期间从事相关工作时因意外事故或患职业病导致伤残、死亡或其他损失的赔偿责任为保险标的的保险。

关键概念索引

民事责任　归责原则　责任保险　公众责任保险　产品责任保险　职业责任保险
雇主责任保险　期内发生式　期内索赔式　免赔额　第三者责任　诉讼费用

复习思考题

1. 名词解释:公众责任;公众责任保险;产品责任;产品责任保险;职业责任;职业责任保险;雇主责任;雇主责任保险;合同责任;疏忽责任;严格责任。

2. 简述公众责任保险的特点。

3. 产品责任保险费率确定的主要依据有哪些?

4. 职业责任保险的被保险人是专业人员个人还是执业机构?

5. 简述职业责任保险的保险责任、除外责任和特约承保责任。

6. 简述开展雇主责任保险的作用。

第八章　信用保险与保证保险

本章要点

- 信用保证保险概述
- 信用保险
- 保证保险

　　本章主要介绍了信用保险、保证保险的概念和特征,以及不同分类标准下的各种具体险种,重点介绍了国内信用保险、出口信用保险和投资保险的内容。通过本章的学习,读者可全面系统地掌握信用保险与保证保险的理论,同时了解国内保险市场已有的信用保险和保证保险业务。

第一节　信用保证保险概述

一、信用保证保险的概念

　　随着经济社会的发展,尤其是随着各类信用在经济活动中的广泛运用,信用风险发生的日益频繁,经济单位寻求以保险的方式转嫁风险,以减少经济活动中的损失。信用保险和保证保险都是由保险人作为保证人为被保证人向权利人提供担保的一类保险业务,两者既有相同之处也存在着区别。由于自身的一些特性,信用保险和保证保险区别于一般的财产保险,是保险领域中相对独立的组成部分,属于广义财产保险的范畴。

(一) 信用保险的概念

　　就目前来看,信用保险在各类教材中并没有一个标准的定义。我国台湾学者袁宗蔚教授将信用保险定义为:保障被保企业应收账款遭受不正常损失之保险,承保的是被保险人因其债务人无力偿付或拒绝偿付之损失。我国保险业标准化技术委员会(以下简称保标委)制定的《保险术语》中将信用保险定义为:以债权人因债务人不能偿付或拒绝偿付债务而遭受的经济损失为保险标的的保险。以上定义突出了信用保险的保险标的和保障的风险,却没有将信用保险的当事人关系清晰地呈现出来。

本书将信用保险定义为:权利人向保险人投保义务人信用的保险。具体来讲,是权利人投保因义务人不履行义务而对其造成损失的保险。在信用保险业务运作过程中存在着相互关联的两种责任关系:一种是义务人对权利人履行义务的责任;另一种是保险人根据上述义务人的全部或部分责任由保险合同设定的向权利人进行赔偿的责任,即当义务人不按照合同中关于其责任的约定作为或不作为时,保险人将负责赔偿义务人对权利人造成的损失,其后,保险人从权利人处取得代位求偿权,可就已向权利人赔偿的金额向义务人追偿。

(二) 保证保险的概念

对于保证保险是否为保险业务的一种,业界对此颇有争议,但一般的教材中均将其作为一个险种进行介绍,在实践中,保险公司也将其作为一个独立的险种。我国保标委制定的《保险术语》中将保证保险定义为:以权利人因被保证人不履行合同义务或者犯罪而遭受的经济损失为保险标的的保险。

保证保险实质上是一种担保行为,是被保证人(义务人)借保险人的信用向权利人提供担保。本书将保证保险定义为:保险人为被保证人(或义务人或投保人)向权利人提供担保,当权利人由于被保证人的作为或不作为遭受经济损失时,保险人承担赔偿责任的一种保险。

二、信用保险的特点

由于参与主体的复杂性以及保险标的和保障风险的特殊性,信用保险和一般的财产保险相比有其自身的特征。

(一) 主体涉及三方当事人

一般财产保险合同是投保人与保险人之间签订的双方协议,通常不涉及第三方。信用保险会涉及对投保人(权利人)有经济责任的第三方当事人(即义务人),即保险合同中的投保人(同时也是权利人、被保险人)与保险人签订信用保险合同,义务人是保险合同之外的第三方当事人。

(二) 特殊的业务处理方式

信用保险承保的是信用风险,这种无形的利益标的与有形的物质财产比较起来,其风险预测的难度较大,经营具有一定的不稳定性和技术的复杂性。因此,为了控制风险,保险人一般在事先对义务人资信状况进行严格审查的基础上决定是否承保。随着信用体系的不断完善,资信调查已越来越便捷,现已成为保险公司控制信用风险的主要方法。一般而言,通常需承保人出面或委托资信部门调查义务人的支付能力、信用、经营管理等情况,以调查的结果为承保决策服务。如果是涉外业务,还要调查被保证人所在国的政治经济状况。

(三) 保险费率的厘定及保额的确定

在厘定保险费率时,一般的财产保险以投保财产历史损失发生概率为基础,以大数法则为基本原则;而信用保险的费率厘定主要与义务人的资信状况有关。一般的财产保险保额通常以保险标的的保险价值为基础;而信用保险的保险金额决定于义务人对权利人的经济责任,一般由保险人和权利人根据义务人的责任限额进行事先约定,保险人也只对其为义务人预先设定限额内的损失负责赔偿。

(四) 对义务人的追偿是信用保险业务的重要组成部分

在一般的财产保险业务中,保险人在赔付后的追偿不是必须发生的,除非损失是由第三者造成才适用代位追偿原则,保险人取得向责任人追偿的权利;而在信用保险中,由于保障风险的特殊性,保险人通过向义务人进行追偿来减少损失是业务流程的重要组成部分。

(五) 对经营该业务的保险人的要求较严格

在国外,信用保险必须由政府指定或批准的保险人或专门经营信用保证保险业务的保险人办理,禁止一般保险人承保该项业务。例如,美国财政部每年公布一次被批准的保证保险人名单,并规定各公司承保的限额。做这样的规定是因为:①该业务的经营较复杂,必须由专业人员办理;②保证保险人有可靠的偿付能力;③有些信用保险业务本身具有较强的政策性,如为了促进本国商品出口而开办的出口信用保险业务,必须由指定的保险人或机构来办理。

三、信用保险的发展

(一) 世界信用保险市场的产生和发展

信用保险是随着现代社会商业信用的普遍化和道德风险的频繁出现而发展起来的,它起源于 19 世纪中叶的欧洲,最初开办的是国内信用保险业务。19 世纪下半叶,英国海外贸易不断开拓,收汇风险也日益增大,这逐渐使国内信用保险向出口信用保险延伸。第一次世界大战后,信用保险得到了迅速发展,欧、美等国出现了众多的商业信用保险公司,一些私营保险公司联合组织了专门承保出口信用保险的机构。1919 年,英国成立了出口信用担保局(Export Credit Guarantee Department,ECGD),是最先推出的官办出口信用保险机构。其后,比利时于 1921 年成立出口信用保险局,荷兰政府于 1925 年建立国家出口信用担保机制,挪威政府于 1929 年建立出口信用担保公司。西班牙、瑞典、美国、加拿大分别于 1929 年、1933 年、1934 年和 1944 年相继建立了以政府为背景的出口信用保险和担保机构,专门从事对本国的出口和海外投资的政策支持。1946 年,法国正式成立了法国外贸保险公司科法斯集团(COFACE),现为全球出口信用保险业之翘楚。

信用保险市场的发展与经济的发展和信用风险的出现有关。1929—1933 年的世界经济危机使整个资本主义国家的工业生产下降了 37%,世界贸易额减少了 2/3,经济危机同时造成了空前的信用危机,各国信用保险业务受到了致命的打击,大批经营商业信用保险业务的保险公司纷纷破产,只有少数经营稳健、实力雄厚的公司幸存下来。经过这次冲击,信用保险制度得以进一步完善,许多西方国家效仿英国的经验先后成立了专门的国营机构来经营出口信用保险。幸存的少数私营保险公司也只承保商业风险,对政治风险"退避三舍"。1934 年,各国私营和国营出口信用保险机构在瑞士伯尔尼联合成立了国际信用和投资保险人联合会(简称伯尔尼联盟)。此后,各国的信用保险业务虽屡屡受到经济动荡的冲击,但都逐步稳定地发展起来,至今在世界各国(特别是发达国家)形成了信用保险制度和固定的信用保险机构。

(二)我国信用保险的产生和发展

我国的信用保险起步较晚,首先开展的是出口信用保险,于20世纪80年代末开始发展。1989年,国家责成中国人民保险公司负责办理出口信用保险业务,当时是以短期业务为主。1992年,人保公司开办了中长期业务。1994年,政策性银行成立,中国进出口银行也有了办理出口信用保险业务的权力。出口信用保险业务开始由中国人民保险公司和中国进出口银行两家机构共同办理。

加入WTO后,2001年12月18日,中国信保正式揭牌运营,成为目前我国唯一的一家政策性出口信用保险机构。中国信保当前的主要产品包括:短期出口信用保险、中长期出口信用保险、投资保险、国内贸易信用保险、担保业务等。中国信保在信用风险管理领域深耕细作,成立了专门的国别风险研究中心和资信评估中心,发布了《国家风险分析报告》《全球投资风险分析报告》、全球国家风险评级和主权信用评级,资信数据库覆盖全球1 000余万家企业、4万余家银行、800余个行业,拥有国内外各类信息渠道约150家;资信报告、追偿渠道覆盖200多个国家和地区。截至2017年年末,中国信保累计支持的国内外贸易和投资规模超过3.3万亿美元,为超过11万家企业提供了信用保险及相关服务,累计向企业支付赔款108.4亿美元,累计带动200多家银行为出口企业融资超过2.9万亿元人民币。

随着我国进出口贸易的扩大、各类新风险的产生、市场化的深入,也有学者建议学习信用保险发达的欧洲经验,逐步鼓励和引导商业保险公司经营出口信用保险,为保持国民经济持续快速增长提供强有力的支持。这一建议逐渐变为现实,国务院国发〔2012〕15号《关于加强进口促进对外贸易平衡发展的指导意见》中明确了:"完善进口信用保险体系和贸易结算制度,鼓励商业保险公司根据企业需要,研究开展进口信用保险业务,推出有利于扩大进口的保险产品和服务,降低企业进口风险。"

四、信用保险与保证保险的区别

信用保险和保证保险都是承保因义务人的作为或不作为致使权利人遭受损失的财产保险,但信用保险是权利人向保险人投保义务人的信用,以保证自己的经济损失能够得到赔偿,保证保险是义务人向保险人投保自己的信用,以保证权利人的经济损失能够得到赔偿。

(一)涉及的当事人及业务结构不同

在信用保险中,义务人是保险合同当事人(包括投保人和被保险人)之外的第三人,不直接涉及保险合同;而保证保险中的当事人包括投保人(或义务人或被保证人)、保险人(或保证人)和被保险人(或权利人),在整个保证保险业务活动中投保人有时候甚至还充当反担保人的角色。

（二）保险费的性质不同

如上所述,保证保险存在着反担保,保险人支付的赔款要由被保证人如数退还。因此,从理论上讲,保证保险的保险人并没有真正承担赔偿责任,并没有实现完全意义上的风险转嫁。保险人收取的保险费实际上是一种手续费或服务费;但在信用保险中,保险人往往难以得到义务人的反担保,只能事后向义务人追偿,这取决于保险人对义务人资信的审查。故信用保险的保险费是投保人向保险人转移风险而支付的成本,与其他财产保险的保险费无差异。

（三）承保形式不同

在实务操作中,信用保险一般以保险单的形式来承保,其保险单和一般财产保险的保险单并无太大区别,都规定了责任范围、除外责任、保额(责任限额)、保险费等内容;而保证保险通常以出具保函的形式办理,其中,保函类保证和司法类保证以此形式居多,多有担保性质,其他的保证保险,如消费信贷保证保险、产品质量保证保险,一般采用标准保险单形式进行承保,与其他财产保险类似。

第二节　信　用　保　险

信用保险业务主要有出口信用保险、商业信用保险、投资保险、信用卡保险、贷款信用保险等几大类。其中,商业信用保险是信用保险领域的主体部分;出口信用保险是最早的险种之一,有利于稳定贸易出口和资本性货物及服务出口;投资保险有较强的政策性。

一、出口信用保险

（一）出口信用保险的概念和种类

出口信用保险是以国际贸易中国内出口商在经营出口业务过程中,因进口商方面的商业原因或进口国方面的政治原因而遭受经济损失为保险标的的信用保险,其承保风险主要包括出口商在经营出口业务过程中买方的商业风险和政治风险。出口信用保险与商品输出紧密相连,并以支持商品出口为宗旨,是国际贸易中各国争夺国际市场竞争加剧的产物,是各国政府推动本国贸易出口发展的一种重要的经济保障措施。

出口信用保险的起源晚于国内信用保险,其在19世纪末产生于西欧诸国,随后北美和日本也相继开办此业务,建立了本国的出口信用保险体系。我国出口信用保险业务自1989年开始,在政府的支持下,中国人民保险公司曾作为国家授权办理该业务的保险机构。当前,我国的出口信用保险主要由2001年成立的政策性保险公司——中国信保经营。国发〔2012〕15号文件印发之后,商业财产保险公司也逐渐进入出口信用保险(主要是短期出口信用)领域,中国人民财产保险股份有限公司于2013年月份获得财政部批准,可从事短期出口信用保险业务,成为国内首家具有资格从事该业务的财产险公司,也标志着打破了中国信保独家承保的垄断格局。

出口信用保险可按不同的标准分类。根据保险期限的不同,可分为短期出口信用保险和中长期出口信用保险。短期出口信用保险是以信用期在一年以内的出口收汇风险为保险标的的信用保险。中长期出口信用保险是以信用期在1年以上、最长可以为10～20年的出口收汇风险为保险标的的保险。

我国短期出口信用保险适用于出口企业从事以信用证(L/C)、付款交单(D/P)、承兑交单(D/A)、赊销(OA)结算方式自中国出口或转口的贸易，一般以综合保险的形式办理，承保风险包括出口企业所有以信用证和非信用证为支付方式出口的收汇风险。当前，我国的短期出口信用保险主要包括综合保险、统保保险、信用证保险、特定买方保险、买方违约保险、特定合同保险等险种。中长期出口信用保险旨在鼓励出口企业积极参与国际竞争，特别是高科技、高附加值的机电产品和成套设备等资本性货物的出口以及海外工程承包项目，支持银行等金融机构为出口贸易提供信贷融资。我国的中长期出口信用保险是中国人民保险公司于1992年6月开办的，旨在支持大型成套机电设备、船舶、飞机等资本性或半资本性货物等出口的保险业务，具有较强的政策性。就目前的实践来看，我国的中长期出口信用保险主要包括出口买方信贷保险和出口延付合同再融资保险等险种。

根据保险责任起止时间不同，出口信用保险可分为出运前出口信用保险和出运后出口信用保险，前者是指以出口合同生效后、货物实际出运前的买家信用风险可能造成的经济损失为保险标的的信用保险；后者是指以货物出运后的买家信用风险可能造成的经济损失为保险标的的信用风险。

(二) 出口信用保险的特征

出口信用保险与一般的信用保险不同，其特征主要体现在以下几个方面。

1. 不以盈利为经营的主要目标

出口信用保险产生的直接原因是出口贸易发展的需要，国家支持保险人开办出口信用保险是为了保护本国出口商的利益。在国家支持下，各经营出口信用保险的机构不惜亏损来支持出口，以实现国家整体经济利益的要求。

2. 风险大且难以控制

出口信用保险承保的是出口商的收汇风险，造成出口商不能安全收汇的风险主要是指政治风险和商业风险。由于出口商所在国与买方所在国分属于不同的国家，彼此在政治、经济、外交、法律以及经营作风和贸易习俗等方面有差异，造成买方违约的原因较为复杂。所以，出口信用保险业务出险概率大且难以控制。

3. 政府支持和参与办理

出口信用保险的经营目标、所承保风险的性质及承保标的的特殊性，决定了它是一种离不开政府支持与参与的政策性很强的险种。为了充分发挥出口信用保险对国家出口的促进作用，政府的支持和参与表现在以下几方面：①规范经营和管理。国家颁布法律法规对办理出口信用保险的宗旨、经营目标和方针政策、财务核算办法、机构及归属等方面作了明确规定。②政府在财政上的支持。各国政府通过贷款、设立赔款准备金、贴现票据和再保险等不同的方式，向出口信用保险注入资金。③提供各项优惠政策。为了扶持出口信用保险业务的开展，几乎所有的国家都为此项业务提供了优惠政策，如免征一切税赋、赋予较大的资金运用权限等。

出口信用保险还具有以调查信息为依据承保、再保险、损失可追偿等特点。

(三) 出口信用保险的经营模式

由于各国政治、经济、法律制度以及办理出口信用保险历史沿革上的差异,根据政府支持的程度不同,大致可分为以下几种经营模式。

1. 政府直接办理

该模式的特点是政府在其机构中设立一个特别的部门,专门办理出口信用保险。英国、日本、瑞士等国是由政府直接办理。例如,日本由通产省国际贸易管理局下属的进出口保险课经营出口信用保险业务。

2. 政府间接办理

该模式的特点是由政府投资设立一个独立经营的专门机构负责办理出口信用保险。政府只负责制定经营政策、方针和提供资金上的支持,但不直接经营。加拿大、印度、中国香港和韩国是该种模式的典型,

3. 政府委托私营保险机构办理

该模式的特点是由政府制定政策,私营保险机构负责办理,国家来承担最终风险。该模式既体现了国家的支持,又利用了私营保险机构的经营机制。实行这种模式的有美国、德国等国家。

4. 政府机构控股办理

该模式的特点是办理出口信用保险业务的机构是一家股份公司,政府部门占有该公司超过半数以上的股权,政府作为该公司最大的股东控制其经营。此类机构一般开立国家账户和商业账户两个经营账户,在国家账户上做风险大的业务,在商业账户上做风险小的业务。此类公司一般经营比较灵活,除经营出口信用保险和担保业务外,还经营其他保险及相关业务。法国、荷兰等的出口信用保险公司均采用这种模式。

(四) 出口信用保险的责任范围

1. 出口信用保险承保的风险

出口信用保险承保的主要是商业信用风险和政治风险,由这两种风险导致的损失一般由保险公司承担,属于保险责任。商业信用风险又称买方风险,是指在经济交往中因义务人违约或违法致使权利人遭受经济损失的风险。政治风险,又称国家风险,是指因种族、宗教、利益集团和国家之间的冲突,或因政策、制度的变革与权力的交替造成损失的风险。

商业信用风险主要包括以下几个方面。

(1) 买方破产或无力偿付债务,具体指法院已宣布买方破产,或买方已接到法院关于破产清算的判决或裁定,或已由法院委任的清算人或破产接管人接管,或买方已做出将其全部资产用于清偿债务的安排,或买方债权人已接收买方的全部或大部分资产。

(2) 买方收货逾期不付款,但经买方要求以及被保险人同意,买方在付汇期限上可以增加付汇展期,此展期仍然属于放账期。

(3) 买方拒绝收货及付款,但其原因并非由于被保险人的过错,且被保险人已采取措施,包括必要时向买方起诉,迫使买方收货付款等,买方拒收货物付款的原因是因为买方表

失信用或有其他不道德意图而拒收。

政治风险主要包括以下几个方面。

（1）在被保险人和买方均无法控制的情况下，买方所在国（或地区）颁布法律、法令、命令、条例或行政措施，禁止或限制买方以货物发票上写明的货币或其他可自由兑换的货币向被保险人支付货款。

（2）在被保险人和买方均无法控制的情况下，买方所在国（或地区）颁布法律、法令、命令、条例或行政措施，禁止买方所购的货物进口。

（3）在被保险人和买方均无法控制的条件下，买方所在国（或地区）撤销已颁发给买方的进口许可证或不批准进口许可证的展期。

（4）买方所在国（或地区）货物须经过的第三国颁布延期付款令。

（5）买方所在国（或地区）发生战争、敌对行动、内战、叛乱、革命、暴动或其他骚乱。

（6）在中国以外的国家（或地区）发生被保险人和买方均无法控制的其他非常事件，认定为政治风险的其他情况。

2. 出口信用保险的除外责任

出口信用保险的除外责任通常包括以下几种情况。

（1）在交付货物时已经发生或通常能够由货物运输保险或其他保险承保的损失。

（2）由汇率变更引起的损失。

（3）由被保险人或其代表违约或违法行为导致买方拒付货款所引起的损失。

（4）在货物交付前，买方已有严重违约行为，被保险人有权停止发货，但仍向买方发货而造成的损失。

（5）在交付货物时，由于买方没有遵守所在国（或地区）法律、法令、命令或条例，因而未得到进口许可证或进口许可证展期所引起的损失。

（6）由于被保险人或买方的代理人或承运人破产、欺诈、违约或其他行为引起的损失。

（7）买卖合同规定的付款货币和金额违反买方国家（或地区）外汇管理规定而发生的损失。

（8）被保险人在发货前信用限度已被取消、失效，或未经保险人批准信用限额并且不适用被保险人自行掌握的信用限额的买方出口所发生的损失。

3. 责任限额、免赔额和保险费的确定

保险人为了控制风险，通常在保险单上规定三种责任限额，一般而言，当风险发生重大变化时，保险人有权以书面的形式通知被保险人撤销或者修改信用限额。在出口信用保险单上通常规定一个绝对免赔额，若被保险人的出口损失金额不超过规定的绝对免赔额，保险公司可免予赔偿。

（1）保险单的累计最高赔偿限额。此限额是保险人在保险期限内累计赔偿的最高金额。被保险人遭受保险单上约定的出口信用风险所造成的损失，从保险人处得到的赔偿不能超过此限额。

（2）买方信用限额，是指保险人对被保险人向特定买方所承担的最高赔偿限额，即针对某一特定买方对卖方所造成的损失,由保险人承担的最高赔偿限额。对与被保险人进行贸易的每一买方都有一个关于买方信用限额的申请与审批过程。买方信用限额的控制是出口信用保险的关键,它既要尽量满足出口商对外放账的需要,又要在一定程度上控制超量的放账情况,以避免可能导致的外汇风险。如果出口商的买方信用限额超过规定的限额,则由其自行承担损失。

(3) 被保险人自行掌握的信用限额。保险人在实际工作中,对那些有丰富经验并拥有广大市场的被保险人,可能并不会对其每一买家都仔细调查,而是在保险单中规定一个小数额作为被保险人自己掌握的信用限额。被保险人发生损失时,可在此信用限额内向保险人索赔。这样就可以使被保险人具有在一定范围内灵活处理日常业务的权利,鼓励出口商同买方进行更多的交易。

出口信用保险承保的风险主要是买方的商业信用风险和其所在国的政治风险,因此,出口信用保险保险费厘定的主要依据是买方及其所在国风险的评估、支付方式、信用期限长短等。

4. 出口信用保险有关承保理赔的其他规定

(1) 被保险人必须是资信良好,具有相当好的出口经验和管理水平、会计账册健全的出口商。保险人根据其提供的资料及通过调查掌握的情况,决定是否承保。

(2) 短期出口信用保险一般实行全额投保的方式,即出口商有义务将以商业信用方式出口货物按全部业务额投保。这样有利于防止逆选择,以达到分散风险和保持业务经营稳定的目的。

(3) 定损核赔等待期的规定。由于出口信用保险单所承担的责任范围不一,因而确定标的是否为实际损失所需的时间也不相同。除保险条款规定的买方被宣告破产或丧失偿付能力后即可定损核赔外,对其他原因引起的标的损失,保险人要视不同情况规定一个观察期。此观察期称为定损核赔等待期,待观察期满,保险人才予以定损核赔。

专栏 8-1

政策性出口信用保险对外贸总额渗透率达到 18.9%

2016 年,政策性出口信用保险对我国同期出口总额的渗透率达到 18.9%,比 2015 年提高了 2 个百分点。这是国务院发展研究中心宏观经济研究部《2016 中国出口信用保险公司政策性职能履行评估报告》(以下简称《报告》)的最新数据。

《报告》通过对出口拉动比例、投资拉动比例、"一带一路"渗透率等近 30 个指标的量化评估,全面、客观地评估了政策性信用保险支持我国外经贸发展的情况。评估结果显示,2016 年,我国唯一的政策性出口信用保险公司——中国信保在促进外贸出口和海外投资、支持实体经济发展、拉动经济增长等方面都发挥了重要作用。

首先是在积极促进我国经济增长和保障就业方面。2016 年中国信保的保险及担保业务实现承保金额 4 731.2 亿美元,累计服务支持客户 7.1 万家,增长率为 23.6%;出口信用保险覆盖面进一步扩大,承保金额3 975.2亿美元,增长率为3.1%,高于同期全国出口增幅10.8个百分点。出口信用保险对同期我国出口总额的渗透率达到18.9%,比2015年提高了2个百分点。

从促进经济增长效果看,2016年,政策性信用保险对GDP的贡献率达到5.4%。从促进出口效果看,2016年中国信保拉动出口金额超过5 700亿美元,占同期我国出口总额的比重达27.6%,创公司成立以来新高。从促进就业效果看,近年来,政策性出口信用保险拉动的就业总量保持上升趋势。2016年政策性出口信用保险间接带动就业数超过1 500万人,占我国外贸行业从业人员的近十分之一,占我国就业总人口的1.9%。此外,中国信保通过支持出口间接拉动固定资产投资额,占同期我国固定资产投资总额的3.9%;通过支持出口间接拉动的消费额占消费总额的1.6%。

其次是在支持"一带一路"建设方面。中国信保2016年对企业面向"一带一路"沿线国家出口和投资的承保规模达1 133.1亿美元,承保了巴基斯坦萨希瓦尔燃煤电站、印度尼西亚南加里曼丹水泥生产线、马来西亚350万吨钢铁厂等一批重大项目。其中,中长期出口信用保险共承保"一带一路"项目56.5亿美元,对大型成套设备出口融资应保尽保;海外投资保险共承保"一带一路"项目307.3亿美元,增长率为3.4%,有力支持了企业"走出去";短期出口信用保险"一带一路"项下承保金额769.4亿美元,增长率为6.5%,对沿线相关国别业务支持力度明显提升。

最后是在支持外贸转型升级方面。2016年,中国信保实施针对性的积极承保措施,加大对自主品牌、高新技术、战略性新兴产业及装备制造业及其他重点行业的支持力度;通过对服务贸易、国际营销网络、跨境电商平台等新业态的积极承保,着力培育外贸竞争新优势。对重点行业出口的保险覆盖率达14.5%,对面向新兴市场出口的保险覆盖率达22.8%,对小微企业出口的保险覆盖率超过20%。

《报告》还显示,出口信用保险作为一种投入少、见效快、杠杆效应明显、可持续性强的金融工具,是国际通行的贸易促进手段。由于出口信用保险承担的风险特别巨大,且难以使用统计方法测算损失概率,因此,20世纪中期以来,以政府为背景专门从事对本国出口和海外投资政策支持的出口信用保险和担保机构在发达国家和发展中国家相继出现。中国信保是我国唯一的政策性信用保险机构,于2001年经国务院批准正式成立。该公司的成立标志着中国企业"走出去"有了国家信用的强大支持。

多年来,中国信保通过海外投资保险大力支持我国企业"走出去"。2016年,我国非金融类对外投资金额达1 701.1亿美元,增长率为44.1%。中国信保海外投资保险承保规模逐年扩大,2016年支持企业对外投资金额达426.5亿美元,增长4.2%。

(资料来源:2017年9月27日《经济日报》)

二、商业信用保险

商业信用保险(国内贸易信用保险)是随着商品交易的发展而发展起来的信用保险。

它主要承保在商品交易采取延期付款或分期付款时,卖方因买方不能如期偿还全部或部分货款而遭受的经济损失。商业信用保险的被保证人是买方,被保险人通常是卖方,保险人向卖方提供买方信用风险的保障。《保险术语》中将商业信用保险定义为以商品活动中卖方的应收账款回收风险可能造成的经济损失为标的的保险。据此定义,商业信用保险应该包括国内信用保险和出口信用保险,出口信用保险有一定的特殊性,这已在前面进行了专门介绍。因此,此处所指的商业信用保险主要指国内信用保险,其承保的风险多为商业风险,一般不承保政治风险。本节仅对国内信用保险进行介绍。

国内信用保险又叫国内贸易信用保险,是以国内买卖双方在交易过程中由于买方原因造成卖方无法收回货款而遭受的经济损失为保险标的的信用保险。国内信用保险是我国开展较早的一个信用保险险种,在这种业务中,投保人是卖方(即权利人,通常也同时是被保险人,往往是制造商和销售商),保险人承保的是买方(也就是义务人,往往是购货商)的信用风险,负责赔偿被保险人在延迟或分期付款过程中由于买方拖延、逃避或无能力支付应该承担的付款义务而给卖方所造成的经济损失。

从实践上看,若被保险人于保险期限内交付货物或提供服务,且于合同保险单所载明的最长发票期限内向买方开具相关发票,而买方于付款日不付款所导致的债款损失,保险人依照保险合同承担赔偿责任。保险责任主要包括买方无力偿还和延期付款导致的损失,除外责任主要是被保险人的故意或过失行为,买卖双方共同进行的欺骗行为和一些政治风险导致的损失。由于适用对象的特殊性,国内贸易信用保险根据延期付款或分期付款行为的特性,实务中的保险金额一般采取变额保险的方式,即保险金额与延期付款或分期付款过程中未付的款项保持一致。

该险种对保障商业贸易顺利进行有重要的意义。在商业经济活动中,一旦买方拖延、逃避或无力偿还分期支付的货款,就会造成制造商、销售商、服务提供商或供应商的经济损失,形成经营压力。因此,国内贸易信用保险可以弥补卖方在国内贸易过程中因买方破产或买方拖欠货款而遭受到的应收账款损失,可以有效化解国内贸易应收账款的风险,拓宽融资渠道,提升信用风险管理水平,从而延长商业信用链,保障商业贸易顺利进行。

三、投资保险

投资保险也称为政治风险保险,保险人承保本国投资者在国外进行投资期间因对方国家的政治风险所造成的投资损失。因此,一般意义上的投资保险保障的是本国投资者的利益,被保险人是本国投资者,一般是由国家出资经营或由国家授权商业保险机构经营的政策性保险业务。第二次世界大战以后,美国于 1948 年 4 月 3 日根据《对外援助法》制定了《经济合作法案》,开始实施"马歇尔计划",设立了经济合作署,专门管理外援及海外投资事务,开始实施投资保险制度,鼓励资本输出,保障私人投资者在国外的投资利益。为了适应对外开放和引进外资的需要,中国人民保险公司于 1979 年开办了投资保险,但我国当时的投资保险业务主要保障的是境外(含我国港、澳地区)投资者的利益,被保险人是境外(含我国港、澳地区)投资者。直到 2003 年 9 月,中国信保签发了第一张海外投资保险单,才开始对我国在外投资者进行保障。

当前我国投资保险业务主要由中国信保承保,包括海外投资保险和来华投资保险两大类。海外投资保险是指以海外投资面临的风险可能造成的经济损失为保险标的的保险。该险种是保障我国投资者的海外投资因受征收、汇兑限制、战争和政府违约等事件造成的损失,是鼓励我国企业进行境外投资的一种措施。来华投资保险是保障投资者的来华投资免受政治风险(尤其是次主权政治风险)造成损失进行承保的保险产品。

(一)投资保险的保险责任

海外投资保险和来华投资保险的保险责任类似,保险人负责赔偿被保险人由于以下原因导致的损失。

(1)战争、类似战争行为、叛乱、罢工及暴动。

(2)政府有关部门征用或没收,又称国有化风险,指投资者在国外的投资资产被投资所在国征用或国有化的风险。因征用、没收所受到的损失,如投资者已从东道国得到全部或部分补偿,保险人在计算赔偿金额时应将已得到的补偿金额在赔款中扣除。

(3)外汇风险又叫禁止汇兑风险,是投资者因投资所在国的突发事变使其在投资国与投资有关的款项无法兑换货币转移的风险。

(4)政府违约风险主要指投资所在国政府非法的或者不合理地取消、违反、不履行或者拒绝承认其出具、签订的与投资相关的特定担保、保证或特许权协议等。

(二)投资保险的除外责任

保险公司对下列被保险人的投资损失不负赔偿责任。

(1)被保险人的投资项目受损后造成被保险人的一切商业损失。

(2)被保险人及其代表违背或不履行投资合同,或故意违法的行为导致政府有关部门的征用或没收造成的损失。

(3)被保险人没有按照有关部门所规定的汇款期限汇出汇款所造成的损失。

(4)原子弹、氢弹等核武器造成的损失。

(5)投资合同以外的任何其他财产的征用、没收所造成的损失。

(三)投资保险的保险期限

投资保险分为1年期和长期两种。1年期保险单到期后,经双方协商同意可以续保,条件另议。长期保险期限最长为15年,最短为3年。3年以后,被保险人有权要求注销保险单。如未满3年提前注销保险单的,被保险人须交足3年的保险费。

(四)保险金额的确定

保险金额分为最高保险金额和当年保险金额。前者适用于长期投资保险,长期投资项目需确定一个在项目总投资金额下的最高保险金额;后者一般适用于1年期的短期投资保险,保险金额是该年的投资金额乘以保险双方约定的百分比,一般为投资金额的90%。

(五)理赔处理

1. 赔偿金额的规定

在发生保险责任范围内的损失时,一般按投资金额与保险金额的比例进行赔偿;由于保险金额一般为投资金额的 90%，因此，被保险人所受的损失若将来被追回也由被保险人与保险人按各自承担损失的比例分摊。

2. 赔偿期限的规定

由于各种政治风险造成的损失有可能在不久后通过不同途径予以挽救，被保险人的损失发生与否需要经过一段时间才能确定。因此，投资保险有赔偿期限的规定，且不同的保险责任有不同的赔偿期限。

（1）政府有关部门征用、没收引起的投资损失，在征用、没收发生满 6 个月后赔偿。

（2）战争、类似战争行为、叛乱、罢工及暴动造成投资项目的损失，在提出财产损失证明后或被保险人投资项目终止 6 个月后赔偿。

（3）政府有关部门汇兑限制造成的投资损失，自被保险人提出申请汇款 3 个月后赔偿。

四、其他信用保险

（一）信用卡保险

信用卡保险是随着银行开办新型的支付工具——信用卡的发展而产生的一种信用保险业务。它承保银行在开展信用卡业务中所产生的坏账损失。保标会在《保险术语》中将其定义为以持卡人使用信用卡时由于非善意透支、信用卡遗失或被盗后被他人冒用、发行行员工利用信用卡贪污或挪用公款造成的损失为保险标的的保险。因此，我国信用卡保险的责任范围主要包括以下几个方面。

（1）持卡人使用信用卡时由于非善意透支所造成的损失。

（2）信用卡遗失或被盗后被他人冒用所造成的损失。

（3）被保险人的职工单独或与他人串通利用信用卡营私舞弊、贪污或挪用公款。

（二）贷款信用保险

贷款信用保险是保险人对贷款人（银行或其他金融机构）与借款人之间的借贷合同进行担保并承保借款人信用风险的保险。该保险是在市场经济条件下，为了转移商业银行的贷款风险的一种措施。在贷款信用保险中，贷款方（权利人）是投保人，保险合同成立后即成为被保险人，当借款人无法归还贷款时，由保险人对贷款方进行偿付，并从贷款人处取得代位追偿权。这样，既可保证银行信贷资金的正常周转，也有利于保证维持借款方（通常是各类企业）良好的信用状况。例如，2006 年 6 月，针对国家助学贷款和一般商业助学贷款，华安保险公司与中国农业银行、中国建设银行等银行合作推出国家助学贷款信用保险，以保险形式转嫁及控制贷款风险，解除了银行的风险顾虑，扩大了贷款覆盖面，同时也在一定程度上体现了保险业的社会责任，为学生入学提供了较好的信用支撑。

贷款信用保险的保险责任一般包括决策失误、政府部门干预、市场竞争等风险，一般将投保人或被保险人的故意行为和违法行为所导致的贷款损失作为除外责任。其保额的确定一般以银行贷出的款项作为依据，保险期限为自借贷合同开始到偿清全部贷款（包括本金和利息）的时间。厘定保险费率应与银行利率相联系并注重下列因素：贷款人的资信状况、贷款人的经营管理水平和市场竞争力、贷款项目的期限和用途、不同的地区等。

五、典型案例

[**案例 8-1**]　大连某出口企业 A 公司与美国某超市连锁经销商 B 公司合作两年,年交易量约为 20 万美元,B 公司付款一直较为及时。2005 年 6 月,B 公司突然增加订货量,要求 A 公司供应 21 笔超市百货用品,价值 95 万美元,支付方式为 D/A120 天。A 公司在货物出口前向保险人投保了短期出口信用保险,保险人批复买方信用限额为 D/A120 天 50 万美元。买方在承兑到期日后迟迟未付款,经多次电话、邮件联系未果,A 公司感觉到事态的严重性,遂向保险人通报可能损失,并委托保险人进行海外调查追讨。

保险人介入后,B 公司始终回避保险人律师的多次约见,并以 A 公司交付的货物存在诸多质量瑕疵,导致连锁超市卷入美国消费者的多家诉讼为由,拒付货款,甚至还提出 120 余万美元的高额反索赔。经保险公司审理发现,贸易双方签署的贸易合同中明确约定,关于货物质量瑕疵,买方必须于货到港后 30 天内提出,否则视为放弃索赔权,而 B 公司提出质量问题的时间为货到港后 6 个月,已远远超过了合同约定的质量异议期。因此,保险人认为 B 公司的抗辩理由不能成立,存在恶意拖欠货款的嫌疑。考虑到非诉追讨的希望十分渺茫,保险公司立即与律师协商能否通过诉讼方式追回欠款,通过调阅债务人最新资信报告发现,B 公司一年内不断转移资产、抽逃资金,导致资信报告评级骤减,目前已近乎空壳公司,这意味着即使被保险人获得胜诉判决,也执行不到任何财产。至此,案情已基本明晰,种种迹象均表明,债务人恶意诈骗 A 公司货物,致损原因确属保险责任,保险公司在受理 A 公司索赔申请后 10 个工作日内即按照保险单规定向被保险人足额支付了赔款,以解企业燃眉之急。

案情分析:本案是国际贸易实务中一起典型的买方恶意拖欠案例,教训值得汲取,也给我们带来了许多有益的启示。

1. 出口商应关注信用限额的价值,尽量避免超限额出运

买家信用主要是指买家在交易过程中的履约表现,即商业信誉,包括支付意愿和支付能力两个方面。支付意愿体现了买家的道德水平,支付能力表征着买家的偿付能力,两者共同构成商业信誉即信用。对一个特定买家而言,无论是道德水平还是偿付能力都不是无限的。由于信用产生于交易,而交易往往以货币为媒介进行结算,所以信用水平和等级也可以通过具体的货币金额加以衡量,即信用限额。

信用限额是保险人对出口企业按照保险单规定申报的其出口商品可能承担赔偿责任的累计最高赔偿额。保险人在对买家偿付能力、历史付款记录等信息充分了解的基础上才对买家信用进行科学和客观地授信,它既是保险人对特定买家可能承担赔偿责任的风险内控机制,也是协助客户防范和规避收汇风险的主要手段。在本案中,超限额出运不仅加大了 A 公司自身承担风险的系数,同时也扩大保险人的承保风险。因此,建议出口企业高度关注保险人对买方的授信额度,尽量做到在授信额度内合理安排出运,从而有效地利用信用保险的事前风险防范功能,以便在出险后能够最大限度地减少或弥补损失。

2. 出口商不应放松对大买家或老买家的风险防范措施

根据保险公司的业务处理经验,规模大、与出口商交易历史长的买家并不意味着交易风险必然低。对大买家而言,与其进行大规模的国际贸易的确有丰厚的获利空间,但利益始终与风险相伴随。大买家一旦出现风险,给出口商造成的损失必然就大。对老买家而言,也不能因为与其交易历史长就放松警惕。因为老买家的良好付款表现只能代表历史,国际商账追收的实践表明,许多逾期应收账款都发生在老买家身上,而且追回率极低。大买家或老买家发生风险的原因主要有二:一是暂时的资金周转困难,激增的交易量已超过买家自身的经营能力,致使其短期偿债能力出现问题;二是蓄意欺诈,买家通常先以小额历史交易中的良好付款表现骗取出口商的信任,使其在后续大批出货时放松警惕,买家最终在收到货物后寻找种种借口长时间恶意拖欠货款。发生大买家或老买家信用风险一般会有前期的征兆,主要表现为:付款速度变慢,出现逾期;违背已做出的付款承诺;突然或经常性地更换银行;以明显不合理的价格在当地倾销货物;突然大宗进货;变更付款方式;多次联系未见回复;未经同意退回有关单据或者货物等。

3. 出口商应及时采取措施规避风险

出口信用保险并不能完全取代出口商对风险的内控机制。出口商应全面搜集买方信息,实时跟踪买方的信用状况,知己知彼,全面了解交易对手。尤其是对大买家或老买家,因为这类交易对手天然地具有风险隐蔽性和麻痹性的特点。经常分析买家信用、捕捉买家风险异动信号、动态监控买家当前经营状况,是出口商自我规避风险的有效措施之一。

为防止出口商大宗出货后买家突然破产,导致"钱货两空",建议在出口贸易合同中订立"物权保留条款",使买家在支付全部合同价款之前不能获得货物完整的所有权。即使买方陷入破产,出口商也可以通过行使破产法的"取回权",优先于其他有担保债权人和无担保债权人获得清偿,以最大限度保护自身权益。

第三节 保 证 保 险

一、保证保险的分类

保证保险是以被保证人(义务方、借保险人)的信用向权利人提供担保的保险,这一特性决定了人们对其重视程度、其自身的发展一般与信用风险或者信用危机有一定的关联。保证保险通常分为确实保证保险和诚实保证保险两大类。

(一) 确实保证保险

确实保证保险是指被保证人不履行义务而使权利人遭受损失时,由保险人负赔偿责任的保险。确实保证保险的投保人是被保证人自己,保险费亦由被保证人自己承担,承保的风险是被保证人履行一定义务的能力或意愿。确实保证保险的种类繁多,大致可分为以下几类。

1. 合同保证保险

合同保证保险又称契约保证保险,主要承保因被保证人不履行各种合同义务而造成权利人的经济损失。

2. 司法保证保险

司法保证保险是因法律程序而引起的保证业务,这类保证在美国法院审判过程中广为使用。按其内容可分为诉讼保证和受托保证两种。

3. 许可证保证保险

在一些国家,从事某种经营活动的人在向政府申请执照或许可证时往往需要提出保证,保证对因其不善经营业务或行使特权而导致许可当局遭到损失及第三者的损害赔偿。这种保证保险担保领取执照从事特定经营的人遵守法规或履行义务的保险,主要适用于屠宰业、电器业、典当业、特许经营烟酒或娱乐业等行业。

常见的许可证保证保险有两种:①在被保证人(领照人)违反政府法令或其行为有损于政府或公众利益时,由保险人承担由此引起的赔偿责任;②保证被保证人(领照人)将按国家法律规定履行纳税义务。

4. 公务员保证保险

公务员保证保险是一种对政府工作人员提供保证的保险,分为诚实保证和忠实执行职务保证两种。前者主要对公务员因不诚实或欺诈行为所造成的损失承担赔偿责任;后者主要是对公务员因工作中未能忠于职守而给政府造成的损失承担赔偿责任。

5. 存款保证保险

存款保证保险是指符合条件的存款式金融机构(主要是商业银行)为投保人,保险人对其吸收的合格存款提供信用保证,一旦投保的金融结构倒闭,存款人可得到一定的赔偿。

6. 产品保证保险

产品保证保险又称产品质量保证保险,产品保证保险承保的是产品责任保险保险单项下不承保的被保险人因制造或销售的产品质量有缺陷而产生的赔偿责任。在此保险中,产品的生产者或销售者是投保人,产品的购买者或消费者是权利人。

(二)诚实保证保险

诚实保证保险又称雇员忠诚保险,承保被保证人(雇员)的不诚实行为使权利人(雇主)遭受的损失。诚实保证保险通常为雇主提供保障,雇主是被保险人,雇员是被保证人。这种保证保险以被保险人的雇员的不诚实行为为保险标的,承保雇员由于欺诈、伪造、贪污、侵占、非法挪用、违背职守等行为造成的雇主的损失,实质上是承保雇员的人品。诚实保证保险的投保人既可以是雇主,也可以是雇员。诚实保证保险可以分为以下几类。

1. 指明保证保险

指明保证保险是指以特定的雇员为被保证人,在雇主遭受由被保证人所造成的损失时,由保险人负责赔偿的一种保险。指名保证保险分为两种:一种是个人保证保险,是以特定的雇员单独为被保证人,一般由这个指明雇员提出保证申请,保险费由雇员自己支付;另一种是表定保证保险,是指在同一保证合同中承保两名以上雇员,并列明被保证人的姓名以及各自的保证金额。

2. 职位保证保险

职位保证保险是指以各种职位及其就职人数作为被保证人的雇员忠诚保证保险。在此合同中不列出被保证人的姓名,只列明承保的职位及每个职位的人数及每一职位的保证金额。职位保证保险分为两种:一种是单一职位保证保险,是指同一保证合同承保同一职位的若干被保证人;另一种是职位表定保证保险,是指同一保证合同承保几个不同的职位,每一职位都有各自的保证金额。无论单一职位保证保险还是职位表定保证保险,都以所约定的职位上若干人为被保证人,而不考虑由谁担任这一职位。

3. 总括保证保险

总括保证保险是在一张保险单上承保雇主的所有正式员工,并不区分指名或者职位。在总括保证保险合同中,一般所有雇员的担保金额均相同,分为普通总括保证保险和特别总括保证保险。

(1)普通总括保证保险是对全体雇员不指名和不确定职位的保证,只要认定雇主的损失是由雇员的不诚实行为造成的,保险人就要承担赔偿责任。

(2)特别总括保证保险一般承保各种金融机构的雇员的不诚实行为造成雇主的损失,保险人承担赔偿责任。它最早起源于英国伦敦劳合社的保险人开办的银行总括保证保险,以后逐渐扩展到各种金融机构。保险人承保金融机构的金钱、有价证券、金银条块以及其他贵重物品,因工作人员的偷窃、欺诈、伪造等不诚实行为造成的损失。每一张保险单具有一定的保证金额作为最高赔偿额。

4. 伪造保证保险

伪造保证保险承保因伪造或篡改背书、签名、收款人姓名、金额等造成损失的保证保险。

(1)存户伪造保证,承保被保证人或被保证人往来的银行因他人以被保证人名义伪造或篡改支票、汇票、存单及其他凭单票据等所致的损失。这种保险的票据仅指支付票据。

(2)家庭伪造保证,承保个人在收支款项时因他人伪造所致损失的保险。与存户伪造保证不同的是,这里的票据包括支付票据、收入票据及收入伪钞。

5. 三D保险

三D保险是指不诚实(dishonest)、损毁(destruction)及失踪(disappearance)的综合保险,它包括诚实保证和盗窃保险在内,承保企业因他人不诚实、盗窃、失踪、伪造或篡改票据遭受的各种损失。三D保险包括:①职员不诚实保证;②屋内财物的盗窃保险;③屋外财物的盗窃保险;④保险箱盗窃保险。

此三D保险还可用附加条款的方式承保一些风险,如收入票据的伪造、货物被盗窃、发放的薪金被盗、伪造仓库收据等风险。

 专栏 8-2

全国首份关税保证保险单在北京开出

2016 年 8 月 28 日,在北京海关联合中银保险有限公司关税保证保险产品发布会上,火凤凰(北京)国际艺术品物流有限公司(以下简称火凤凰公司)总经理王文正拿到全国首份关税保证保险单。

"办理这样一张保险单,就能在海关享受进口货物先放后税的通关便利,还能节省大量资金占压,这种让我们企业'省钱又省时'的'跨界'合作,越多越好!"王文正说。

"关税保证保险是海关联合保险公司全新开发的保险产品,既是海关首次引进保险产品作为新型担保方式,也是保险行业内第一个以政府机关为被保险人的保证保险产品。"中银保险有限公司董事长周功华介绍道。关税保证保险以进口企业作为投保人,海关作为被保险人,保险公司直接为企业提供保证保险,助力企业实现"先通关后缴税"。

作为首批受益企业之一的火凤凰公司,在艺术品物流及贸易环节需缴纳的保证金十分巨大,仅 2018 年北京春季拍卖会,这家公司的单笔保证金需求就有 4 500 万元之多,而关税保证保险的试水,让火凤凰公司的业务发展"如虎添翼"。王文正预测,随着关税保证保险试点的展开,企业将有更多资金来开拓市场,整个艺术品行业的发展都将得到大大推动,未来全国文化贸易产业或将以当前几倍的速度发展。

北京海关关税处副处长胡旭告诉记者,关税保证保险可以为企业释放税款保证金及银行授信额度,通过降低进出口企业资金成本和制度性交易成本,有效降低企业整体经营成本,真正做到为企业"省钱、省时",促进进出口企业的发展。

在使用关税保证保险模式下,企业无需占用在银行的授信额度,直接通过关税保证保险节约了资金占压的成本。据了解,按普通民营企业每月 3 亿元税额需全额交纳保证金情况下,现行 5.655% 商业贷款利率和 0.3% 左右的关税保证保险利率来测算,根据不同货物占用时间,企业平均每年可节省 500 万~1 000 万元利息,效果十分明显。

不仅如此,关税保证保险与传统的担保方式相比,办理手续十分简便,从事铁矿石进口业务的瑞钢联集团有限公司总裁巩红表示:"关税保证保险办理手续便捷,还可以做到足不出户办理业务,享受全程无纸化、线上化的高效通关与金融服务,极大地提高了企业的工作效率和经营效率,直接体现了'时间就是金钱'这一商业法则。"

近年来,北京海关陆续推出了"银关融"、同业担保、财务公司担保等新型税款担保模式,有效解决了企业信贷难题等问题。胡旭表示,随着海关创新税收担保、优化营商环境工作的不断深入,令企业切实感受到"省钱、省时"的这类利好,还会越来越多。目前,关税保证保险产品也已经获得保监会注册备案。在北京海关试点的基础上,海关总署将从 9 月 1 日起统一组织部分海关推广该项试点。

(资料来源:2018 年 8 月 29 日《经济日报》)

二、保证保险的险种介绍

鉴于业务实践的需要,下面将以合同保证保险和产品保证保险两个具体险种为例介绍保证保险的基本内容。

合同保证保险,是适应投资人对建设工程要求承包人如期履约的需要而开办起来的,因此最普遍的业务是建筑工程合同保证保险。随着信用经济的发展,最近发展较好的还有贷款保证保险。

(一) 建筑工程合同保证保险

1. 建筑工程合同保证保险的险种

建筑工程合同保证保险具体包括以下几类险种。

(1) 投标保证保险,承保工程所有人(权利人)因中标人不继续签订承包合同所造成的损失。

(2) 履约合同保证保险,承保工程所有人因承包人不能按时、按质、按量交付工程而遭受的损失。

(3) 预付款保证保险,承保工程所有人因承包人不能履约而遭受的预付款损失。

(4) 维修保证保险,承保工程所有人因承包人不履行合同所规定的维修任务而受到的损失。

2. 建筑工程合同保证保险的责任范围

建筑工程合同保证保险承保被保证人因违约行为所造成的经济损失,依法应承担的经济赔偿责任。赔偿的数额以工程合同中规定的承包人应赔偿的数额为限。履约保证保险的担保金额一般为承包合同总金额的 90％以下。

确定被保证人违约责任的条件包括:①要有不履行合同的行为。②要有不履行合同的过错,过错包括被保证人的故意或过失,是承担法律责任的必要条件。如果合同无法履行是由于不可抗力造成的,被保证人通常可按合同规定免责。保险人也不承担赔偿责任。③权利人要有遭受损害的事实。④权利人所遭受的损害事实与被保证人不履行合同的行为之间有直接的因果关系。

3. 建筑工程合同保证保险的承保

(1) 承保的方式。采用指名保证方式,以特定个人或企业作为被保证人,当权利人因指名的被保证人的行为而遭受损害时,由保证人(保险人)负责赔偿。

(2) 合同保证保险的承保调查。首先,要衡量承包人的资格,包括其能力与经验、设备器材条件、财务状况、从业历史等。其次,要考虑投标合同的有关内容,如工程计划、竣工时间、担保证书(承包人是否向权利人提供了任何担保证书)、合同价格、支付方式等。

(3) 我国现行工程履约保险的承保规定。由于国内的工程项目往往因材料设备的供应、运输、能源、施工力量、技术水平、工程管理以及市政工程配套的种种原因不能如期竣工,风险较大,因此,我国工程履约保险只有符合下列规定才能承保:①投资项目已得到政府有关部门批准,工程列入国家计划,施工力量、设备材料及市政配套工程等均已落实;②承包人向保险公司提供反担保或对违约方有把握追偿;③工程项目已投保工程保险;④承保范围仅以工程合同规定承包人应对工程所有人承担的经济责任为限,包括损失产生的原因和赔偿的金额两部分内容。

(二) 贷款保证保险

贷款保证保险一般包括以下几个险种。

(1) 个人消费贷款保证保险,是指主要针对机动车辆和个人住房消费贷款以外的其他个人消费信贷业务的保证保险。我国华安财产保险公司于 2006 年推出的助学贷款保证保险就属于此类。

(2) 机动车辆消费贷款保证保险,是指为向银行或其他金融机构借贷购买机动车辆的自然人和法人提供还款保证的保险。

(3) 个人购房抵押贷款保证保险,是指为以贷款购买的商品房向银行抵押的个人提供还款保证的保险。

(4) 企业贷款保证保险,是一种为了配合金融部门开展贷款活动而产生的一种保险,保险人一般承保由于被保证人(投保人)没有按照贷款合同的约定归还贷款而给银行或其他金融机构造成的经济损失,一般对于"无用途"的贷款不予承保。

(三) 产品保证保险

1. 责任范围

在追溯期起始日之后,保险人对以下原因造成的损失予以赔偿。

(1) 不具备产品应当具备的使用性能而事先未作说明的。

(2) 不符合在产品或者其包装上注明采用的产品标准的。

(3) 不符合以产品说明、实物样品等方式表明的质量状况的。

另外,由于保险产品的修理、更换或退货引起的必要的、合理的应由被保险人承担的鉴定费用、运输费用和交通费用也由保险人负责赔偿。

2. 责任免除

保险人对下列原因造成的损失和费用不负责赔偿。

(1) 投保人及其代表的犯罪、故意行为或欺诈行为。

(2) 战争、军事行为、恐怖活动、罢工、骚乱、盗窃、抢劫、政府的没收。

(3) 核反应、核辐射、放射性或其他形式的污染、自然灾害和意外事故。

(4) 权利人不按使用说明违规操作。

(5) 产品的自然消耗或磨损、产品召回。

(6) 运输或仓储过程中外来原因。

(7) 产品生产时国内市场技术水平尚不能发现的缺陷。

3. 赔偿处理

(1) 当被保险人获悉可能因产品质量问题引起本保险合同项下的损失或诉讼后,须以书面形式通知保险人。一旦保险人接受该通知,则今后因该事故造成的索赔,如由权利人在保险期限届满之日起 1 年之内通过被保险人向保险人提出索赔,该索赔视同为在保险期限内提出。

(2) 权利人认为产品存在质量问题的,经被保险人(必要时须经过保险人)鉴定确认后由被保险人向保险人提出索赔。被保险人向保险人进行索赔时,应提交保险单正本、销售发票、权利人的索赔报告、产品质量检验报告、维修费用凭证以及其他必要的单证材料。

(3) 赔偿限额的确定。其赔偿金额一般以所需赔偿产品项目的重置价为限,负责赔偿因产品修理、更换、退货引起的鉴定费用、运输费用和交通费用,合计赔偿金额在同一赔案中不得超过赔偿金额的 30%。

（4）若有重复保险，则按比例分摊。若存在其他责任人，保险人向责任人追偿时，权利人和被保险人应当积极协助。

三、典型案例

[**案例8-2**]　2002年3月1日，某保险公司与某银行签订个人房屋抵押贷款保证保险业务合作协议。该协议对保险责任约定：如购房借款人连续三个月或超过三个月拖欠应还贷款本息时，保险人负责偿付购房借款人尚欠的借款，但最高不超过本保险的保险金额。

同年6月1日，王某与该银行签订一份个人住房贷款抵押合同，向该行借款13万元用于购买住房，贷款期限为15年，由王某逐月等额还本付息；王某以其所有的另一套房屋作为该笔贷款的抵押物，并到房管部门办理了抵押登记手续。

同年6月7日，王某应银行的要求，向保险公司投保了个人购置房屋抵押贷款保证保险。保证保险合同约定：投保人为王某，被保险人为贷款银行，保险期限为15年，抵押贷款保险金额为20万元，保险费为1400余元，保险责任参见保险公司与银行签订的个人购置房屋抵押贷款保证保险业务合作协议。

王某从银行获得13万元贷款后，依合同逐月归还了部分贷款本息，但从2005年3月开始，王某未再按约定归还本息。2005年8月，银行要求保险公司偿还王某尚欠的借款本息11万余元遭拒。银行将保险公司诉至法院，要求其偿付王某尚欠的借款本息。

由于本案涉及在同一贷款项下既有抵押担保又有保证保险，审理中对财产保险公司的责任认定和法律适用存在两种不同的意见。第一种意见认为，保证保险属于一种担保形式，应适用担保法来确定保险公司的责任。根据担保法的规定，同一债权既有保证又有物的担保的，保证人对物的担保以外的债权承担保证责任。因此，本案中财产保险公司仅对房屋抵押权以外的债权承担保险赔付责任。第二种意见认为，保证保险与保证担保虽然在形式上具有相似性，但两者之间有本质的区别。保证保险是一种有别于保证担保的独立合同关系，是以保险关系为基础而确定保险赔偿责任的，因此不应适用担保法，而应按照保险法和合同法的规定来认定保险责任。本案中，保险公司不享有物权担保优先的抗辩权，而应当依照保险合同的约定，在保险金额限度内对银行未实现的债权承担赔偿责任。

案情分析：通常认为，保证保险是债务人（投保人）向保险公司购买的在发生保证保险合同约定的保险事故时，由保险公司按合同约定向债权人理赔的一种较特殊的保险险种。保证保险与保证担保虽然极其相似，但两者在功能、属性、法律责任、抗辩权、法律适用等方面存在本质区别，不能将这两种形式等同起来。

本案中值得关注的问题是，在同一贷款项下既有房屋抵押担保又有保证保险的情况下，保险公司应如何承担责任。在此情形下，当保险事故发生时，被保险人（受益人）同时享有抵押权和保险赔偿请求权，应当如何行使并无法律强制性或禁止性规定。在这两种权利并存时，被保险人（受益人）享有自由选择权，既可以行使抵押权，也可以行使保险赔偿请求权。但是，如果在保险合同中明确约定被保险人或者受益人应先行使抵押权的，被保险人应当按约定先行使抵押权后再行使保险赔偿请求权。只有在这种有特别约定的情形下，保险人才享有物权担保优先抗辩权,但这种抗辩权的取得并不是基于担保法的规定,而是基于当事人之间合同的约定。

本案中虽然存在房屋抵押与保证保险并存的情形,但当事人在保证保险合同中并没有明确约定被保险人必须先行使抵押权。因此,当投保人王某连续三个月以上没有履行贷款合同所约定的还本付息义务时,即应视为保险事故已经发生。被保险人有权根据保险合同的约定和保险法的有关规定,直接向保险公司行使保险赔偿请求权,保险公司应当承担保险理赔责任,即按照约定在保险金额限度内向银行赔付王某尚欠的借款本息。

本　章　小　结

(1) 信用保险是权利人投保因义务人不履行义务而对其造成的损失的保险。

(2) 保证保险是指保险人为被保证人向权利人提供担保,当权力人由于被保证人的作为或不作为遭受经济损失时,保险承担赔偿责任的一种保险。

(3) 信用保险的特征包括:主体涉及三方当事人;需要严格的资信调查;费率厘定主要与义务人的资信状况有关;对义务人的追偿是信用保险业务的重要组成部分;对经营该业务的保险人的要求较严格。

(4) 信用保险与责任保险的区别主要包括:涉及当事人及业务结构不同;保险费的性质不同;实务操作中承保形式不同。

(5) 出口信用保险是以国际贸易中国内出口商在经营出口业务过程中,因进口商方面的商业原因或进口国方面的政治原因而遭受经济损失为保险标的的信用保险。

(6) 出口信用保险的经营模式包括:政府直接办理;政府间接办理;政府委托私营保险机构办理;政府机构控股办理。

(7) 商业信用保险是随着商品交易的发展而发展起来的信用保险。它主要承保在商品交易采取延期付款或分期付款时,卖方因买方不能如期偿还全部或部分货款而遭受的经济损失。

(8) 投资保险也称政治风险保险,保险人承保本国投资者在国外投资期间,因对方国家的政治风险所造成的投资损失。

(9) 确实保证保险是被保证人不履行义务而使权利人遭受损失时,由保险人负赔偿责任的保险。

(10) 诚实保证保险也称雇员忠诚保险,承保被保证人(雇员)的不诚实行为使权利人(雇主)遭受的损失。

关键概念索引

信用保险　保证保险　责任保险　资信调查　权利人　义务人　出口信用保险
商业信用保险　投资保险　确实保证保险　诚实保证保险

复　习　思　考　题

1. 名词解释:信用保险;保证保险;合同保证保险;出口信用保险;产品保证保险;投资

保险;确实保证保险;诚实保证保险。

2. 信用保险和保证保险有何区别?

3. 简述保证保险的分类及主要险种。

4. 简述出口信用保险的特点和经营模式。

5. 投资保险的保险责任有哪些?

6. 请列举确实保证保险和诚实保证保险的主要险种。

第九章　农　业　保　险

 **本章要点**

- 农业保险概述
- 农业保险的主要内容

农业保险对于我国这样的农业大国来说,是风险分散的重要工具。它为推动农业体制改革、保障农业生产顺利进行提供了有效的保障。本章重点分析了农业生产风险的特殊性,以及其风险分散机制,全面阐述了农业保险的作用、特点及主要实务内容,并介绍了我国政策性农险的实践和改革的内容。

第一节　农业保险概述

一、农业保险的定义与特点

(一) 农业保险的定义

农业保险是保险人对于从事农业生产的单位或个人在进行种植业、养殖业生产过程中遭受自然灾害和意外事故所造成的损失,在保险责任范围内承担赔偿保险金责任的保险,是财产保险的一种。农业保险有狭义和广义之分,狭义的农业保险是特指种植业保险和养殖业保险,而广义的农业保险范围则涵盖农业产业的整个过程及相关财产和人员。

联合国贸易与发展委员会将农业保险定义为:"总的说来,它(农业保险)涉及农业的整个过程,包括农作物收割后储藏、加工以及将农作物运输到最终市场。进一步讲,它并不局限于耕种农作物,园艺、种植园、森林等都是。其次,农业生产过程中所使用的财产,包括房屋、机器、设备工具、加工厂等都需要得到保护。再次,从事这些活动的人的保险,也是完备意义上的农业保险的必备内容。最后,对农户来说,各种手工业和家庭产品通常是一种重要的收入来源。所有这些都包括在农业保险的范围内。"由此可以看出,联合国贸易与发展委员会所定义的农业保险是指广义的农业保险,而本书所指的农业保险为狭义的农业保险。

(二) 农业保险的特点

农业是人们利用植物、动物的生长机能,通过人工控制和培育来取得农业产品,其基本特点是自然再生产与经济再生产结合在一起,具有生产周期长、自然条件影响大、生产季节性和不稳定性等特点。农业保险与农业生产的特点密切关联,所以它与其他财产保险比较,主要有如下几方面的特点。

1. 农业保险具有较强的地域性

农业生产及农业风险的地域性决定了农业保险也具有较强的地域性,即农业保险在险种类别、标的种类、灾害种类及频率和强度、保险期限、保险责任、保险费率等方面,表现出在某一区域内的相似性和区域外明显的差异性。即使是在一个县甚至是一个乡,农业保险的地域性也表现得很明显。为适应这一特点,在农业保险发达的国家,其农作物保险的风险区划和费率区划已经达到了县、乡或农场盟水平。农业保险地域性强的特点决定了开展农业保险只能因地制宜,根据当地的特点开办适当的险种,制定、使用符合当地实际的保险条款和费率;同时,在农业保险的管理上,要重视农业保险的区划,建立合理的农业保险区域,形成合理的农业保险险种布局,严格控制险种的类型组合和业务规模,在空间和时间上做到险种互补、以丰补歉,以分散农业保险的经营风险。

2. 农业保险具有明显的季节性

农业生产和农业风险本身强烈的规律性和季节性,使农业保险在展业、承保、理赔、防灾防损等方面表现出明显的季节性。农业保险的季节性特点决定了农业保险也要讲农时,即农业保险在展业、承保、理赔、防灾防损等技术环节上,除要遵守保险经济规律外,还要遵循农业生产的自然规律,要严格把握农业生产的季节性变化特点来开展业务,组织业务管理,使农业保险的各项技术环节落到实处。

3. 农业保险标的具有生命性

农业保险的标的大多是活的生物,受生物学特性的强烈制约。农业保险标的具有生命性的具体体现为:①农业保险的利益是一种预期利益,由于农业保险标的价值始终处于变化中,只有当它成熟或收获时才能最终确定,因此,变动保额以及收获时二次定损等技术都为农业保险所特有;②农业保险标的种类繁多,生命规律各异,抵御自然灾害和意外事故的能力也各不相同,难以制定统一的赔偿标准;③农业保险标的的生命周期使得农业保险承保、理赔工作的开展必须适应这些规律;④农作物保险标的在一定的生长期内受到损害后有自我恢复能力,从而使农业保险的定损复杂,尤其是农作物保险常常需要在收获时二次定损。

4. 农业保险经营成果具有周期性

农业保险是对农业风险进行管理的一种方式,而大多数种类的农业风险都具有明显的周期性。这就使得农业保险的经营成果具有某种周期性的特征,这就决定了在从事农业保险经营时，一是农业保险的会计期间应当同农业风险的周期相适应，以真实地反映农业保险的经营状况；二是农业保险的开办和投保应当是连续性的，至少要超过当地农业风险的一个周期，否则农业风险难以在时间上分散，影响农业保险财务的稳定性。

5. 农业保险经营具有政策性

由于农业保险产品是一种"准公共物品"，因此，当市场失灵时就只能借助政府干预，以矫正市场的偏差。

二、农业保险的风险基础

（一）农业风险的含义

农业风险是指在农业生产或经营过程中动植物的生长机能受到不可预期的自然灾害和意外事故的破坏，从而使农业生产者遭受经济损失的可能性。农业风险是农业保险存在的前提。

农业区别于其他行业的特点就是农业的主要活动是露天进行的，农业生产的对象是动植物，这就决定了农业的生产、经营活动更直接和更紧密地依赖于自然条件，最易受自然条件的影响。由于人类的知识、技术手段的限制，对自然界的许多规律还没有认识。因此，客观存在着动植物的生长机能遭受自然灾害破坏的可能性，再加上不可预料的意外事故对动植物生长机能破坏的可能性，就是所谓的农业风险。

（二）农业风险的类型

按风险发生的原因可把农业风险分为以下三类。

1. 自然风险

自然风险是指因自然现象造成农业损失的可能性，即通常所说的自然灾害，是指水、旱、病、虫、鸟、兽、风、雹、霜冻等自然现象造成的灾害。农业的主要自然风险表现在气象灾害、病害和虫害三个方面。

农业气象灾害是指给农业生产造成危害的不利气象条件，如干旱、洪涝、风灾、霜冻、冰雹等。农业气象灾害具有普遍性、区域性、季节性、持续性和伴发性等特点。动植物的病害分为动物病害和植物病害，动物病害有瘟病、炭疽病、口蹄疫、肺疫和结核病等传染病；植物病害是指由细菌、真菌、病毒、藻类、不适宜的气候或土壤等因素引起的植物体发育不良、枯萎或死亡。

动植物的虫害分为动物虫害和植物虫害，动物中畜禽的虫害是寄生虫；植物虫害是指某些昆虫或蜘蛛动物引起的植物体的破坏或死亡，造成农作物种植业生产损失最严重的害虫是黏虫、水稻螟虫、稻飞虱、稻纵卷叶螟、玉米螟、蛴螬、棉蚜、棉铃虫和棉红蜘蛛等。

2. 经济风险

农业中的经济风险主要是指在农业生产和购销过程中，由于种子、化肥和农药等农业生产资料价格上升和农产品价格下降，或者农产品和农业生产资料的价格不能同步增长等造成经济损失的风险。市场信息掌握不准或判断失误也会造成农业的经济损失。

3. 社会风险

农业中的社会风险是指由于社会原因和人为因素造成的农业生产损失。社会风险可以分为三类：①政策风险，一是国家政策的调整带来的风险，如利率、税收政策以及农产品的收购政策发生变化给农户带来的风险；二是地方政府行政干预农业生产和领导者的决策失误，如强制在某一区域大面积种植某种农作物所导致的市场供大于求、价格下降、农民收入减少的情况，以及地方政府单方面中断土地关系所导致的农民土地被征用等。②技术风险。主要是指新技术的运用过程中，所造成的农业生产损失，如农民没有很好地掌握新型化肥的使用方法和剂量，导致施肥过多，造成农作物损失等。③人为风险。比如人为火灾，销售的伪劣种子、化肥和农药，工业生产带来的污染，偷盗，战争等人为因素造成的农业生产损失。

（三）农业风险的特征

与其他财产保险的风险相比，农业风险的主要特征有以几点。

1. 农业风险往往造成很大的损失面

据统计，2017 年，我国农作物受灾面积为 1 847.81 万公顷，其中绝收面积为 182.67 万公顷；直接经济损失达 3 018.7 亿元。

2. 农业风险往往造成巨额经济损失

一次大的洪水灾害和大干旱能造成上百亿元的损失，一次农业作物大面积的病虫害、一场森林大火或一次大范围的畜禽流行病所造成的损失也是相当严重的，一定时期的农业风险造成的损失更为巨大。据统计，全世界各类农作物每年因受病虫和杂草危害的损失约为 800 亿～1 200 亿美元。

3. 农业风险发生的频率高

一方面，农业生产是直接利用动植物的生长机能进行的，自然再生产和经济再生产交织在一起，在相当程度上"靠天吃饭"，受自然条件的影响和制约较大。另一方面，自然气候变化不定，成因复杂，人类在现有的条件下还难以预测和控制它们。这就使得农业风险的发生较为频繁。

三、农业保险与农村保险的关系

（一）农村保险的含义及范围

农村保险是指所有面向农村开办的保险业务。就我国现有的农村经济结构和经营形式看，农村保险包括了对农村中的农业、林业、牧业、副业、渔业、工业、商业、运输业、服务业等保险服务。另外，农村保险还可以包括对农村劳动者的人身及其所有财产的保险服务。

（二）农业保险与农村保险的关系

农业保险和农村保险既有联系又有区别。一方面，两者都包含了种植业保险和养殖业保险，农业保险是农村保险中一种独立的保险类别。另一方面，农业保险仅仅是对被保险人在种植和养殖过程中的损失提供保险保障，是财产保险的一种，其保险标的是动植物的生长机能；而农村保险是对农村中的人和物以及与物相关联的经济利益提供保险保障，既有人身保险又有财产保险。此外,由于两者的保险标的存在区别,因而它们的保险范围、保险责任、保险金额、保险费率以及保险理赔均不同。

四、农业保险制度模式

(一)国外农业保险制度模式

由于不同国家的国情不同,其农业保险制度模式也不同,但有一个共同的目标是保护农业的发展,或者说贯彻国家的农业政策。世界上有四十多个国家推行农业保险,国外农业保险制度模式概括起来有以下五类。

1. 政府主导型模式

政府主导型模式主要以美国、加拿大为代表,也可以称为美国、加拿大模式,简称美加模式,其基本特点为"政府主办,政府经营"。美国和加拿大都以国家专门保险机构主导和经营政策性农业保险为主,政府关于农业保险的政策重点在农作物(目前正逐渐向牲畜饲养业扩展)上,有健全的、不断完善的农作物保险法律、法规,并依法由官方农作物保险公司提供农作物(包括果树、水产养殖)一切险的直接保险和再保险。这种经营是政策性的,但农民均是自愿投保,农民对投保的农作物仅支付纯保险费的一部分,其余由政府补贴。

在美加模式下,由中央政府统一组建政策性的全国农业再保险公司,政府可通过再保险机制,使农业风险在全国范围内得以最大限度的分散,维持国家农业生产稳定。同时,可以补贴各省、市、区农业保险的亏损,这种补贴不同于一般的民政救济,而是一种差额补贴,专业性的农业保险公司、一般的保险互助合作社或愿意经营农业保险的其他商业性保险机构,可按低于农业风险的实际费率来承保,当赔付率超过一般赔付率时,由国家再保险公司来补足,所以这是一种差额杠杆撬动机制,既可保证农民以可接受的费率参加保险,又可撬动一般保险机构以不低于社会市场利润率的水平来承保农业风险。由于全国农业再保险公司发生作用的范围是参加了保险的人,因而也就调动了被保险人、保险人双方的积极性。在这里,国家是通过差额调节来保证农业保险的发展的。

2. 民办公助型模式

民办公助型模式是由相互竞争的互助保险社和商业性保险公司承办农业保险,政府不直接参与农业保险的经营,但对农业保险给予税收等政策优惠的农业保险模式。一些欧盟国家,如德国、法国、西班牙、荷兰等国家主要采用该模式,此外,澳大利亚也采用该模式。基于该模式的经营特点和经营区域的特点,该模式又被称为政府主导下的商业保险公司经营模式或西欧模式。

该模式的主要特点包括:第一,没有统一的农业保险制度和体系,政府一般不经营农业保险,主要由私营公司、部分保险相互会社或保险合作社经营,但它们一般只经营雹灾、火灾和其他特定灾害保险;第二,农民自愿投保,自己支付保险费,有的国家也支持私营公司举办农作物保险,为减轻参加农作物保险的农民的保险费负担,也给予其一定的保险费补贴。目前,欧盟正在考虑改变这种制度,建立类似美加模式的农业保险制度。

3. 相互会社型模式

该模式以日本为代表。日本农业建立在分散的、个体农户小规模经营的基础之上,为了应付自然灾害给农业带来的后果,以保障农业再生产的经营稳定,使之适应国民经济的高速发展,日本政府把农民组织起来建立农业共济组织,在此基础上建立了具有日本特色的农业保险模式,即相互会社型模式。

该模式的特点有以下三点。

(1) 农业保险的承办主体既不是政策性保险机构,也不是商业性的保险公司,而是由农民自愿参加的非营利性的相互保险合作组织。

(2) 根据立法规定,凡对国计民生有重要意义的稻、麦等粮食作物,春蚕茧及牛、马、猪等牲畜,均被列为法定保险范围,实行强制保险。对果树、园艺作物、旱田作物、家禽等实行自愿保险。强制保险和自愿保险都享受政府补贴和再保险。

(3) 政府作为农业保险的后盾,接受共济组合联合会的再保险。一般情况下,承担保险责任的比例为:共济组合 10%~20%,联合会 20%~30%,政府 50%~70%,若遇有特大灾害,政府承担 80% 至 100% 的保险赔款,这样就保证了共济组合的经营稳定性。

4. 重点扶持型模式

重点扶持型模式的主要代表为亚洲的一些发展中国家,如斯里兰卡、印度、孟加拉国、菲律宾、巴基斯坦等国,因此该模式又被称为亚洲发展中国家模式。该模式的特点包括:①大多数国家农业保险的经办主体为政府所属的专业农业保险机构,如国营保险公司或由政府农业部门组织的农业保险合作组织;②承保面相对较窄,主要承保对象为本国最主要的农作物,很少承保畜禽等饲养动物,如斯里兰卡的水稻和棉花保险,孟加拉国的小麦和水稻保险等;③大多数国家的农业保险为强制或半强制实施,强制实施的国家如斯里兰卡,规定凡种植被保险的粮食作物都要依法投保,半强制的国家如泰国、菲律宾、印度,对那些种植被保险农作物并且申请到这种农作物生产贷款的农户实行依法强制投保;④农业保险的再保险机制和巨灾风险管理体系不完善,超额损失主要由政府承担,如斯里兰卡规定农业保险的综合成本率 115% 以上部分的赔偿责任均由政府承担。只有少数国家建立了专业再保险公司提供农业保险的再保险,如菲律宾。

5. 政府垄断型模式

该模式以前苏联为代表,又称前苏联模式。其主要特点包括:①保险组织形式主要由国有保险公司经办,以集中统一的国家农业保险机构(在前苏联是国家保险局)对全国农业保险实行垄断性经营;②保险实施方式主要是实行强制保险与自愿保险相结合的方式,但以强制保险为主;③农业保险发展的起伏很大。采用该模式的国家除前苏联外还有一些东欧国家,如罗马尼亚、波兰、民主德国等,但在苏联解体和东欧剧变之后,该模式已逐渐消失。

(二) 中国农业保险模式的选择

1. 现行的几种主要模式

1) 商业保险公司代办政策性业务模式

这一模式是在已有的财产保险公司中选择资金雄厚、管理先进的保险公司,根据当地的实际情况与地方政府签订协议,为地方财政代理几种重要农产品(如小麦、水稻、奶牛等)的保险业务。这类农业保险业务应该单独建账、独立核算、自负盈亏;政府分险种和区域支付相当于经济管理补贴的代理费,并立法强制保险;在税负政策上给予扶持,尽量少征税或不征税;还要对代理业务的地域、费率、险种、补贴、巨灾再保险等做出明确规定。由于该模式是代理保险,故由财政部提供标准化保险单、制定费率,并负责业务督察。我国目前大部分省、市采取的是这种模式。

2)专业农业保险公司模式

专业农业保险公司模式主要指地方性的专业农业保险公司。2004 年 9 月筹建的上海安信农业保险股份有限公司以及后来成立的吉林安华公司、安徽国元公司就属于这种模式。采取的是"政府财政补贴推动,商业化运作"的经营模式,遵循"以险养险"的思路,经营业务范围扩展至"大农业保险",即以种植业和养殖业为主并涉及农业财产、责任保险的范畴。市、区(县)两级财政对投保种养两险的农户实行保险费补贴;公司通过商业性保险的盈余来弥补种养两险的亏损,在遇到特大灾害,公司通过巨灾再保险仍无法承担保险责任时,政府通过采取特殊救灾政策给予支持。

3)相互制农业保险公司模式

相互制保险公司在产权形式上属于合作者,其实现形式是合作社。它是基于相互保障原则,由某些面临同类性质风险、具有大体相同保险需求的自然人或法人组成的法人组织。它没有股东,根据公司章程的规定,投保人向公司缴纳保险费后成为公司会员,公司根据合同约定进行赔付,从事相互保险活动。公司会员是保险人和被保险人的统一体,当保险合同终止时,会员与公司的保险关系随之消失。2005 年月 12 日,阳光农业相互保险公司在黑龙江正式开业,这是我国第一家相互制农业保险公司,实行的是以公司统一经营为主导、保险社互助经营为基础的双层经营管理体制,保险社负责办理农业保险业务,是投保人组成的基层保险组织,并办理分保业务。公司统一经营种、养两业分保业务和防灾防损业务,其保险费由农户承担 65%,农垦总局和农场分别代表国家财政与地方财政承担 35%(国家财政补贴 20%,黑龙江农垦总局补贴 15%),保险社自留保险费 50%,向公司分保 50%,赔付由公司和保险社按分保比例承担;同时,按保险费收入的 10% 提取大灾准备金,用于平抑大灾风险。

4)外资或合资保险公司模式

外资或合资保险公司模式是我国从 2003 年才开始的一项探索。法国安盟保险公司是第一家在我国经营农业保险的外资保险公司。外资公司有着先进的操作技术和管理经验,允许其进入中国农业保险市场有利于短期内在局部地区建立成熟的现代化农业保险运行机制,对我国国内农业保险公司的发展完善具有示范和借鉴作用,且有利于缓解我国农业保险供给不足的局面,因而在条件适宜地区适当引进外资或合资农业保险公司对中国农业保险业务的整体发展是有积极意义的。

2. 评析

从客观上来说,以上提到的几种组织形式孰优孰劣并没有一个统一衡量的标准。如果就其单独的试点区域来看,每一种模式的选择依据主要取决于以下因素:一是地方政府财力,以上海为例,其经济实力雄厚,方可采取政府支持市场化运行的农业保险模式;二是习惯和传统,以黑龙江农垦区为例,由于其具备长期的互助合作的农业保险历史,故在垦区开展相互保险比较易于当地农民接受,同时因其积累了一定的开展相互农业保险的经验,其在垦区范围内运作得较为成功;三是地形、气候条件,地理条件、自然灾害的分布情况的不同决定了对经营模式抗衡风险的能力要求的不同,这直接影响到该区域经营模式的选择;四是农业经济发展水平,发达省市农业占 GDP 的比重一般较低,政府支持农业保险的可行性比较强。

从总体而言,经营模式的选择既要考虑地方开展农业保险的实际需求,又要考虑规范和引导地方农业保险经营模式的选择,努力探索适合于当地市场需求的农业保险经营模式。基于我国地大物博,各地气候、经济、人文、地理环境差异极大的特殊国情,多层次、多主体、多渠道的农业保险经营模式比较符合我国农业产业政策和保险业的需要。

第二节 农业保险的主要内容

一、农业保险的分类

根据保险标的的不同,可把农业保险分为种植业保险和养殖业保险。

(一) 种植业保险

种植业保险是指以各种农作物、林木为保险标的,以生产过程中可能遭遇的某些风险为保险责任的农业保险。在我国,种植业保险主要包括农作物保险和林木保险两类险种。

1. 农作物保险

农作物保险是以各种粮食作物、经济作物为保险标的,以各种农作物在生长期间因自然灾害或意外事故造成的经济损失为保险责任的保险。农作物保险按照标的的不同,分为粮食作物保险和经济作物保险;按农作物生长阶段的不同,分为生长期农作物保险和收获期农作物保险。

2. 林木保险

林木保险是以具有经济价值的天然原始林和各类人工林为保险标的,以其在生长过程中因约定的、人力不可抗拒的自然灾害和意外事故造成的经济损失为保险责任的保险,分为森林保险和果林保险。

(二) 养殖业保险

养殖业保险是指以有生命的陆生动物和水生生物为保险标的的保险,包括畜禽保险(大牲畜保险、家禽保险、家畜保险)、水产养殖保险(淡水养殖保险、海水养殖保险)和特种养殖保险。

此外,为适应经济发展的需要,对有些经济动物养殖业还可办理特种养殖保险,如对鹿、鸵鸟、鳖等,可分别承保养鹿保险、鸵鸟保险、养鳖保险等。

二、农业保险的保险标的

农业保险的保险标的因险种而异,为方便起见,本书按以下分类介绍。

(一) 农作物保险的保险标的

根据农作物的生长阶段不同,农作物保险可分为生长期农作物保险和收获期农作物保险;根据作物类别的不同,农作物保险可分为粮食作物保险和经济作物保险。这里主要介绍以农作物的生长阶段为划分标准的农业保险。

1. 生长期农作物保险的保险标的

生长期农作物保险的保险标的是处于生长期的各种农作物,包括粮食作物、经济作物和其他作物。根据农作物的用途和植物学系统划分,生长期农作物保险的保险标的有以下几种。

1) 粮食作物保险标的

(1) 禾谷类作物,包括水稻、小麦、玉米、高粱、稷、薏米、荞麦、黑麦等。

(2) 豆类作物,包括大豆、蚕豆、豌豆、绿豆、小豆等。

(3) 根茎类作物,亦称薯芋类作物,包括甘薯、马铃薯、木薯、山药、芋、莲藕等。

2) 经济作物保险标的

(1) 纤维类作物,包括棉花、苎麻、红麻、大麻、商麻、剑麻、焦麻等。

(2) 油料作物,包括油菜、花生、芝麻、向日葵、蓖麻等。

(3) 糖料作物,包括甘蔗、糖甜菜等。

(4) 其他经济作物,包括烟草、茶叶、咖啡、可可等。

3) 其他作物保险标的

其他作物保险标的包括蔬菜作物(如黄瓜、西红柿、辣椒等)、园林作物、药用作物、饲料作物等。

并不是在农作物生长的任何时期,该种作物都可作为保险标的。对于大田作物和保护地栽培作物来说,一般是出土的苗或移栽成活的苗才可作为保险标的。森林保险、果林保险的保险标的也必须是栽植成活后的森林、果林。

2. 收获期农作物保险的保险标的

收获期农作物保险是生长期农作物保险的后续保险,其承保期限一般是从农作物收割(采摘)后进入晾晒场起,至完成初级加工进入仓库之前这一段期间。收获期农作物保险主要涉及粮食作物和经济作物。凡成熟后进入收割、脱粒、晾晒、碾打、烘烤等初加工的夏、秋粮食作物和经济作物均可作为保险标的。例如,收割的水稻、小麦在脱粒、晾晒、碾打过程中,可作为收获期水稻、小麦火灾保险的保险标的;采摘下来的烟叶可作为烤烟保险的保险标的。

(二) 林木作物保险的保险标的

林木作物保险的保险标的分为森林和果林。森林保险的保险标的是防护林、用材林、经济林、薪炭林以及特种用途。果林保险的保险标的为果林,如栽培的柑橘树、苹果树、葡萄树、香蕉树等。对于保护地栽培作物来说,一般是出土的苗或移栽成活的苗才可作为保险标的。森林保险、果林保险的保险标的也必须是栽植成活后的森林、果林。

（三）畜禽保险的保险标的

1. 大家畜保险的保险标的

保险人承保的大家畜主要是牛（奶牛、肉牛和耕牛）、马、骡、驴、骆驼等。按畜群分，大家畜可分为幼畜、青年畜和成年畜。一般只有畜体健康、饲养管理正常的青年畜和成年畜可作为保险标的，而且成年畜的畜龄也有限制，幼畜和高龄畜（例如 10 岁以上的奶牛）的染病率和死亡率比较高，故一般不保。

2. 小家畜保险的保险标的

小家畜保险主要承保的是猪、牛、羊、兔等。与大家畜保险的要求类似，只有无伤残、无疾病而且断乳后的这类家畜才能作为保险标的。有的保险条款还有更具体的投保规定，如断乳体重要求（猪的断乳体重为 10 千克）。

3. 牧畜保险的保险标的

牧畜保险是以牧区放养的牲畜为承保对象的保险，其保险标的主要有群养群牧的牛、马、驴、骡、骆驼等大牲畜及绵羊、山羊等小牲畜，承保时对牧畜的健康状况、饲养管理状况等有限制。

4. 家禽保险的保险标的

家禽保险承保符合条件的鸡、鸭、鹅、火鸡等家禽。此类保险主要承保符合卫生、防疫、科学饲养管理设施和技术条件的规模化饲养场所饲养的家禽。此外，对承保的家禽也有年龄限制，特别是种禽，例如，种鸡使用年限为 1～2 年；种鸭使用年限为 2 年；种鹅使用年限为 1～4 年。农产家庭散养的规模太小的家禽不宜作为保险标的。

5. 特种养殖保险的保险标的

特种养殖保险涉及的动物门类很多，有兽类（鹿、肉狗等）、禽类（鸵鸟、鹌鹑等）、爬行类（蛇、鳖等）、两栖类（牛蛙、蟾蜍等）、节肢动物（蚯蚓等），每种动物都可以作为保险标的，但各自都须具备一定条件，如养殖规模、养殖经验、技术条件等。

（四）水产养殖保险的保险标的

水产养殖一般分为淡水养殖和海水养殖，其养殖的水产品有五大类，即鱼类、虾类、蟹类、贝类和藻类。每类又有许多不同品种，例如，鱼类有传统的四大家鱼（鲤鱼、草鱼、鲢鱼和鲫鱼），还有新兴名贵品种（罗非鱼、鳗鱼、鲈鱼等）。水产养殖保险的保险标的不多，主要是符合承保条件的鱼、虾、蚌、珍珠、贻贝、扇贝、蛤蜊等。淡水养殖保险的承保，要求有一定的养殖面积，水源充足、无污染且周围无污染源，投保人具备一定的饲养技术和条件等，海水养殖的养殖区要有良好无污染的水质，最近 2～3 年无赤潮发生，避风条件好，具有一定的养殖经验等。

三、农业保险的责任范围

（一）农业保险的保险责任

农业保险的保险责任在农作物保险、畜禽保险和水产养殖保险中各不相同。

1. 农作物保险的保险责任

生长期和收获期农作物保险主要涉及粮食作物、经济作物和其他作物。生长期农作物面临的主要灾害有两类：一是由自然气候原因引起的自然灾害，包括干旱、水灾、涝灾、冰雹、干热风、霜冻、暴风、暴雨、台风、龙卷风、寒潮等；二是由病虫草危害引起的自然灾害。根据保险人承担保险风险责任的多寡，农作物保险有单一风险责任、综合风险责任和一切风险责任之分。

承保农作物单一风险责任的保险，简称农作物单一险，就是保险人只承保一种风险责任的保险，例如小麦雹灾保险、棉花雹灾保险，保险人只对冰雹灾害引起的生长期小麦和棉花产量损失负责赔偿；又如水稻、小麦火灾保险，保险人只承担水稻、小麦在收割、运输、脱粒、碾打、晾晒过程中由于火灾原因造成保险标的损失的赔偿责任；再如烤烟保险，保险人只承担烟叶烘烤加工过程中因火灾原因造成保险标的损失的赔偿责任。

有的险种承担两种或两种以上风险责任，这种保险简称农作物综合险，如棉花保险，其承保的风险责任有冰雹、洪水、渍涝、暴风、龙卷风等。

承保农作物一切风险责任的保险简称为农作物一切险。这种保险的保险人承担几乎所有的自然灾害和病虫灾害造成的损失赔偿责任。包括地震、干旱、洪水、冰雹、大风、霜冻、雷电、火灾、雨涝、大雪、飓风、龙卷风、病害、虫害等。

2. 林木保险的保险责任

林业生产中的风险很多，有自然风险，如火灾、洪灾、风灾、雪灾、冻害、雹灾、野兽危害、病虫害等；有社会风险，如盗伐、哄抢等。林木保险的保险责任可以有多种选择，有单一风险保险和综合风险保险，但一般情况下，保险人对森林只出售森林火灾保险单，承担单一火灾风险的损失补偿责任。

3. 畜禽保险的保险责任

（1）自然灾害，如火灾、洪水、地震、地陷、崖崩、暴风、暴雨、台风、龙卷风、冰雹、冻灾、雷击、疾病、难产、阉割感染等。

（2）意外事故，如火灾、爆炸、地陷、摔跌、碰撞、互斗、窒息、野兽伤害、触电、建筑物或其他物体倒塌等。

（3）社会风险，如为防止传染病蔓延而执行当地政府命令扑杀并掩埋或焚烧等。畜禽保险可以将以上风险（或其中一部分）所致畜禽死亡或者残废损失综合起来作为保险责任，也可以单独承保其中某一风险责任。

4. 水产养殖保险的保险责任

水产养殖保险的保险责任一般包括死亡责任和流失责任两大类。水产养殖的动植物自身疾病引起的死亡，缺氧死亡，以及他人投毒、养殖池干涸、污染、冰冻等引起的死亡，均构成死亡责任；台风、龙卷风、暴风雨、洪水、地震、海啸等风险造成堤坝溃决引起的养殖动植物流失的损失，则可构成流失责任。流失责任可作为附加责任承保，也可单独承保。

（二）农业保险的责任免除

农业保险的责任免除因险种而异，各险种共同的除外责任有以下几项。

（1）被保险人及其关系人故意行为、欺骗行为所致的损失。

（2）被保险人管理不善，或者违反经当地实践证明是合理的栽培和饲养技术，选择作物品种不当，购买的是无繁殖能力、生产率低的品种，或自然淘汰、死亡。

（3）战争、军事行为、偷盗以及被野兽、牲畜、禽类猎食造成的损失。

（4）市场价格的跌落造成的损失。

（5）其他不属于保险责任范围的损失。

农业保险责任范围的确定因地区、险种、标的而异，其依据主要在于农业保险的性质、目的和被保险人的供给能力、被保险人的需求状况，也取决于社会环境。

四、农业保险的保险金额

鉴于农业保险的特殊性，农业保险的保险金额主要采取以下几种方式确定。

（一）按产量确定保险金额

保险人根据约定的各地同一风险区、同类标的之前一定时期（常为 3～5 年）的亩[1]平均收获量的一定比例（常为四至六成，最高不超过八成）为承保的亩产量，再乘以双方商定的收购价格确定每亩保险金额。其计算公式如下：

$$亩保险金额 = 国家规定的收购价格 \times 一定时期（3～5 年）的平均亩产量 \times 承保成数$$

生长期农作物保险和水产养殖保险适用这种确定保险金额的方式。粮食作物、经济作物、其他作物和水果保险一般以这种平均产量作为保险标的的预期收获量，并以其作为保险价值，保险金额则按该保险价值的一定成数确定。

森林保险的保险金额可按木材蓄积量确定，即按单位面积的木材蓄积量和预先选定的木材价格来确定；也可按成本价确定，林木的成本是造林和育林过程中投入的物化劳动和活劳动的总和，不包括利润和税金；还可按计划价格或再植成本确定。其中，按木材蓄积量确定保险金额的计算公式如下：

$$木材的总蓄积量 = 单位面积上木材蓄积量 \times 总面积$$
$$保险金额 = 木材价格 \times 木材的总蓄积量$$

水产养殖保险的保险金额也可以按照平均单位水面上的水产品产量的一定成数来确定。

（二）按成本确定保险金额

获得准确的农作物或水产品产量资料并非一件容易的事，故保险人便以各地同类保险标的的生产成本作为确定保险金额的依据，包括种子（或种苗）、肥料等材料耗用费、人力作业费、机械或畜力作业费等直接费用。这里的成本有时是完全成本，有时只是费用成本，但使用费用成本的较多，主要目的在于控制道德风险。另外，按照收获量的成数来确定农作物保险的保额是国内外常用的一种方法，相对于按成本来确定保额，这种方式提供的保险

---

[1] 1 亩≈666.67 平方米。

保障较高,被保险人易接受。

(三) 按市场价或协商价确定保险金额

大家畜保险一般是以一个时期的平均价格确定保险保额。例如,若一头 3 岁成年奶牛在当地的市场价为 5 500 元,则保险人可以 5 500 元作为保险金额。水果和果树保险的保险金额是根据果树年龄、果园管理、水果产量等情况来协商确定的。大家畜保险也可以根据大家畜的品种、年龄、用途、健康状况、饲养管理状况等协商确定保额。小家畜和家禽保险还可以根据标的的品种、用途、年龄、经济价值和不同生长阶段、季节价格差别等情况实行变动保额。

五、农业保险的保险费率

同其他财产保险一样,农业保险的保险费率也由纯费率和附加费率构成。农业保险的纯费率是以保额损失率为基础的,不同的是农业保险的保险标的的损失比其他保险标的的损失率高得多。由于农业生产自然地理条件的影响很大,这些条件即使在很小的范围内也会有很大的差别,因此,农业保险的保险费率的厘定比较复杂,一般需要事先按不同的区域区分风险和费率分区,从而按区划采用区别费率,尽可能使保险费负担与其风险损失相一致。在此情况下,如何确定费率常常是保险人面临的一个难题。完全根据损失率厘定费率,则保户买不起。为了迁就投保人的支付能力,有的保险人在没有更有效的资金运用手段的情况下就降低价格,但这样又会导致极高的赔付率,使保险公司亏损。因此,只能依据历年因自然灾害引起农作物产量降低的比例来估算保险费率。所以,完整、系统、可靠的农业保险数据是完善农业保险的基础。同时,农业保险常常属于政策性保险,其附加费率主要是营业费用率。

六、农业保险的保险期限

(一) 农作物的保险期限

农作物保险的保险期限与农作物生产的特点联系在一起。生长期农作物保险一般从作物出土定苗后起保,到成熟收割时为止。例如,小麦保险可以从麦苗出齐苗后开始,水稻保险从插秧结束起保,到小麦、水稻成熟收割时为止;对于分期收获的农作物(如棉花、烟草),保险期限应到收完最后一批棉花和烟叶为止。因此,收获期农作物保险期限的确定方式有三类:一是根据农作物的生长期进行确定。生长期是指某种农作物在某一地区从播种、出苗到成熟的时间。保险期限一般定为从农作物出土定苗到成熟收割这段时间的全部或某一部分或该段时间的延伸部分。若是分期收获的农作物,如棉花、烤烟等,其保险期限应到收获最后一批为止。二是根据工艺成熟期确定保险期限。工艺成熟期是指加工厂的最佳效益期。按照工艺成熟期确定保险期限的方式通常应用于经济农作物保险中,比如甘蔗、烟草、茶叶、麻类等的保险。三是根据农作物的种植目的和农作物的商品性能合理确定保险期限。

对于收获期农作物保险,一般从农作物收割进入场院或烘房后起保,到完成脱粒、晾晒等初加工离场入库前,或完成烘制离开烘房为止;有的保险条款将保险期限提前到收割(采摘)进入场院前 10 天,包括了收割和运输途中的时间,向后推迟到交售入库为止,从而扩大了保险责任和保障程度。

(二)林木保险的保险期限

林木属多年生植物,生长期较长,林木保险的保险期限因此可长可短,但起保一定是在林木栽植成活后。目前实行 1 年期的短期保险,少数也有签订 3 年、5 年乃至更长合同的。

对于果树保险的收获期保险,则一般从水果采摘进入场院或烘房后起保,到完成晾晒等初加工离场入库前,或完成烘制离开烘房为止。有的水果收获期保险的保险条款将保险期限提前到采摘进入场院前 10 天,包括了采摘和运输途中的时间,向后推迟到交售入库为止,从而扩大了保险责任和保障程度。

(三)养殖业保险的保险期限

养殖业保险的保险期限,一般与动植物养殖的生产周期相一致。由于养殖对象种类很多,其生活习性、生长规律等方面各有特点,因此,养殖业保险的责任期限不可能按自然年度或其他时间区间确定一个统一的期限,而需要根据标的的养殖周期或风险特点来确定。保险责任期限长短因标的而异,即使同一标的,也可能因为地域和气候的不同、险种的不同而在时间先后和长短方面有一定的差别。例如,生猪死亡保险和生猪屠宰保险,前者承保生猪饲养期间的死亡责任,一般有几个月甚至 1 年;而后者承保的是屠宰场收购的生猪在候宰期间的疾病和死亡责任,对于分批投保的保险标的,其保鲜期限只有几小时,最多不超过 24 小时。当然,按当年屠宰计划投保的,保险期限为 1 年,但其中每一屠宰批次的保险期限仍不超过 24 小时。

七、农业保险的理赔

由于农业保险的政策性很强,因此做好农业保险的理赔工作,在一定程度上涉及农业政策的落实。农业保险的理赔因不同险种而标准不同。

(一)农作物保险的理赔

1. 对生长期农作物保险的赔偿处理

1)全部损失

生长期农作物受灾后,80%以上的植株死亡,已没有实现该作物预期收获量的可能,或改种其他作物的季节已过,这种情况即视为全部损失,按保额赔偿。其计算公式如下:

$$亩赔款 = 单价 \times 亩平均保险产量$$
$$亩赔款 = 亩保险成本 - 还未投入的成本$$

受灾后,经保险人同意改种同类作物的,保险单继续有效,但是在赔款计算中要扣除改种后的农作物收益。具体赔款计算公式如下:

$$亩赔款 = 单价 \times 亩平均保险产量 - 改种时亩赔款 - 改种后亩收入$$
$$亩赔款 = 亩保险成本 - 改种时亩赔款 - 改种后亩收入$$

改种时,亩赔款只限于改种时投入的种子费(种苗)和人工费。

2) 部分损失

不论保成本还是保收获量的成数,一般都在收获前(一般为蜡熟期)测产计算出每亩实际的收益数额。其赔款数额为亩保险金额减去亩平均收入数额。种子的成熟期可分为乳熟期、蜡熟期和完熟期三个时期。乳熟期种子的营养继续积累,种子粒重不断增长;种子进入完熟期,麦粒养分会倒流入秸秆,造成粒重下降。因此,种子最好的收获时期为蜡熟期。农作物部分损失的计算公式如下:

$$亩赔款 = 单价 \times (亩保险产量 - 实收亩平均产量)$$
$$亩赔款 = 亩保险成本 - 亩平均收入$$

计算农作物损失时,只有出现正数,才发生赔款。

2. 收获期农作物保险

保险金额一般是正常年景下前3～5年平均亩产量的八成价值。农产品价格以当地收购价或协议定价计算,用公式表示为:

$$亩保额 = 正常年景下前3～5年平均亩产量 \times 保险约定的价格 \times 承保成数$$

另外,有的收获期农作物保险金额还包括了使用的机械、设备、烘烤的价值。

(二) 林木保险的理赔

如果承保森林发生全损,则按保险金额扣除残值后进行赔付。如果承保森林发生部分损失,则赔偿金额由保险金额和损失程度进行确定。损失程度的计算公式为:损失程度=(灾前标的估价-残值)/灾前标的估价。若实际林地面积大于投保面积,则按比例赔付,即:实际赔偿金额=应付赔偿金额×(投保面积/实有面积);若发生多次保险事故,并多次赔款,则应冲减其保险金额,在有效保险金额限度内赔偿。有效保险金额的计算公式为:有效保险金额=原保险金额-已赔款金额,在理赔中要扣除免赔金额和残值。

对果树保险,因水果价格受供求影响较大,在实务中只承保产量而不承保产值,也不负责水果质量损失补偿。承保价格可按前3～5年的平均价格并结合市场预测,以及理赔时约定价格波动值的五至七成确定。

(三) 养殖业保险的理赔

1. 对大家畜保险的理赔

按账面价值成数承保的,按账面价值扣除残值后的余额进行赔付,赔偿公式为:赔偿金额=账面价值(保额)-残值。

按估价承保的,在保险金额内按出险时市场价格扣除残值后进行赔付。

按畜龄分档次定额承保的,按每头的保险金额赔付,不扣残值。因为承保时仅按当时大牲畜实际价值的一定比例予以确定,已考虑了大牲畜跌价的因素和残值回扣的部分。

2. 对中小家畜保险的理赔

1) 赔付方式

在赔付方式上,按定额承保的,在定额内按相应的档次赔付,不扣残值;按变额承保的,以死亡的家畜尸体重量乘以保险价格,扣除残值后赔付。

2) 理赔技术要点

为防止道德风险,促进养殖人加强饲养管理,减少人为事故造成的损失,在理赔过程中,保险人应注意以下理赔技术要点:第一,坚持在保险金额范围内,补偿出险时的实际损失;第二,坚持数量(头或只)的免赔规定,剔除中小家畜正常死亡因素;第三,必须扣除死亡赔偿应收回的残值;第四,出险时,实际存栏数量多于承保数量时,应按比例赔付;第五,与有关部门联合共保的,应按共保合同规定比例,分摊赔款,采取逐日变动保额比较合理。

3. 对水产养殖保险的理赔

水产养殖保险的赔偿处理可根据承保方式的不同采取不同的赔偿处理方法,坚持保成本赔成本、保产值赔产值的原则,具体方法有以下两种。

(1) 保成本的赔付方法。按成本的投入规律补偿出险时已投入的成本损失。根据保险标的在保险期限内的不同时期凝聚的不同成本量,在保险条款中规定不同的赔付标准(不同时期的赔偿额占最高保额的比例)来计算赔偿款中规定不同的赔付标准(不同时期的赔偿额占最高保额的比例)来计算赔偿金额,残值在赔款中扣除。这种办法主要用于内塘养鱼保险、网箱养鱼保险等。对于养殖水面比较大、发生损失后难以测定其损失程度的水产养殖保险,可根据养殖条件(工具)的损失程度来确定赔偿比例,如围栏养鱼就可以根据围栏的损失大小和流失时间来规定赔偿比例。

(2) 保产值的赔付方法。按实际损失在保险金额内赔付,并扣除残值。

专栏 9-1

农业保险转型升级需要科技支撑

2007—2017 年,我国实施中央财政农业保险保险费补贴试点已 11 年。这期间,在各级政府的大力支持和推动下,在各家农业保险经营主体的积极探索下,我国农业保险高速发展,走过了发达国家几十年甚至上百年走过的道路,成为仅次于美国的全球第二大农业保险市场。但是,我们需要清楚地认识到,我国农业保险毕竟发展时间较短,与美国等发达国家相比,在发展水平和制度科学性方面仍有很大差距,需要进一步改革和优化农业保险制度,这离不开科学技术的有力支撑。

11 年农业保险走过了他国百年路

2007—2017 年,我国农业保险品种逐渐增多,保险覆盖面和参保农户数显著提高,保障水平和服务能力持续增强。农业保险保险费收入从 2007 年的 51.8 亿元增长到 2017 年的 477.7 亿元,平均增长率为 10.47%;农业保险赔款从 29.75 亿元增长到 366.10 亿元,平均增长率为 13.59%;提供的风险保障从 1 126 亿元增长到 2.8 万亿元,平均增长率为 26.25%;参保农户从 4 981 万户次增长到 2.13 亿户次,平均增长率为 5.43%;承保农作物从 2.3 亿亩增长到 21 亿亩,平均增长率为 10.38%;农业保险已经覆盖了所有省份,承保农作物有 200 多种,玉米、水稻、小麦三大口粮作物承保覆盖率已经超过 70%。2017 年,中央财政保险费补贴约179.04亿元,撬动风险保障2.8万亿元,杠杆效应达到156.39倍。目前,农业保险在稳定农业生产、促进农民增收、助力脱贫攻坚、维护国家粮食安全、提高国家治理能力等方面正在发挥重要作用,日益受到了社会各界和各级政府的高度重视。

传统的农业保险经营模式面临重重困境

我国农业保险在高速增长的同时,也暴露出很多问题,持续发展面临一些困境,其中比较突出的问题有产品难以满足需求,公司经营难度较大,投保逆选择显现,农民不满理赔结果,精算数据比较匮乏,等等。

1. 产品难以满足需求

目前,我国农业生产呈现出"小散户"和新型农业经营主体并存的"二元化"特征,两者的生产特征、风险态度和保险需求截然不同。"小散户"的种植规模比较小,对农业损失呈现出"无所谓"的风险偏好态度,对农业保险的需求是可有可无,但对交保险费非常敏感;新型农业经营主体种植或养殖的规模比较大,对农业损失呈现出"很紧张"的风险厌恶态度,对农业保险的需求比较迫切,愿意承担较高的保险费转嫁风险。而目前,我国农业保险产品大多是"低保障广覆盖"的成本保险,没有充分考虑到两者的需求特点,两者对产品现状都很不满意:"小散户"对保险不积极,不愿意交保险费,而新型农业经营主体则嫌保障太低"不解渴"。

2. 公司经营难度较大

我国小农户生产规模小,分布比较分散,监管机构对保险公司要求的"承保到户、定损到户、理赔到户"的规定实际上很难做到,即使做到,成本也非常高。有公司测算过,保险公司向农户收3.5元的自负保险费,需要花费的成本是5.3元。传统的以地块为投保单位的产量损失保险,完全依靠人工承保、查勘和理赔,不仅运行成本极高,而且难以实现精准操作,容易引发农户不满甚至上访事件。

3. 投保逆选择显现

基于产量损失进行理赔的传统农业保险产品,积极开展防灾防损、精耕细作、生产自救的"勤快人"和"好地"因损失程度较低、达不到理赔阈值而得不到赔偿,弃耕管理的"懒人"和"次地"反而因损失程度较大而得到赔偿。因此,农民只热衷投保"次地",不投保"好地",存在投保逆选择,与农业保险的初衷相背离。

4. 农民不满理赔结果

中国农民具有明显的"不患寡而患不均"的攀比心理,认为"天灾面前,人人平等"。同样的天气变化,对由于防灾防损、精耕细作、生产自救等生产活动不同造成的产量差异导致的理赔差异,多数农民无法接受,容易出现上访等群体事件。

5. 精算数据比较匮乏

目前广泛存在的产量损失保险及少量试点的收入保险,都面临农业历史产量数据和价格数据不充分或不准确的问题,导致保险产品的费率厘定不精准,存在较大的数据风险。

科技和大数据支撑的天气指数保险或许是未来发展趋势

近些年,很多公司都在积极研发和试点天气指数保险。相比而言,中农阳光数据公司开发的北方玉米降水指数保险,由于有 3S(RS 卫星遥感、GIS 地理信息系统、GPS 全球定位系统)技术和大数据支撑,解决了传统农业保险面临的很多困境,也降低了天气指数保险的基差风险,如果能大面积试点推广,或许能对我国农业保险经营模式产生颠覆性的革命。

1. 公平性

以客观的天气指数作为理赔阈值,减少了理赔纠纷和逆选择。该产品用综合考虑土壤、植物和气象因素的作物水分亏缺指数计算旱级,以最大降水重现期阈值作为降水过量触发值,只要这两个指数达到理赔阈值,就启动整村赔偿程序,与农户个体的产量损失无关。赔偿条件客观,公开,透明,能够减少农户和保险公司之间该不该赔,赔多赔少的诸多纠纷和矛盾。同时,只要某村的降水指数达到理赔阈值,就整村赔偿,各农户的赔偿程度相同,积极鼓励"好地"投保,降低了逆选择,同时也减少了同一村中各个农户赔偿标准不一致而引发的攀比矛盾。

2. 精准性

利用 3S 技术和大数据支撑,提高了农业保险管理的精准性。中农阳光数据公司基于 3S 技术,结合物联网、气象监测、信息技术、人工智能技术,自主研发了"天地眼"智能感知与精准监测技术(以下简称"天地眼"技术),实现对农田地块的智能识别与精准测量;利用遥感数据、气象数据、生产数据和土地数据等,建成"天地库"农业基础数据网(以下简称"天地库"数据网),实现农田地块全网式、全方位的覆盖;费率精算根据玉米各生长阶段的需水量和实际降水量亏缺情况及对产量的影响建立趋势性模型进行,绕开了产量保险和收入保险费率厘定所面临的产量和价格等数据瓶颈;运用 57 年气象大数据对玉米每个生长阶段的风险进行精准测算和控制;根据每个县区的不同气象和作物生长特征进行差异化费率厘定和风险测算;提高气象监测技术,气象监测数据范围控制在 3 千米以内,村级投保,村级理赔,较好地解决了一般天气指数保险所面临的基差风险问题。

3. 高效性

在产品研发、承保、理赔全流程中充分利用 3S 技术和人工智能技术,大幅提高了经营效率,降低了经营成本。中农阳光数据公司针对传统农业保险产品研发速度慢、承保理赔成本高等问题,充分利用公司的"天地库"数据网和人工智能等技术,开发了"天慧"气象指数保险产品智能化设计及经营管理综合服务平台,提供数据支撑、产品精算和智能化经营管理等全方位的服务,加快了产品研发的速度,提高了承保、理赔全流程的智能化程度,降低了保险公司业务网络和农业保险专门人才的配置要求,大幅度提高农业保险经营管理效率的同时,全面降低了经营管理成本。

4. 多层性

天气指数保险也可以设计为多层次保障水平,满足"小散户"和新型农业经营主体的差异化需求。农业保险转型升级,需要针对"小散户"和新型农业经营主体不同的生产特点、风险偏好态度及农业保险需求特征,设计保障水平不同的、多层次的农业保险产品体系,以满足他们截然不同的农业保险需求。2018 年 2 月 4 日发布的中央一号文件提出:加快建立多层次农业保险体系。在天气指数保险产品中实现多层次保障水平的思路为:一是设计国家补贴全部保险费的、低保障水平的普惠性天气指数保险（类似美国的 CAT 巨灾保险），为重要农作物的所有生产者提供最基本的风险保障，既实现了鼓励农业生产者积极种粮的粮食安全目标，也解决了保险公司向"小散户"收取小额保险费的高额成本问题；二是允许新型农业经营主体可以购买多份天气指数保险以提高保障水平，上限可以达到近五年的平均收入，对于在基本保障之上追加购买的指数保险，国家也可以根据财力情况进行保险费补贴，但是补贴的比例自然会低些。

5. 趋势性

天气指数保险或许比收入保险更符合未来我国农业保险的发展趋势。目前，农业保险理论和实务界的主流观点认为，我国农业保险未来的发展趋势应该是收入保险，原因有三：一是收入保险能够为新型农业经营主体提供更高的保障水平；二是美国大量使用收入保险作为支农政策工具；三是收入保险符合世界贸易组织"绿箱政策"。经过深入研究发现，虽然收入保险是美国最重要的农业保险产品，但可能并不适合我国国情，因为我国缺乏美国农场常年积累的、精确的产量数据和价格数据，容易造成收入保险费率精算不准，容易诱发系统性的超赔风险。按照世界贸易组织《农业协定》的规定，与特定作物、产量挂钩的收入保险不能列为"绿箱政策"，属于"黄箱政策"，而与特定作物、产量不挂钩的天气指数保险则属于"绿箱政策"。因此，既然我国缺乏发展收入保险的数据基础，不是所有的收入保险都符合"绿箱政策"要求，我们完全没有必要生搬硬套美国的经验发展收入保险，而是直接发展符合世界贸易组织"绿箱政策"要求的指数保险。另外，还可以探索利用天气指数保险改革我国的农业救灾管理体制，近两年黑龙江省在这方面已经做出了一些探索。

（资料来源：中国保险报网站）

本 章 小 结

（1）农业风险是指在农业生产或经营过程中，动植物的生长机能受到不可预期的自然灾害和意外事故的破坏，从而使农业生产者遭受经济损失的可能性。

（2）按风险发生的原因，可把农业风险分为自然风险、经济风险和社会风险。农业风险的主要特征包括：农业风险往往造成很大的损失面；农业风险往往造成巨额经济损失；农业风险发生的频率高。

（3）农业保险是保险人对于从事农业生产的单位或个人在进行种植业、养殖业生产过程中遭受自然灾害和意外事故所造成的损失，在保险责任范围内承担赔偿保险金责任的保险；农村保险是指所有面向农村开办的保险业务。农业保险是农村保险的一部分，农业保险和农村保险既有联系又有区别。

（4）农业保险与其他财产保险相比，其主要的特点为：农业保险具有较强的地域性；农业保险具有明显的季节性；农业保险标的具有生命性；农业保险经营成果具有周期性；农业保险经营具有政策性。

（5）国外农业保险制度模式概括起来有政府主导型模式、民办公助型模式、相互会社型模式、重点扶持型模式、政府垄断型模式。

（6）中国农业保险模式的选择要考虑以下几方面的因素：农业保险的发展必须建立在发展现代大农业上；政府要在农业保险市场上准确定位；建立产品丰富、市场繁荣的现代农业保险市场；现代农业保险以政策性保险为基础；建立保险基金；推动农业保险信息化；建立有权威的我国信用评估体系；建立适合农业保险的法律保障体系。

（7）根据保险标的的不同，可把农业保险分为种植业保险和养殖业保险。种植业保险分为农作物保险和林木保险；养殖业保险分为畜禽保险、水产养殖保险和特种养殖保险。

（8）农作物保险按照保险标的的不同分为粮食作物保险和经济作物保险，按农作物生长阶段的不同分为生长期农作物保险和收获期农作物保险。

（9）林木保险分为森林保险和果林保险，畜禽保险分为家畜保险、家禽保险和大牧畜保险。

关键概念索引

农业风险　农业保险　农村保险　农业保险制度模式　政府主导型　民办公助型相互会社型　重点扶持型　政府垄断型　种植业保险　养殖业保险　农作物保险　林木保险　畜禽保险　水产养殖保险　生长期农作物保险　收获期农作物保险　森林保险果林保险

复习思考题

1. 什么叫农业保险？它有哪些特点？
2. 简述国外农业保险制度模式。
3. 简述农业保险的分类。
4. 简述种植业保险的基本内容。
5. 简述养殖业保险的基本内容。
6. 什么是政策性农险？简述近十年我国政策性农险的实践情况。
7. 某蔬菜种植大户为其种植的 500 亩青菜投保了蔬菜成本价格保险，标准产量为 1 800 千克/亩，预定市场价格为 0.990 元/千克。5 月中旬蔬菜集中上市后，市场交易价跌至 0.785 元/千克，假设免赔率为 5%，试分析该案例。

参 考 文 献

[1] 孟辉.财产保险[M].上海:上海财经大学出版社,2013.

[2] 郑祎华.财产保险实务[M].北京:清华大学出版社,2016.

[3] 杨波.财产保险理论与实务[M].南京:南京大学出版社,2010.

[4] 孙祁祥.保险学[M].4 版.北京:北京大学出版社,2009.

[5] 刘金章.现代保险理论与实务[M].北京:清华大学出版社,2009.

[6] 郝演苏.财产保险[M].北京:中国金融出版社,2005.

[7] 郑功成,许飞琼.财产保险[M].4 版.北京:中国金融出版社,2010.

[8] 乔林,王绪瑾.财产保险[M].2 版.北京:中国人民大学出版社,2008.

[9] 陆荣华.美国职业责任保险[M].北京:中国金融出版社,2017.

[10] 所罗门·许布纳.财产与责任保险[M].陈欣,等,译.北京:中国人民大学出版社,
     2002.

[11] 李晓主.中国保险百科全书[M].北京:中国环境科学出版社,2001.

[12] 李加明.财产与责任保险[M].北京:北京大学出版社,2012.

[13] 周延礼.机动车辆保险理论与实务[M].北京:中国金融出版社,2001.

[14] 李继雄,魏华林.海上保险学[M].成都:西南财经大学出版社,1999.

[15] 应世昌.新编海上保险学[M].2 版.上海:同济大学出版社,2010.

[16] 雷荣迪.国际货物运输保险[M].北京:对外经济贸易大学出版社,1991.

[17] 姚新超.国际贸易保险[M].北京:对外经济贸易大学出版社,1997.

[18] 吕宙.竞争力:中国保险业发展战略选择[M].北京:中国金融出版社 2004.

[19] 刘骅.科技保险理论与实践创新[M].北京:中国金融出版社,2014.

[20] 吴焕宁.海上法学[M].北京:法律出版社,1996.

[21] 王和.工程保险理论与实务[M].北京:中国财政经济出版社,2011.

[22] 王和.工程保险[M].北京:中国金融出版社,2005.

[23] 陈津生.建筑工程保险实务与风险管理[M].北京:中国建材工业出版社,2008.

[24] 许飞琼.责任保险[M].北京:中国金融出版社,2007.

[25] 郑功成.责任保险理论与实务[M].北京:中国金融出版社,1991.

[26] 江平,费安玲.中国侵权责任法教程[M].北京:知识产权出版社,2010.

[27] 李仁玉.比较侵权法[M].北京:北京大学出版社,1997.

［28］杨学进. 出口信用保险［M］. 北京:中共中央党校出版社,2000.

［29］中国出口信用保险公司. 出口信用保险—操作流程与案例［M］. 北京:中国海关出版社,2008.

［30］中华联合保险控股有限公司研究所. 中国保险前沿 2017［M］. 北京:中国财政金融出版社,2017.

［31］中国出口信用保险公司. 出口信用保险［M］.2004.

［32］庹国柱. 农业保险［M］. 北京:中国人民大学出版社,2008.

［33］郑晓航,姜云亭. 农业保险［M］. 北京:中国金融出版社,1987.

［34］王绪瑾. 保险专业知识与实务(中级)［M］. 北京:人事出版社,2009.

［35］凌氤宝,康裕民,陈森松. 保险学:理论与实务［M］. 台北:华泰文化,2006.

［36］詹姆斯·S. 特里斯曼,等. 风险管理与保险［M］. 裴平,译. 大连:东北财经大学出版社,2002.

［37］吴定富.《中华人民共和国保险法》释义［M］. 北京:中国财政经济出版社,2009.

［38］李玉泉. 保险法［M］. 北京:法律出版社,2003.

［39］王葆莳,杨凡. 财产保险法理论精义和实例解析［M］. 北京:知识产权出版社,2009.

［40］郑伟,贾若. 保险法［M］. 北京:中国发展出版社,2009.

［41］万绍山. 汽车保险与理赔［M］. 北京:北京理工大学出版社,2011.

［42］李玉泉. 保险法学案例教程［M］. 北京:知识产权出版社,2005.

［43］许飞琼. 财产保险案例分析［M］. 北京:中国金融出版社,2004.

［44］罗向明. 车辆保险路路通:车辆保险知识与案例［M］. 广州:中山大学出版社,2005.

［45］黎宗剑. 保险案例汇编［M］. 北京:中国时代出版社,2007.

［46］林群弼. 保险法论［M］. 台北:三民书局,2010.

［47］袁中蔚. 保险学［M］. 北京:首都经济贸易大学出版社,2000.

［48］施建祥. 财产保险［M］. 杭州:浙江大学出版社,2010.

［49］汤俊湘. 保险学［M］. 台北:三民书局,1976.

［50］陈云中. 保险学［M］. 台北:五南图书出版公司,1993.

［51］凌氤宝,陈森松. 产物保险经营［M］. 台北:华泰文化,2006.